Milan
et ses environs

Cofondateurs : Philippe GLOAGUEN et Michel DUVAL

Directeur de collection et auteur
Philippe GLOAGUEN

Rédacteurs en chef adjoints
Amanda KERAVEL
et Benoît LUCCHINI

Directrice de la coordination
Florence CHARMETANT

Directrice administrative
Bénédicte GLOAGUEN

Directeur du développement
Gavin's CLEMENTE-RUIZ

Conseiller à la rédaction
Pierre JOSSE

Direction éditoriale
Hélène FIRQUET

Rédaction
Isabelle AL SUBAIHI
Emmanuelle BAUQUIS
Mathilde de BOISGROLLIER
Thierry BROUARD
Marie BURIN des ROZIERS
Véronique de CHARDON
Fiona DEBRABANDER
Anne-Caroline DUMAS
Éléonore FRIESS
Géraldine LEMAUF-BEAUVOIS
Olivier PAGE
Alain PALLIER
Anne POINSOT
André PONCELET
Alizée TROTIN

Responsable voyages
Carole BORDES

2019/20

hachette

TABLE DES MATIÈRES

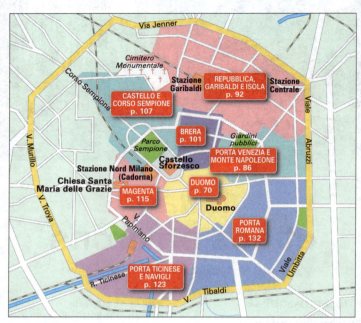

PRÉAMBULE

- La rédaction du *Routard* 6
- Introduction 11
- Nos coups de cœur 12
- Itinéraires conseillés 28

- Lu sur routard.com 33
- Les questions qu'on se pose
- avant le départ 34

COMMENT Y ALLER ? 36

- En avion 36
- Les organismes de voyages 38
- En train 40
- En voiture 41
- En bus 41

MILAN UTILE 43

- ABC de Milan 43
- Avant le départ 43
- Argent, banques, change 46
- Achats 48
- Budget 49
- Climat 52
- Dangers et enquiquinements 52
- Fêtes et jours fériés 52
- Hébergement 54
- Langue 56
- Livres de route 57
- Personnes handicapées 59
- Poste 59
- Santé 59
- Tabac 60
- Téléphone et Internet 60
- Transports 61
- Urgences 65

INFORMATIONS ET ADRESSES UTILES SUR PLACE 66

- Arriver – Quitter 66
- Adresses et infos utiles 67

LE QUARTIER DU DUOMO 70

- Où dormir ? 70
- Où manger ? 71
- Où boire un café, un chocolat ? Où déguster un bon *panettone* ? Où déguster une glace ? 73
- Où boire un verre ? 74
- Où écouter de la musique en buvant un verre ? Où danser ? 75
- Où faire le plein de victuailles ? 75
- Où se trouvent les boutiques chic ? 75
- Où faire son shopping ? 76
- Où trouver des boutiques de design ? 76
- Où se chausser comme les danseuses de la Scala ? 76
- À voir 76

LE QUARTIER PORTA VENEZIA E MONTE NAPOLEONE 86

- Où dormir ? 86
- Où manger ? 87
- Où boire un café ? Où déguster un bon *panettone* ? 87
- Où boire un verre ? 87
- Où faire de bonnes affaires ? 88
- Où trouver des boutiques de design ? 88
- À voir 88

TABLE DES MATIÈRES

LE QUARTIER DES GARES : REPUBBLICA, GARIBALDI ET ISOLA 92

- Où dormir ? 92
- Où manger ? 93
- Où boire un café ? Où déguster un bon *panettone* ? 95
- Où boire un verre ? 95
- Où écouter de la musique ?
- Où danser ? 96
- Où faire le plein de victuailles ? 97
- Où faire du shopping en mêlant l'utile à l'agréable ? 97
- Où faire de bonnes affaires ? 97
- À voir 97

LE QUARTIER DE BRERA 101

- Où dormir ? 101
- Où manger ? 101
- Où déguster une glace ? 103
- Où boire un cocktail en mangeant une succulente pizza ? 103
- Où prendre l'*aperitivo* ? 103
- Où faire son shopping ? 104
- À voir 104

LE QUARTIER DE CASTELLO E CORSO SEMPIONE 107

- Où dormir ? 107
- Où manger ? 108
- Où boire un café ? Où déguster une pâtisserie ou une glace ? 109
- Où boire un verre ? Où danser ? 109
- Où faire de bonnes affaires ? 110
- À voir 110

LE QUARTIER MAGENTA 115

- Où dormir ? 115
- Où manger ? 115
- Où boire un café ? Où déguster une pâtisserie ou une glace ? 116
- Où boire un verre ? Où sortir ? 117
- Où acheter de jolies robes ? 117
- À voir 117

LE QUARTIER PORTA TICINESE E NAVIGLI 123

- Où dormir ? 123
- Où manger ? 124
- Où boire un café ? Où déguster une pâtisserie ou une glace ? 125
- Où boire un verre ? 126
- Où danser ? 127
- Achats 127
- À voir. À faire 128

LE QUARTIER PORTA ROMANA 132

- Où dormir ? 132
- Où manger ? 133
- Où boire un café ? Où déguster une pâtisserie ou une glace ? 134
- Où boire un verre ? Où danser ? ... 134
- Achats 134
- À voir. À faire 135

TABLE DES MATIÈRES

LES ENVIRONS DE MILAN ... 136

- Monza ... 136
- Museo Storico Alfa Romeo ... 137
- Crespi d'Adda ... 140
- Monastero di Chiaravalle ... 141
- Certosa di Pavia (chartreuse de Pavie) ... 142

HOMMES, CULTURE, ENVIRONNEMENT ... 144

- Boissons ... 144
- Cinéma ... 145
- Cuisine ... 147
- Curieux, non ? ... 153
- Design ... 153
- Économie ... 156
- Géographie ... 157
- Histoire ... 157
- Littérature ... 164
- Médias ... 165
- Patrimoine culturel ... 165
- Personnages ... 166
- Sites inscrits au Patrimoine mondial de l'Unesco ... 170

Index général ... 187

Liste des cartes et plans ... 191

Important : dernière minute

Sauf rare exception, le *Routard* bénéficie d'une parution annuelle à date fixe. Entre deux dates, des événements fortuits (formalités, taux de change, catastrophes naturelles, conditions d'accès aux sites, fermetures inopinées, etc.) peuvent modifier vos projets de voyage. Pour éviter les déconvenues, nous vous recommandons de consulter la rubrique « Guide » par pays de notre site • *routard.com* • et plus particulièrement les dernières ***Actus voyageurs.***

Recommandation à ceux qui souhaitent profiter des réductions et avantages proposés dans le *Routard* par les hôteliers et les restaurateurs.

À l'hôtel, pensez à les demander au moment de la réservation ou, si vous n'avez pas réservé, **à l'arrivée.** Ils ne sont valables que pour les réservations en direct et ne sont pas cumulables avec d'autres offres promotionnelles (notamment sur internet). Au restaurant, parlez-en **au moment** de la commande et surtout **avant** que l'addition soit établie. Poser votre *Routard* sur la table ne suffit pas : le personnel de salle n'est pas toujours au courant et une fois le ticket de caisse imprimé, il est souvent difficile de modifier le total. En cas de doute, montrez la notice relative à l'établissement dans le *Routard* de l'année et, bien sûr, ne manquez pas de nous faire part de toute difficulté rencontrée.

☎ **112 :** c'est le numéro d'urgence commun à la France et à tous les pays de l'UE, à composer en cas d'accident, d'agression ou de détresse. Il permet de se faire localiser et aider en français, tout en améliorant les délais d'intervention des services de secours.

LA RÉDACTION DU ROUTARD

(sans oublier nos 50 enquêteurs, aussi sur le terrain)

Thierry, Anne-Caroline, Éléonore, Olivier, Pierre, Benoît, Alain, Fiona, Emmanuelle, Gavin's, André, Véronique, Bénédicte, Jean-Sébastien, Mathilde, Amanda, Isabelle, Géraldine, Marie, Carole, Philippe, Florence, Anne.

La saga du *Routard* : en 1971, deux étudiants, Philippe et Michel, avaient une furieuse envie de découvrir le monde. De retour du Népal germe l'idée d'un guide différent qui regrouperait tuyaux malins et itinéraires sympas, destiné aux jeunes fauchés en quête de liberté. 1973. Après 19 refus d'éditeurs et la faillite de leur première maison d'édition, l'aventure commence vraiment avec Hachette. Aujourd'hui, le *Routard*, c'est plus d'une cinquantaine d'enquêteurs impliqués et sincères. Ils parcourent le monde toute l'année dans l'anonymat et s'acharnent à restituer leurs coups de cœur avec passion.

Merci à tous les Routards qui partagent nos convictions : liberté et indépendance d'esprit ; découverte et partage ; sincérité, tolérance et respect des autres.

NOS SPÉCIALISTES MILAN

Géraldine Lemauf-Beauvois : ch'ti et fière de sa région natale vers laquelle elle revient toujours, elle est dotée d'une curiosité qui l'a poussée à voyager aux quatre coins du monde. Géraldine est passionnée d'histoire et d'art, auxquels elle a consacré ses études. Son œil aiguisé, son appétit pour les belles et bonnes choses font d'elle une routarde qui aime partager ses découvertes culinaires et culturelles.

Grégory Dalex : engagé avec le *Routard* depuis près de 20 ans, il a choisi le voyage en solo et en immersion totale. Le moyen d'être au plus près de son sujet en privilégiant les rencontres humaines… et leurs bonnes adresses ! Une immersion jusque dans la mer, l'autre passion de sa vie, qu'il brûle en travaillant aussi dans l'archéologie sous-marine.

Carole Fouque : elle est rentrée au *Routard* en 1997. Sa passion des terroirs et des produits authentiques a nourri son amour des voyages, l'incitant à repousser toujours plus loin les frontières de sa curiosité gourmande. Depuis près de 20 ans, éclectique et hédoniste dans l'âme, elle prend plaisir à partager ses belles découvertes avec les lecteurs.

UN GRAND MERCI À NOS AMI(E)S SUR PLACE ET EN FRANCE

Pour cette nouvelle édition, nous remercions particulièrement :
- **Giovanni Bastianelli,** directeur de l'ENIT à Paris ;
- **Anne Lefèvre,** chargée des relations avec la presse à l'ENIT ;
- **Federica Galbesi** et **Antonella Botta,** service marketing à l'ENIT ;
- **Samantha Maggi** et **Margherita Pignatel,** guides touristiques, pour leur disponibilité.

Pictogrammes du Routard

Établissements
- Hôtel, auberge, chambre d'hôtes
- Camping
- Restaurant
- Terrasse
- Pizzeria
- Boulangerie, sandwicherie
- Pâtisserie
- Glacier
- Café, salon de thé
- Café, bar
- Bar musical
- Club, boîte de nuit
- Salle de spectacle
- Boutique, magasin, marché

Infos pratiques
- Office de tourisme
- Poste
- Accès Internet
- Hôpital, urgences
- Adapté aux personnes handicapées

Sites
- Présente un intérêt touristique
- Point de vue
- Plage
- Spot de surf
- Site de plongée
- Recommandé pour les enfants
- Inscrit au Patrimoine mondial de l'Unesco

Transports
- Aéroport
- Gare ferroviaire
- Gare routière, arrêt de bus
- Station de métro
- Station de tramway
- Parking
- Taxi
- Taxi collectif
- Bateau
- Bateau fluvial
- Piste cyclable, parcours à vélo

Tout au long de ce guide, découvrez toutes les photos de la destination sur
• *routard.com* • Attention au coût de connexion à l'étranger, assurez-vous d'être en wifi !

© HACHETTE LIVRE (Hachette Tourisme), 2019
Le *Routard* est imprimé sur un papier issu de forêts gérées.

Tous droits de traduction, de reproduction et d'adaptation réservés pour tous pays.
© Cartographie Hachette Tourisme

I.S.B.N. 978-2-01-626742-4

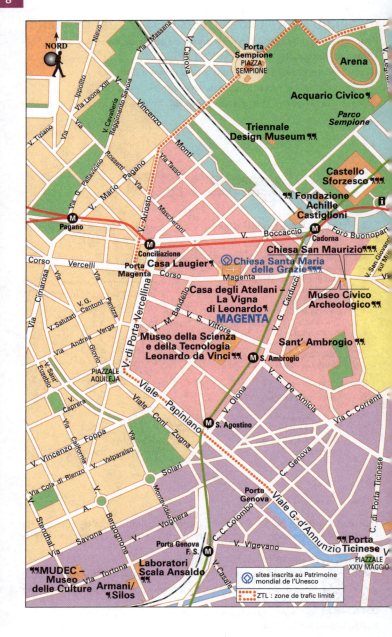

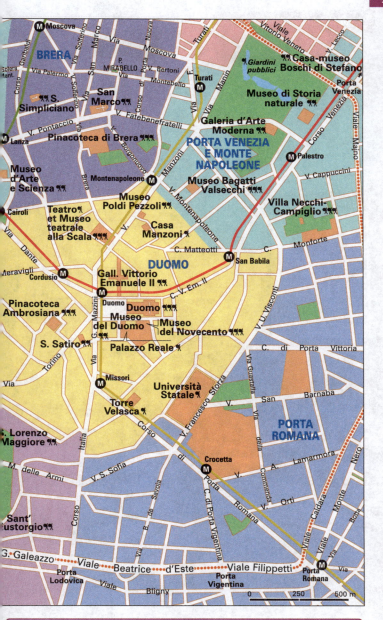

MILAN

Via Melchiorre Gioia

« Plus que pour ses lumières, c'est pour ses zones d'ombre que l'on tombe amoureux de Milan. »
Simonetta Greggio

De prime abord, la capitale lombarde ne semble pas avoir l'attrait de ses célèbres voisines, la gourmande Bologne, l'historique Turin ou la maritime Gênes. Détrompez-vous !
À peine arrivé en ville, on est agréablement surpris par la diversité de ses quartiers et la multitude de ses musées et de ses sites à découvrir. Prise dans le tourbillon d'une activité incessante, c'est aussi une cité qui respire – avec de grandes artères et de beaux parcs –, où la vie culturelle – avec notamment son célébrissime théâtre de la Scala – se montre toujours riche.
En réalité, Milan fascine les amoureux d'urbanisme, les amateurs d'architecture et de vieilles pierres. C'est dans ses quartiers populaires qu'on la découvre plus vraie, plus intime, à l'instar des Milanais. Et puis, c'est surtout la capitale de la mode et du design, l'une des cités les plus imaginatives d'Europe. Bref, la métropole lombarde demeure synonyme de créativité, d'efficacité et de progrès. En 2015, elle a accueilli l'Expo universelle, un vrai succès améliorant ainsi l'image fausse d'une ville du Nord triste et industrielle… Aujourd'hui, elle se forge une nouvelle image post-industrielle, branchée, dynamique et a gagné définitivement le titre de *città delle occasioni*, la « ville des possibles »… Pas de doute, Milan s'est faite belle et mérite à plus d'un titre d'être découverte !

Corso Venezia

© Jacques Pierre/hemis.fr

NOS COUPS DE CŒUR

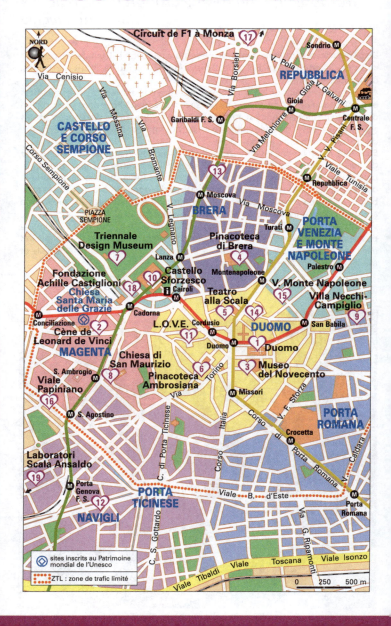

NOS COUPS DE CŒUR   13

Visiter le Duomo, merveille de l'architecture gothique et concentré d'histoire milanaise, avant de grimper sur ses toits-terrasses et d'approcher les 1 800 statues.
C'est la plus grande église du monde catholique après Saint-Pierre de Rome et la cathédrale de Séville. L'accès aux toits-terrasses permet de voir de près les statues, les 135 flèches et l'insolite *Madonnina*, qui culmine à 117 m de haut, perchée sur la plus haute flèche. Elle est le symbole de Milan. *p. 76*

© Jacques Pierre/hemis.fr

NOS COUPS DE CŒUR

② Tomber en pâmoison devant *La Cène*, fresque peinte par Léonard de Vinci pour l'église Santa Maria delle Grazie et classée au Patrimoine mondial de l'Unesco.
Peinte à la fin du XVe s dans le réfectoire de l'ancien couvent dominicain qui jouxte l'église, cette œuvre de 9 m x 5 m est d'une modernité déconcertante. Un formidable chef-d'œuvre qui a traversé les siècles ! *p. 117*
Bon à savoir : attention, pour pouvoir admirer cette merveille, il faut réserver son billet plusieurs semaines ou mois à l'avance ! • cenacolovinciano.net •

③ Découvrir le fabuleux Novecento, musée d'art contemporain dont une grande partie de la collection est consacrée à l'art italien du XXe s.
D'architecture massive, c'est un imposant immeuble administratif construit en 1939, représentatif du pouvoir fasciste. Aujourd'hui, c'est un musée qui renferme une riche collection dédiée à l'*Arte Povera*, mais aussi à l'art contemporain en général. À l'intérieur, de superbes baies vitrées, latérales et en façade, offrent continuellement une vue panoramique sur le Duomo. *p. 78*

NOS COUPS DE CŒUR 15

♥ 4 **Flâner un petit après-midi à la pinacoteca di Brera,** qui renferme une impressionnante collection de peintures.
Logées dans un ancien couvent du XIVe s, les 38 salles se dévoilent tout au long de votre parcours et vous ne saurez plus où donner de la tête à la vue de cette orgie de chefs-d'œuvre : Mantegna, Bellini, le Tintoret, Rubens, le Caravage et le célèbre *Baiser* de Francesco Hayez, un des symboles de la peinture lombarde ! *p. 104*

NOS COUPS DE CŒUR

5 **Se mettre sur son 31 et assister à un opéra à la Scala, en réservant… très longtemps à l'avance. Magique !**

C'est l'une des gloires de Milan, certainement le meilleur théâtre lyrique au monde. La salle, construite en fer à cheval, imposa une acoustique incomparable et s'attira très tôt la faveur des grands *maestri* : Verdi, Rossini, Puccini, Toscanini… Réserver à partir de 2 mois à l'avance sur Internet ; 1 mois à l'avance par téléphone. *p. 83*
Bon à savoir : 2h30 avant le spectacle, 140 places dans les galeries (vue limitée) sont mises en vente à la billetterie située au bout des arcades, via Filodrammatici.
• teatroallascala.org •

© Maisant Ludovic/hemis.fr

NOS COUPS DE CŒUR 17

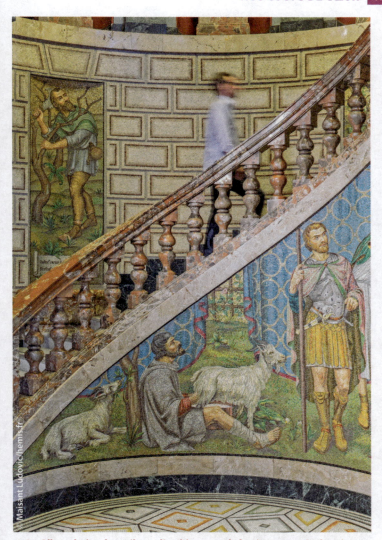

6 Aller admirer les toiles et l'architecture de la pinacoteca Ambrosiana et s'arrêter un instant devant *L'École d'Athènes,* superbe fresque de Raphaël.

C'est l'une des plus belles pinacothèques d'Europe et le plus vieux musée milanais (1618), grâce à la donation du cardinal Federico Borromeo. En tout, 3 étages de galeries couvertes de fresques, donnant sur un jardin orné de statues, des vitraux superbes et des mosaïques au sol. Noter que la *biblioteca de la pinacoteca Ambrosiana* conserve les 402 volumes du célèbre *Codex Atlantico,* précieux manuscrits de Léonard de Vinci. *p. 81*

NOS COUPS DE CŒUR

7 Découvrir le côté design de la ville en visitant le Triennale Design Museum dans le parco Sempione.
Lieu conçu par l'architecte Giovanni Muzio, ce musée accueille de nombreuses expos temporaires. Dans le parc, admirez aussi les *Bagni Misteriosi* (Baigneurs mystérieux) de Giorgio De Chirico : des statues grandeur nature, saisissantes de réalisme, dans la fontaine face au musée du Design ! *p. 112*

8 Se réfugier dans la chiesa di San Maurizio al Monastero Maggiore, un îlot de calme, et y perdre la notion du temps en contemplant les formidables fresques qui décorent murs et plafonds.
Érigé sur un ancien site roman, ce secret milanais recèle bien des trésors ! Des fresques à couper le souffle, aussi superbes qu'émouvantes, dans les drapés, les gestes, la pose des personnages… *p. 119*

NOS COUPS DE CŒUR 19

© Giovanni Mereghetti/Marka/Age fotostock

♡ ⑨ Ne pas rater la visite de la villa Necchi-Campiglio, un sublime joyau de l'Art déco.

Construite dans les années 1930 par l'architecte Piero Portaluppi, pour la famille d'industriels Necchi. Les deux sœurs, héritières, Nedda et Gigina, à l'origine de ce projet, ont donné carte blanche à l'architecte d'intérieur Luppi pour aménager les 2 000 m² de la villa, jardin compris. Il n'a pas lésiné sur les luxueux détails, les sculptures et toiles de maître, et même une belle piscine ; la toute première piscine privée de la ville ! Bref, une villa dotée de tout le confort moderne. *p. 89*
Bon à savoir : en 2001, la famille Necchi a légué sa villa à une fondation privée (Fondazione Ambiente Italiano) afin qu'elle reste dans son atmosphère d'origine.
• visitfai.it/villanecchi • casemuseo.it •

NOS COUPS DE CŒUR

 Se perdre dans le castello Sforzesco, **imposante vieille bâtisse ducale, qui aujourd'hui rassemble plusieurs beaux musées.**
Des musées tous plus riches les uns que les autres, avec une petite préférence pour le musée Pietà Rondanini où est exposée la magnifique et émouvante sculpture de Michel-Ange, sa dernière œuvre restée inachevée. *p. 110*
Bon à savoir : *avec l'association* Ad Artem, *possibilité d'explorer les passages secrets du château. La visite guidée des* merlate *(créneaux) vous conduit sur les toits pour jouir d'une superbe vue sur la ville. Celle de la* ghirlanda *(guirlande) suit les passages souterrains.* • *adartem.it* •

© Borgese Maurizio/hemis.fr

NOS COUPS DE CŒUR 21

⑪ **Aller jeter un œil à *L.O.V.E.*, une sculpture vraiment pas comme les autres !**
L'œuvre de Maurizio Cattelan – baptisée L.O.V.E. – est une sculpture d'une main géante en marbre de Carrare de 6 tonnes et 11 mètres de haut. Elle trône face au palais de la Bourse, piazza degli Affari. Petit détail : les doigts sont coupés, à l'exception du majeur, qui une fois dressé témoigne d'un certain sens de l'honneur bien à lui ! *p. 81*

⑫ **Se balader le long des canaux dans le quartier populaire et festif des Navigli.**
Ce quartier, avec ses bars et ses restos au bord d'antiques canaux qui évoquent Venise, est l'un des plus agréables. Véritable épicentre de la « movida » milanaise : petites boutiques branchées, anciennes usines accueillant les grands noms du Milan de la mode, brocante mensuelle *(mercato dell'antiquariato)*, ateliers d'artistes et galeries d'antiquaires… *p. 130*
Bon à savoir : balade en bateau sur les canaux possible avec la compagnie Navigli Lombardi. • *naviglilombardi.it* •

NOS COUPS DE CŒUR

Sacrifier au rite de l'*aperitivo*, une formule magique pour marier tous les plaisirs à moindres frais !

En soirée, il faut absolument s'adonner aux délices de l'*aperitivo,* une tradition locale des plus sympa. À l'heure fatidique (de 18h à 21h), dans la plupart des bars, les boissons sont accompagnées d'amuse-gueules aussi variés que copieux (*crostini*, charcuterie, fromages, olives…), servis à volonté… et à moindres frais ! On peut facilement en faire son dîner ! *p. 148*

NOS COUPS DE CŒUR 23

♡14 **Au moment des fêtes de Noël (ou pas), dévorer une part de *panettone*.**
Originaire de Milan, c'est la spécialité que l'on trouve sur toutes les tables d'Italie à Noël. Il s'agit d'une brioche garnie de raisins secs, fruits confits et zestes d'orange et de citron. Les Milanais sont prêts à traverser toute la ville pour acheter un *panettone* dans leurs pâtisseries préférées. Moelleux et déclinés en plusieurs versions, ils peuvent aussi se déguster accoudé au comptoir accompagnés d'un *espresso*. p. 73, 95, 152
Bon à savoir : foncez chez Vergani, le grand spécialiste du genre. • panettonevergani.com • *Très bons* panettone *également à la réputée* Pasticceria Cova. • pasticceriacova.it •

NOS COUPS DE CŒUR

 S'octroyer un après-midi de shopping ou de lèche-vitrines dans le « quadrilatère de la mode », dans la luxueuse via Monte Napoleone, où toutes les grandes marques ont leur boutique.

Milan demeure la capitale incontestable de la mode en Italie et la Mecque des *fashionistas* du monde entier. En se promenant dans le quartier de *Monte Napoleone,* derrière la piazza del Duomo, on comprend aisément pourquoi : c'est ici que les grands noms de la mode italienne ont installé leur QG. D'Armani à Gucci, en passant par Dolce & Gabbana… *p. 86*

NOS COUPS DE CŒUR 25

⑯ **Se glisser parmi les étals d'épices, de fruits et de fleurs du mercato Papiniano, dans la longue rue du même nom, le marché le plus important de la ville.**
Marché alimentaire et textile haut en couleur. On y croise aussi bien des *mammas* aux cabas déformés que de jeunes Milanais branchés et pressés. Déambulez donc entre les étalages. Et en fouillant bien, on peut y faire de belles affaires ! *p. 69*
Bon à savoir : dans le quartier des Navigli, mar 7h30-14h et sam jusqu'à 18h.

NOS COUPS DE CŒUR

Pour les amateurs de sensations fortes, assister à l'entraînement de la scuderia Ferrari au circuit de Monza, près de Milan, un moment de pur bonheur.
Les passionnés peuvent même vivre une expérience unique en testant le circuit à bord d'une voiture… conduite par un pilote professionnel. *p. 137*

NOS COUPS DE CŒUR 27

⑱ Explorer l'atelier cosy d'Achille Castiglioni, **l'une des grandes pointures du design italien du XXᵉ s.**
Réputé pour sa drôlerie et son bon sens, l'attachant Achille donna ici naissance à des objets qui lui ressemblent, comme sa célèbre lampe Arco, ou encore sa chaise Mezzadro, inspirée d'un siège de tracteur agricole ! *p. 113*
Bon à savoir : visite guidée (1h) parfois en français sur rdv mar-ven à 10h-11h et 12h, plus jeu à 18h30, 19h30 et 20h30. • *fondazioneachillecastiglioni.it* •

⑲ Parcourir le passionnant *Laboratori Scala Ansaldo,* **immense halle industrielle où sont confectionnés les décors et costumes de l'illustre théâtre de la Scala.**
Sur des passerelles suspendues, on s'introduit au cœur de ce bâtiment, divisé en spécialités : dessin, peinture, sculpture, menuiserie, ferronnerie et costumes. Les « œuvres » qui naissent sous vos yeux sont dédiées aux spectacles de la saison en cours ! *p. 131*
Bon à savoir : visite guidée (1h15) parfois en français, sur rdv.

ITINÉRAIRES CONSEILLÉS

En 2 jours

Le centre historique de Milan étant à taille humaine, il est facile d'en voir l'essentiel. Première étape : le **Duomo (1),** un joyau de l'art gothique. Puis, sur la même piazza, le **museo del Novecento (2)** vous tend les bras : ce musée d'art contemporain est devenu un incontournable ! Après un déjeuner rapide dans le quartier, allez flâner dans la superbe **pinacoteca di Brera (3)** et admirer sa formidable collection de peintures. Le soir, si vous êtes toujours dans le quartier, attablez-vous dans une trattoria typique, bordée par l'une des jolies rues piétonnes. Le lendemain, poussez jusqu'au **quartier des Navigli (4)** au sud de la ville, un coin animé le long de vieux canaux, où pullulent restos, cafés et boutiques en tout genre. Sur le chemin du retour, il faut vous arrêter à la **basilica Sant'Eustorgio (5),** bel ensemble du XIIe s. Et un peu plus loin, la **basilica San Lorenzo Maggiore (6)** est d'autant plus majestueuse qu'elle a conservé un plan octogonal et un dôme impressionnant, le plus grand de Milan ! De retour dans le centre-ville, rien ne vous empêche d'aller faire quelques emplettes du côté du **corso Vittorio Emanuele II (7),** derrière le Duomo.

ITINÉRAIRES CONSEILLÉS

En 4 jours

Prendre son temps pour la visite du **Duomo** et surtout **monter jusqu'aux toits-terrasses (1)** pour voir de tout près les 1 800 statues, et profiter de la vue panoramique sur la ville. Pour approfondir votre visite, franchissez donc les portes du **museo del Duomo (2)**, tout à côté. L'après-midi, une balade dans le **quartier de Brera (3)**, très typique avec ses rues piétonnes et ses boutiques. Le deuxième jour, baladez-vous dans le **parco Sempione (4)**. Là, au milieu des arbres, optez pour le **castello Sforzesco (5)** et ses musées, ou pour un musée bien plus moderne, le **Triennale Design Museum (6)**, qui offre de belles expos temporaires. Vous pouvez facilement y passer la journée !

Et pour les *happy few* qui ont une réservation – obligatoire et très longtemps à l'avance –, rendez-vous le lendemain à la **chiesa Santa Maria delle Grazie (7)** pour y admirer *La Cène*, célèbre fresque peinte par Léonard de Vinci. À quelques centaines de mètres de là, ne passez pas devant la **chiesa San Maurizio al Monastero Maggiore (8)** sans y entrer. Un véritable coup de cœur pour ses sublimes fresques recouvrant murs et plafonds ! Poursuivez alors la balade vers le sud en jetant un œil à la **basilica San Lorenzo Maggiore (9)**, dont la coupole est la plus grande de Milan. Vous arrivez tranquillement vers le quartier des Navigli, balade à faire le long des canaux. Et si vous avez un peu de temps, poussez donc jusqu'au **MUDEC (10)**, le nouveau musée des cultures, qui propose des expos temporaires très intéressantes. Tentez durant votre séjour d'assister à un **opéra à la Scala (11)**, un grand moment ! Le dernier jour, optez pour la superbe **pinacoteca di Brera (12)** ou le **museo Bagatti Valsecchi (13)**, avant de vous diriger vers la chic **via Monte Napoleone (14)** pour du shopping si votre porte-monnaie le permet. Pour ceux qui en veulent encore plus, un petit détour à la **villa Necchi-Campiglio (15)**, une merveille Art déco.

Parc Sempione

© Jacques Pierre/hemis.fr

ITINÉRAIRES CONSEILLÉS

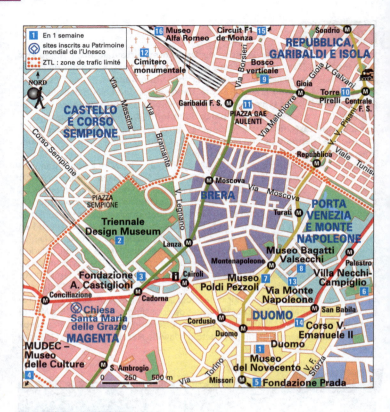

En une semaine

En une semaine, on s'attarde dans les musées, on flâne dans les rues, on s'attable à une terrasse de café, bref, on prend son temps ! On peut aussi organiser ses journées par thèmes : une journée art contemporain en visitant le **museo del Novecento (1)**, le **Triennale Design Museum (2)** dans le parco Sempione. Et tout à côté, on ne saurait trop vous conseiller la découverte de **l'atelier d'Achille Castiglioni (3),** le génial designer italien du XXe s. On peut aussi explorer le **MUDEC (4),** nouveau musée consacré aux cultures ou encore la **Fondation Prada (5)** dans le quartier de la porta Romana. On peut aussi consacrer une journée aux maisons-musées de la ville qui regroupent, entre autres, la magnifique **villa Necchi-Campiglio (6)**, le **museo Poldi Pezzoli (7)** ou le **museo Bagatti Valsecchi (8).** C'est aussi l'occasion d'explorer de nouveaux quartiers, comme celui d'Isola au nord de la ville, un quartier branché où l'éclosion de gratte-ciel et immeubles design fait bon ménage avec l'écologie, comme l'immeuble **Bosco verticale (9)** ou la **Torre Pirelli (10).** La **piazza Gae Aulenti (11)** vaut aussi le détour avec son auditorium en forme de nuage. Pas très loin se visite le **cimitero**

ITINÉRAIRES CONSEILLÉS

monumentale (12), l'un des plus fous d'Europe ! Et pourquoi ne pas se consacrer à une **journée de shopping du côté de la via Monte Napoleone (13),** pour les poches les plus remplies, et du côté du **corso Vittorio Emanuele II (14),** plus accessible ? Et pour ceux à qui ça ne fait pas peur, prendre un train à la gare centrale, qui vous emmènera en 20 mn au mythique **circuit automobile F1 de Monza (15),** ou le métro pour rejoindre le **musée Alfa Romeo (16)** à 20 km de la ville.

SI VOUS ÊTES PLUTOT

... avec votre tribu : le museo d'Arte e Scienza pour amuser et éduquer vos enfants, le parco Sempione pour se défouler, l'Acquario civico, l'un des plus anciens aquariums d'Europe, le museo di Storia naturale, le museo nazionale Scienza e Tecnologia, sans oublier la traditionnelle pause glace (attention à l'indigestion quand même !).

... « gothique » : le monumental Duomo et son musée entièrement rénové.

... accro à la peinture : le museo del Novecento, la pinacoteca Ambrosiana, la pinacoteca di Brera, le castello Sforzesco...

... nostalgique de la Renaissance : la chiesa San Satiro, le museo Poldi Pezzoli, le museo Bagatti Valsecchi.

... passionné d'histoire : le Duomo, le castello Sforzesco, le museo Morando ou, pour une approche plus originale, le cimitero monumentale.

... ou de design : le Triennale Design Museum, l'atelier d'Achille Castiglioni, la galleria d'Italia, l'étonnante villa Necchi-Campiglio, les boutiques autour de la piazza San Babila.

... amateur d'architecture urbaine : le quartier historique des Navigli et ceux de Brera, ainsi que celui d'Isola au nord de la gare Garibaldi, en plein renouveau.

... épris de votre moitié : un opéra à la Scala, après un bon repas et avant une nuit dans un superbe hôtel design.

... mode et... cigale : un tour sur la très chic via Monte Napoleone et dans les environs, à *La Rinascente*, à la galleria Vittorio Emanuele II...

... fêtard : un *aperitivo* suivi d'une soirée dans une des boîtes branchées de la ville.

... pour des poumons plus verts : le parco Sempione et les *giardini pubblici*.

... ambiance Formule 1 : le circuit de Monza (Autodromo nazionale).

... pour une envie de changer d'air : une escapade dans le village de Crespi d'Adda.

Vitrine du corso Vittorio Emanuele II

LU SUR routard.com

Osez Milan !
(tiré du reportage de Jean-Philippe Damiani)

À priori, la capitale économique de l'Italie ne fait pas partie des destinations de loisirs. Quelle erreur ! Musées, restaurants, shopping, vie culturelle : la cité lombarde a beaucoup à offrir, particulièrement aux amoureux des villes. Dynamique, contrastée et moderne, Milan est LA grande métropole italienne.

Cœur économique du pays, autrefois fief de la famille Visconti, Milan dispute à Rome le titre de **capitale médiatique et intellectuelle du pays** : 4 quotidiens nationaux (dont le *Corriere della Sera*) et de prestigieuses maisons d'édition *(Mondadori)* y ont leur siège. Et, évidemment, d'*Armani* à *Gucci,* en passant par *Dolce & Gabbana,* les **couturiers de Milan** rivalisent avec les grandes maisons parisiennes ou new-yorkaises. Certes, vous y trouverez difficilement le charme quelque peu indolent (insolent ?), presque provincial, de Rome. Mais les amateurs de vie urbaine se laisseront prendre au jeu du maelström milanais qui réserve toutefois, dans le dédale de sa vieille ville, de petits oasis de tranquillité.

Au cœur de Milan, le **Duomo** fait preuve d'une indéniable splendeur, particulièrement au coucher du soleil. Il faut monter sur ses toits pour se promener au milieu de cette dentelle marmoréenne et jouir d'un splendide panorama sur la **piazza del Duomo** et les toits de la ville.

Milan peut se visiter à pied. Une fois sorti du Duomo, la **galleria Vittorio Emmanuele II** s'offre à la promenade. Au bout se trouve la fameuse **Scala de Milan,** l'opéra le plus prestigieux du monde, où se sont illustrés entre autres Verdi, Puccini et Toscanini.

Derrière la Scala, voici le vieux quartier de **Brera,** l'un des plus sympas de la ville, avec son dédale de ruelles, ses boutiques d'antiquités, ses cafés et ses petits restos à l'écart de l'agitation milanaise. À voir absolument : la **pinacoteca di Brera,** fondée sous l'ère napoléonienne, présente une très belle collection de peintures, dont les chefs-d'œuvre sont *Le Christ mort* de Mantegna, *La Cène à Emmaüs* du Caravage et *Le mariage de la Vierge* de Raphaël. Une visite à compléter par celle de la **pinacoteca Ambrosiana,** l'autre grande galerie milanaise. Autre musée incontournable : le **museo del Novecento,** piazza Duomo, consacré à l'art italien du XXe s (futuristes, De Chirico, Arte Povera, etc.).

Non loin du quartier de Brera, s'élève le **castello Sforzesco,** forteresse militaire du XIVe s transformée en résidence par les ducs de Sforza au XVe s. Aujourd'hui, ce bâtiment austère et gigantesque est le siège de plusieurs musées d'arts et d'histoire. À quelques minutes du castello, le réfectoire de l'ancien cloître dominicain de **Santa Maria delle Grazie** abrite la fameuse fresque de *La Cène,* l'une des œuvres les plus connues de Léonard de Vinci...

Retrouvez l'intégralité de cet article sur **routard.com**
Et découvrez plein d'autres récits et infos

LES QUESTIONS QU'ON SE POSE AVANT LE DÉPART

● Infos détaillées dans le chapitre « Milan utile » *p. 43*

➢ Quels sont les papiers nécessaires pour aller en Italie ?

– Pour les ressortissants de l'Union européenne et de la Suisse, la carte nationale d'identité ou le passeport en cours de validité suffisent pour entrer sur le territoire italien.
– Les mineurs voyageant seuls (sans leurs parents) doivent être munis de leur propre pièce d'identité (carte d'identité ou passeport) ainsi que d'une autorisation de sortie de territoire **signée par l'un des parents.** Plus d'infos sur ● *service-public.fr* ●

➢ Quelle est la meilleure saison pour y aller ?

Les intersaisons (mai-juin et septembre-octobre) sont agréables mais bien plus fréquentées que l'été ! Attention, en été, de nombreuses adresses ferment pour congés annuels aux alentours du 15 août.

➢ Quel est le meilleur moyen pour y aller ?

L'avion est sans aucun doute la solution la plus rapide, surtout pour un court séjour. Les compagnies aériennes pratiquent des prix très compétitifs. Préférez l'aéroport de Linate, le plus proche du centre-ville.

➢ Y a-t-il un décalage horaire ?

Non, été comme hiver, la France et l'Italie affichent la même heure, car les passages heure d'été/heure d'hiver se font aux mêmes dates.

➢ Côté santé, quelles précautions particulières ?

Aucune, à part les vaccins traditionnels. En été, prévoir aussi un répulsif antimoustiques.

➢ La vie est-elle chère ?

L'hébergement et les visites constituent les principales dépenses (prévoir dans votre budget un poste conséquent). Hors saison, on peut obtenir des chambres à moitié prix. En revanche, on mange facilement sur le pouce pour trois fois rien (*panini*, parts de pizza, assiette de pâtes…).

➢ Peut-on emmener ses enfants ?

Bien sûr ! Le riche patrimoine milanais risque de les épuiser. Alternez balades dans les parcs *(parco Sempione, giardini pubblici)* et visites de musées. Et question nourriture, c'est le top ! Pizza, pâtes, glaces… Repérez les meilleurs sites grâce au symbole 👨‍👧.

➢ Faut-il parler l'italien pour se faire comprendre ?

Quelques notions d'italien facilitent les échanges. Mais les Milanais comprennent assez souvent le français. Les jeunes communiquent de plus en plus en anglais.

➢ Quel est le meilleur moyen pour se déplacer ?

Entre le métro, le tram, le bus, le vélo et vos pieds, vous n'aurez que l'embarras du choix ! La voiture n'est pas autorisée à pénétrer dans le centre-ville (ZTL-zone à trafic limité), sauf autorisation spéciale. Braver l'interdit risque de vous coûter cher : les portes de la ville sont toutes équipées de caméras de surveillance qui relèvent votre numéro de plaque d'immatriculation.

LES QUESTIONS QU'ON SE POSE AVANT LE DÉPART

➢ Doit-on prévoir un gros budget pour les visites culturelles ?

Oui, si l'on souhaite tout voir, les visites au coup par coup finissent par revenir cher. Mais il existe toujours des moyens de réduire les frais : réductions, billets combinés comme la *Tourist Museum Card.*

➢ Dans les restaurants, est-on condamné à manger souvent des pâtes ?

La gastronomie italienne et de surcroît milanaise, ne s'arrête pas aux pâtes ! Milan possède des recettes traditionnelles (le risotto, les *cotolette alla milanese,* la polenta notamment). Reste que les *primi piatti* (pâtes) sont les plats les plus abordables…

➢ Que peut-on rapporter de Milan ?

Milan n'est pas la capitale de la mode par hasard ! Les costumes, cravates et chaussures sont légion (mais pas donnés…). On peut aussi acheter des vêtements de marque dans les *outlets,* à des prix intéressants, surtout au moment des soldes. Sinon, côté gastronomie, on trouve de tout et partout : *panettone,* grappas locales, vins, charcuterie, fromages…

COMMENT Y ALLER ?

EN AVION

Les compagnies régulières

▲ **AIR FRANCE**
Rens et résas au ☎ 36-54 (0,35 €/mn ; tlj 6h30-22h), sur ● airfrance.fr ●, dans les agences Air France (fermées dim) et dans ttes les agences de voyages.
– De Paris-Roissy-Charles-de-Gaulle :
➢ Milan Linate (à 9 km du centre-ville) : 9 vols directs/j.
➢ Milan Malpensa (à 45 km du centre-ville) : nombreux vols tlj avec escale à Lyon, Marseille et Toulouse.
– De Paris-Orly :
➢ Milan Linate : 2 vols directs/j.
Air France propose à tous des tarifs attractifs toute l'année. Pour consulter les meilleures offres du moment, allez directement sur la page « Nos meilleurs tarifs » sur ● airfrance.fr ● *Flying Blue,* le programme de fidélité gratuit d'Air France-KLM, permet de gagner des miles en voyageant sur les vols Air France, KLM, HOP! et les compagnies membres de *Skyteam,* mais aussi auprès des nombreux partenaires non aériens *Flying Blue...* Les miles peuvent ensuite être échangés contre des billets d'avion ou des services (surclassement, bagage supplémentaire, accès salon...) ainsi qu'auprès des partenaires. Pour en savoir plus, rendez-vous sur ● flyingblue.com ●

▲ **HOP!**
Rens et résas sur ● hop.com ●, via les canaux de ventes Air France, dans ttes les agences de voyages et au centre d'appel ☎ 0892-70-22-22 (0,35 €/mn ; lun-ven 6h30-21h, sam 9h30-18h, dim 9h30-20h).
➢ Vols vers Milan depuis Aurillac, Biarritz, Bordeaux, Brest, Brive, Caen, Clermont-Ferrand, La Rochelle, Lille, Lyon, Marseille, Metz-Nancy, Montpellier, Nantes, Nice, Pau, Poitiers, Rennes, Strasbourg, Toulon et Toulouse.

HOP! propose des tarifs attractifs toute l'année. Possibilité de consulter les meilleurs tarifs du moment sur ● hop.com ●

▲ **ALITALIA**
Infos et résas en France : ☎ 0892-655-655 (0,34 €/mn ; lun-ven 8h-20h, w-e 9h-19h). ● alitalia.fr ● Et dans les agences de voyages.
➢ Vols quotidiens pour Milan au départ de Paris-Roissy-Charles-de-Gaulle et de Paris-Orly (en partage de code avec *Air France*).

▲ **BRUSSELS AIRLINES**
Rens au ☎ 0892-64-00-30 (0,33 €/mn ; tlj 24h/24). ● brusselsairlines.com ●
➢ De Bruxelles, vols quotidiens pour Milan (Malpensa et Linate).

Les compagnies *low-cost*

Plus vous réservez vos billets à l'avance, plus vous aurez des tarifs avantageux. Attention, les pénalités en cas de changement peuvent être importantes. Certaines compagnies facturent les bagages en soute (vérifier le poids autorisé) et la réservation des sièges. En cabine, le nombre de bagages est strictement limité (même le plus petit sac à main est compté comme un bagage à part entière). À bord, tous les services sont payants (boissons, journaux). Attention également au moment de la résa par Internet à décocher certaines options qui sont automatiquement cochées (assurances, etc.). Au final, même si les prix de base restent très attractifs, il convient de prendre en compte les frais annexes pour calculer le plus justement son budget.

▲ **EASYJET**
● easyjet.com ●
➢ Vols vers Milan depuis Paris-Roissy, Nantes, Bordeaux, Toulouse et Lille.

➤ De Bruxelles, 1-2 vols/j. vers Milan Malpensa.

▲ **RYANAIR**
● *ryanair.com* ●
➤ De Paris (Beauvais), 2 vols/j. pour Milan (Bergamo Orio al Serio).
➤ De Bruxelles (Charleroi), 2-3 vols/j. pour Milan (Bergamo Orio al Serio).

▲ **VUELING**
Rens et résas : ☎ *0899-232-400 (n° Vert ; en France) ou 0902-33-429 (en Belgique).* ● *vueling.com* ●
➤ Compagnie espagnole qui assure de nombreux vols quotidiens au départ de Paris vers Milan Malpensa via Barcelone.

LES ORGANISMES DE VOYAGES

En France

▲ **COMPTOIR DES VOYAGES**
● *comptoir.fr* ●
– *Paris : 2-18, rue Saint-Victor, 75005.* ☎ *01-53-10-30-15. Lun-ven 9h30-18h30, sam 10h-18h30.* Ⓜ *Maubert-Mutualité.*
– *Lyon : 10 quai Tilsitt, 69002.* ☎ *04-72-44-13-40. Lun-sam 9h30-18h30.* Ⓜ *Bellecour.*
– *Marseille : 12 rue Breteuil, 13001.* ☎ *04-84-25-21-80. Lun-sam 9h30-18h30.* Ⓜ *Estrangin.*
– *Toulouse : 43, rue Peyrolières, 31000.* ☎ *05-62-30-15-00. Lun-sam 9h30-18h30.* Ⓜ *Esquirol.*
– *Bordeaux : 26, cours du Chapeau-Rouge, 33800.* ☎ *05-35-54-31-40. Lun-sam 9h30-18h30.*
– *Lille : 76, rue Nationale, 59160.* ☎ *03-28-34-68-20.* Ⓜ *Rihour. Lun-sam 9h30-18h30.*

Comptoir des Voyages s'impose comme une référence incontournable dans le voyage sur mesure, avec 80 destinations couvrant les 5 continents. Ses voyages s'adressent à tous ceux qui souhaitent vivre un pays de façon simple en s'y sentant accueilli. Les conseillers privilégient des hébergements typiques, des moyens de transport locaux et des expériences authentiques pour favoriser l'immersion dans la vie locale. Comptoir vous offre aussi la possibilité de rencontrer des francophones habitant dans le monde entier, des *greeters*, qui vous donneront, le temps d'un café, les clés de leur ville ou de leur pays. Comptoir des Voyages propose aussi une large gamme de services : échanges par visioconférence, devis web et carnet de voyage personnalisés, assistance téléphonique tous les jours 24h/24 pendant votre voyage.

▲ **ITALIE & CO**
– *Paris : 4 bis, rue du Dahomey, 75011.* ☎ *01-78-76-80-15.* ● *italieandco.fr* ●
Lun-ven 9h30-18h.
Italie & Co est une agence dynamique et d'un genre nouveau, fondée par 1 professionnel italien désireux de vous faire partager sa passion pour son pays d'origine. Seul ou en famille, pour vos loisirs ou pour votre travail, Italie & Co met à votre disposition des offres sélectionnées et testées par l'agence. Une soirée à la Scala de Milan, à la Fenice de Venise ou aux arènes de Vérone, un cours de cuisine à l'école Barilla ou juste du farniente sur une belle plage en Sardaigne, Italie & Co vous propose son carnet d'adresses de charme. Offre spéciale aux lecteurs du *Routard* : un accueil VIP ou un cadeau surprise en donnant la référence « routard » au moment de la réservation.

▲ **VOYAGEURS EN ITALIE**
● *voyageursdumonde.fr* ●
– *Paris : La Cité des Voyageurs, 55, rue Sainte-Anne, 75002.* ☎ *01-42-86-16-00.* Ⓜ *Quatre-Septembre ou Pyramides. Lun-sam 9h30-19h.* Avec une librairie spécialisée sur les voyages.
– *Également des agences à Bordeaux, Grenoble, Lille, Lyon, Marseille, Montpellier, Nantes, Nice, Rennes, Rouen, Strasbourg et Toulouse, ainsi qu'à Bruxelles et Genève.*
Parce que chaque voyageur est différent, que chacun a ses rêves et ses idées pour les réaliser, Voyageurs du Monde conçoit, depuis plus de 30 ans, des projets sur mesure. Les séjours

proposés sur 120 destinations sont élaborés par leurs 180 conseillers voyageurs. Spécialistes par pays et même par région, ils vous aideront à personnaliser les voyages présentés à travers une trentaine de brochures d'un nouveau type et sur le site internet, où vous pourrez également découvrir les hébergements exclusifs et consulter votre espace personnalisé. Au cours de votre séjour, vous bénéficiez des services personnalisés Voyageurs du Monde, dont la possibilité de modifier à tout moment votre voyage, l'assistance d'un concierge local, la mise en place de rencontres et de visites privées, et l'accès à votre carnet de voyage via une application iOS et Android. Voyageurs du Monde est membre de l'association ATR (Agir pour un tourisme responsable) et a obtenu sa certification Tourisme responsable AFAQ AFNOR.

> Voir aussi au sein du guide les agences locales que nous avons sélectionnées.

Comment aller à Roissy et à Orly ?
Toutes les infos sur notre site • *routard.com* • à l'adresse suivante : • *bit.ly/aeroports-routard* •

En Belgique

▲ CONNECTIONS
Rens et résas : ☎ *070-233-313.* • *connections.be* •
Fort d'une expérience de plus de 20 ans dans le domaine du voyage, Connections dispose d'un réseau de 32 *travel shops* dont un à Brussels Airport. Connections propose des vols dans le monde entier à des tarifs avantageux et des voyages destinés à des voyageurs désireux de découvrir la planète de façon autonome. Connections propose une gamme complète de produits : vols, hébergements, locations de voitures, autotours, vacances sportives, excursions.

▲ TAXISTOP
Pour ttes les adresses Taxistop : ☎ *070-222-292.* • *taxistop.be* •
– *Bruxelles : rue Thérésienne, 7a, 1000.*
– *Gent : Maria Hendrikaplein, 65, 9000.*
– *Ottignies : bd Martin, 27, 1340.*
Taxistop propose un système de covoiturage, ainsi que d'autres services comme l'échange de maisons ou le gardiennage.

▲ VOYAGEURS EN ITALIE
– *Bruxelles : chaussée de Charleroi, 23, 1060.* ☎ *02-543-95-50.* • *voyageursdumonde.com* •
Le spécialiste du voyage en individuel sur mesure.
Voir texte dans la partie « En France ».

En Suisse

▲ STA TRAVEL
Rens : ☎ *058-450-49-49.* • *statravel.ch* •
– *Fribourg : rue de Lausanne, 24, 1701.* ☎ *058-450-49-80.*
– *Genève : rue Pierre-Fatio, 19, 1204.* ☎ *058-450-48-00.*
– *Genève : rue Vignier, 3, 1205.* ☎ *058-450-48-30.*
– *Lausanne : bd de Grancy, 20, 1006.* ☎ *058-450-48-50.*
– *Lausanne : à l'université, Anthropole, 1015.* ☎ *058-450-49-20.*
Agences spécialisées notamment dans les voyages pour jeunes et étudiants. 150 bureaux STA et plus de 700 agents du même groupe répartis dans le monde entier sont là pour donner un coup de main *(Travel Help)*.
STA propose des tarifs avantageux : vols secs *(Blue Ticket)*, hôtels, écoles de langue, *work & travel*, circuits d'aventure, voitures de location, etc. Délivre la carte internationale d'étudiant et la carte Jeune.

Au Québec

▲ EXOTIK TOURS
Infos sur • *exotiktours.com* • *ou auprès de votre agence de voyages.*
Exotik Tours offre une importante programmation en été comme en hiver sur la Méditerranée et l'Europe. L'hiver, des séjours sont proposés dans le Bassin méditerranéen et en Asie. Durant cette saison, on peut également opter pour des combinés plage + circuit. Dans la rubrique « Grands voyages », le voyagiste suggère des périples en petits

groupes ou en individuel. Au choix : l'Amérique du Sud, le Pacifique Sud, l'Afrique (Afrique du Sud, Kenya, Tanzanie), l'Inde et le Népal.

▲ TOURS CHANTECLERC
● *tourschanteclerc.com* ●
Tours Chanteclerc est un tour-opérateur qui publie différentes brochures de voyages : Europe, Amérique du Nord, Amérique du Sud, Asie et Pacifique Sud, Afrique et le Bassin méditerranéen en circuits ou en séjours. Il s'adresse aux voyageurs indépendants qui réservent un billet d'avion, un hébergement (dans toute l'Europe), des excursions ou une location de voiture. Également spécialiste de Paris, le tour-opérateur offre une vaste sélection d'hôtels et d'appartements dans la capitale française.

EN TRAIN

Au départ de Paris et de la province

La société italienne **Thello** gère les trains de nuit entre la France et l'Italie. *Point de vente à Paris-gare de Lyon : Hall 1-galerie des Fresques, pl. Louis-Armand, 75571 Paris Cedex 12.* ☎ *01-83-82-00-00.* ● *thello.com* ● *Lun-sam 9h30-19h20, dim et j. fériés 13h-19h20. Et sur le parvis de la gare de Nice, rue Thiers ; lun-ven 7h30-18h30.*

➢ **Au départ de Paris-gare de Lyon ou Dijon :** 1 A/R par jour en train de nuit (départ le soir vers 19h, arrivée à Milan-gare centrale le lendemain mat vers 6h).

➢ Départs également de **Marseille** (15h30) et de **Nice** (18h07), arrivée à Milan vers 23h.

➢ **En TGV :** au départ de Paris-gare de Lyon, A/R quotidiens pour Milan.

Les avantages européens avec la SNCF

– *Rens au* ☎ *36-35 (0,40 €/mn hors surcoût éventuel de votre opérateur).* ● *tgv.com* ● *oui.sncf* ● *thello.com* ● *interrailnet.com* ●
Avec les **Pass Interrail,** les résidents européens peuvent voyager dans 30 pays d'Europe, dont l'Italie. Plusieurs formules et autant de tarifs, en fonction de la destination et de l'âge.
À noter que le *Pass Interrail* n'est pas valable dans votre pays de résidence (cependant l'*Interrail Global Pass* offre une réduction de 50 % de votre point de départ jusqu'au point frontière en France). ● *interrail.eu* ●

– Pour les grands voyageurs, l'*Interrail Global Pass* est valable dans l'ensemble des 30 pays européens concernés. Intéressant si vous comptez parcourir plusieurs pays au cours du même périple. Il se présente sous 7 formes au choix. 4 formules flexibles : utilisable 5 jours sur une période de validité de 15 jours ou bien 7, 10 ou 15 jours sur une période de validité de 1 mois (269-472 € selon âge et formule). 3 formules « continues » : *pass* 15 jours, 22 jours et 1 mois (421-637 € selon âge et formule). Ces formules existent aussi en version 1re classe ! Les voyageurs de plus de 60 ans bénéficient d'une réduction sur le tarif de l'*Interrail Global Pass* en 1re et 2de classes (tarif senior). Également des tarifs enfants 4-11 ans et 12-27 ans.

– Si vous ne parcourez que l'Italie, le **One Country Pass** vous suffira. D'une période de validité de 1 mois et utilisable, selon les formules, 3, 4, 6 ou 8 jours en discontinu : tarif selon pays et formule. Là encore, ces formules se déclinent en version 1re classe (mais ce n'est pas le même prix, bien sûr). Pour voyager dans 2 pays, vous pouvez combiner 2 *One Country Pass*. Au-delà, il est préférable de prendre l'*Interrail Global Pass*.

Interrail offre également la possibilité d'obtenir des réductions ou avantages à travers toute l'Europe avec ses partenaires bonus (musées, chemins de fer privés, hôtels, etc.).

Tous ces prix ne sont qu'indicatifs.
Pour plus de renseignements, adressez-vous à la gare ou boutique SNCF la plus proche de chez vous.

Pour préparer votre voyage autrement

▲ TRAINLINE
Une nouvelle façon simple et rapide d'acheter vos billets de train sur le Web, mobile et tablette. Trainline compare les prix de plusieurs transporteurs européens pour vous garantir le meilleur tarif.
– *Résas et paiements sur* ● *trainline.fr* ● *et sur mobile avec l'application « Trainline » pour iOS et Android.*
– *Et pour répondre à vos questions :* ● *guichet@trainline.fr* ●

EN VOITURE

Covoiturage

Le principe est économique, écologique et convivial. Il s'agit de mettre en relation un chauffeur et des passagers afin de partager le trajet et les frais, que ce soit de manière régulière ou de manière exceptionnelle (pour les vacances, par exemple). Les conducteurs sont invités à proposer leurs places libres sur BlaBlaCar ● *blablacar.fr* ● (disponible sur Web et sur mobile). L'inscription est gratuite.

Itinéraires

➢ *À partir de Paris :* prendre l'A 6 (direction Lyon) jusqu'à Mâcon. Puis Bourg-en-Bresse et Bellegarde. Autoroute vers Chamonix (A 6-E 15). Suivre l'A 40-E 21 direction Milan, puis prendre l'A 40-E 25 direction Annecy. Traverser le tunnel du Mont-Blanc (compter 44,40 € la traversée ; env 55,40 € l'A/R ; attention, le retour doit se faire max 7 jours après la date d'émission). Prendre l'autoroute jusqu'à Milan en passant par Turin.

➢ *Par l'autoroute du Sud :* descendre jusqu'à Marseille, puis Nice et la frontière italienne, Menton et Vintimille. Le voyage se poursuit jusqu'à Gênes (A 10-E 80), puis remonter en prenant l'A 7 direction Milan.

➢ *Par le tunnel du Fréjus :* autoroute du Sud jusqu'à Lyon, A 43 Lyon-Chambéry-Montmélian, puis la vallée de la Maurienne jusqu'à Modane. Péage pour le tunnel : 44,40 € la traversée (55,40 € l'A/R), puis direction Turin.

➢ *Ceux qui habitent l'est ou le nord de la France* ont intérêt à passer par la Suisse en prenant l'autoroute *à partir de Bâle.* Puis Lucerne et le tunnel du Gothard et direction Milan. À prendre en compte : environ 35 € la vignette annuelle en Suisse.

– *Attention :* en Italie, sur autoroute, les panneaux indicateurs sont de couleur verte ; les bleus concernent les autres routes, notamment les nationales ou les routes secondaires. Les feux de code sont obligatoires sur les autoroutes italiennes le jour... sous peine d'amende.

EN BUS

▲ EUROLINES
☎ *08-92-89-90-91 (0,35 €/mn + prix d'appel ; lun-sam 8h-21h, dim 10h-18h).* ● *eurolines.fr* ● *Numéro d'urgence :* ☎ *01-49-72-51-57. Agences à Paris et dans tte la France.*
Vous trouverez également les services d'Eurolines sur ● *routard.com* ● *Eurolines propose 10 % de réduc pour les jeunes (12-25 ans) et les seniors. 2 bagages gratuits/pers en Europe et 40 kg gratuits pour le Maroc. Gare routière internationale à Paris : 28, av. du Général-de-Gaulle, 93541 Bagnolet Cedex.* Ⓜ *Gallieni.*
1re *low-cost* par bus en Europe, Eurolines permet de voyager vers plus de 600 destinations en Europe et au Maroc avec des départs quotidiens depuis 90 villes françaises. Eurolines propose également des hébergements à petits prix sur les destinations desservies.
Pass Europe : pour un prix fixe valable 15 ou 30 jours, vous voyagez autant que vous le désirez sur le réseau entre 51 villes européennes. Également un

mini-*pass* pour visiter 2 capitales européennes (7 combinés possibles).

▲ OUIBUS
● *ouibus.com* ●
Filiale de la SNCF, Ouibus est un réseau de lignes d'autocars desservant à petits prix les grandes villes européennes, dont Milan au départ de Paris.

▲ POP VOYAGES
Rens et résas : ☎ *08-99-18-95-79 (1,35 € l'appel + 0,34 €/mn ; lun-ven 10h-13h, 14h-19h).* ● *popvoyages.com* ●
Spécialiste des voyages en autocar à destination de toutes les grandes cités européennes. Week-ends, séjours et circuits en bus toute l'année, grands festivals et événements européens. Formules pour tout public, individuel ou groupe, au départ de toutes les grandes villes de France.

MILAN UTILE

ABC de Milan

- ❑ *Statut :* capitale de la région de la Lombardie (12 provinces) et de la province de Milan (134 communes).
- ❑ *Superficie :* 182 km² (1 575 km² pour la province).
- ❑ *Population :* 1 366 040 hab. (env 3 200 000 hab. pour la province).
- ❑ *Langue officielle :* l'italien.
- ❑ *Maire :* Giuseppe Sala (parti démocratique, élu en 2016).

AVANT LE DÉPART

Adresses utiles

En France

🛈 *Office national italien de tourisme (ENIT) :* 23, rue de la Paix, 75002 Paris. ☎ 01-42-66-03-96. ● infoitalie.paris@enit.it ● enit.it ● (site très complet à consulter absolument avt de partir). Ⓜ Opéra ; RER A : Auber. Lun-ven 11h-16h45. Pas d'infos par courrier postal, uniquement par mail.

■ *Consulats d'Italie en France*
– Paris : 5, bd Émile-Augier, 75116. ☎ 01-44-30-47-00 (lun-ven 9h-17h ; standard automatique qui oriente en fonction de la demande). ● segreteria.parigi@esteri.it ● consparigi.esteri.it ● Ⓜ La Muette ; RER C : Boulainvilliers. Lun-ven 9h-12h ; plus mer 14h30-16h30.
– Consulats honoraires et correspondants consulaires à Lyon, Marseille et Metz.

■ *Institut culturel italien :* hôtel de Gallifet, 50, rue de Varenne, 75007 Paris. ☎ 01-44-39-49-39. ● iicparigi.esteri.it ● Ⓜ Varenne, Rue-du-Bac ou Sèvres-Babylone. Lun-ven 10h-13h, 15h-18h. Bibliothèque de consultation : ☎ 01-44-39-49-25. Mêmes horaires sauf lun mat. Congés : de mi-juil à début sept.

■ *Ambassade d'Italie :* 51, rue de Varenne, 75007 Paris. ☎ 01-49-54-03-00. ● ambasciata.parigi@esteri.it ● ambparigi.esteri.it ● Ⓜ Rue-du-Bac, Varenne ou Sèvres-Babylone. Superbe hôtel particulier ouvert au public uniquement lors des Journées du patrimoine en septembre.

En Belgique

🛈 *Office de tourisme :* rue Émile-Claus, 28, Bruxelles 1050. ☎ 02-647-11-54. ● brussels@enit.it ● enit.it ● Lun-ven 11h-16h.

■ *Ambassade d'Italie :* rue Émile-Claus, 28, Bruxelles 1050. ☎ 02-643-38-50. ● ambbruxelles.esteri.it ●

■ *Consulat d'Italie :* rue de Livourne, 38, Bruxelles 1000. ☎ 02-543-15-50. ● segreteria.bruxelles@esteri.it ● ambbruxelles.esteri.it ● Lun-ven 9h-12h30, plus lun et mer 14h30-16h.

En Suisse

■ *Ambassade d'Italie :* Elfenstrasse, 14, 3006 Berne. ☎ 031-350-07-77. Fax : 031-350-07-11. ● ambasciata.berna@esteri.it ● ambberna.esteri.it ● Lun-jeu 8h-13h, 14h-17h ; ven 8h30-13h, 13h30-16h30.

■ *Consulats d'Italie*
– Genève : rue Charles-Galland, 14, 1206. ☎ 022-839-67-44. ● consolato.ginevra@esteri.it ● consginevra.esteri.it ● Lun, mer et ven 9h-12h30, mar-jeu 14h-17h.

– Autres consulats à Bâle, Lugano, Neufchâtel, Sion, Saint-Gall, Wertigen et Zurich.

Au Canada

Office italien de tourisme : *365 Bay St, suite 503, Toronto (Ontario) M5H 2V1.* ☎ *(1-416) 925-4882.* • *toronto@enit.it* • *enit.it* • *Lun-ven 9h-17h.*

■ ***Ambassade d'Italie :*** *275 Slater St, 21st Floor, Ottawa (Ontario) K1P 5H9.* ☎ *(1-613) 232-2401.* • *ambasciata.ottawa@esteri.it* • *ambottawa.esteri.it* • *Lun et ven 9h-12h ; mer 9h-12h, 14h-17h.*

Formalités d'entrée

Pas de contrôles aux frontières italiennes car le pays fait partie de l'espace Schengen.
Les ***mineurs*** doivent être munis de leur propre pièce d'identité (carte d'identité ou passeport). Pour l'autorisation de sortie de territoire lorsque les enfants ne sont pas accompagnés par un de leurs parents, chaque pays a mis en place sa propre régulation. Ainsi, pour les ***mineurs français,*** une loi entrée en vigueur en janvier 2017 a ***rétabli l'autorisation de sortie du territoire.*** Pour voyager à l'étranger, ils doivent être munis d'une pièce d'identité (carte d'identité ou passeport), d'un formulaire signé par l'un des parents titulaire de l'autorité parentale et de la photocopie de la pièce d'identité du parent signataire. Renseignements auprès des services de votre commune et sur • *service-public.fr* •

> *Pensez à scanner passeport, visa, carte de paiement, billet d'avion et vouchers d'hôtel. Ensuite, adressez-les-vous par e-mail, en pièces jointes. En cas de perte ou de vol, rien de plus facile pour les récupérer.*

Assurances voyage

■ ***Assurance Routard par AVI International :*** *40, rue Washington, 75008 Paris.* ☎ *01-44-63-51-00.* • *avi-international.com* • Ⓜ *George-V.* Enrichie année après année par les retours des lecteurs, *Routard Assurance* est devenue une assurance voyage incontournable. Tout est compris : frais médicaux, assistance rapatriement, bagages, responsabilité civile... Vous avez besoin d'un médecin, d'un conseil médical ou d'une prise en charge dans un hôpital ? Appelez simplement le plateau *AVI Assistance* disponible 24h/24, leur réseau est l'un des plus complets actuellement. Vous avez eu des frais de santé en voyage ? Envoyez les factures à votre retour, *AVI* vous rembourse sous 1 semaine. Avant votre départ, n'hésitez pas à les appeler pour des conseils personnalisés. Ce que l'on a aimé : pas d'avance à faire, ils s'occupent de tout. Un seul réflexe avant de partir : téléchargez l'appli mobile pour garder le contact avec l'assistance 24h/24 et disposer de l'un des meilleurs réseaux médicaux à travers le monde.

■ ***AVA :*** *25, rue de Maubeuge, 75009 Paris.* ☎ *01-53-20-44-20.* • *ava.fr* • Ⓜ *Cadet.* Un autre courtier fiable pour ceux qui souhaitent s'assurer en cas de décès-invalidité-accident lors d'un voyage à l'étranger, mais surtout pour bénéficier d'une assistance rapatriement, perte de bagages et annulation. Attention, franchises pour leurs contrats d'assurance voyage.

■ ***Pixel Assur :*** *18, rue des Plantes, BP 35, 78601 Maisons-Laffitte.* ☎ *01-39-62-28-63.* • *pixel-assur.com* • *RER A : Maisons-Laffitte.* Assurance de matériel photo et vidéo tous risques dans le monde entier. Devis basé sur le prix d'achat de votre matériel. Avantage : garantie à l'année.

AVANT LE DÉPART | **45**

Sites internet utiles

- *routard.com* ● Le site de voyage n° 1, avec plus de 800 000 membres et plusieurs millions d'internautes chaque mois. Pour s'inspirer et s'organiser, près de 300 guides destinations actualisés, avec les infos pratiques, les incontournables et les dernières actus, ainsi que les reportages terrain et idées week-end de la rédaction. Partagez vos expériences avec la communauté de voyageurs : forums de discussion avec avis et bons plans, carnets de route et photos de voyage. Enfin, vous trouverez tout pour vos vols, hébergements, voitures et activités, sans oublier notre sélection de bons plans, pour réserver votre voyage au meilleur prix.
- *ambafrance-it.org* ● Le site de l'ambassade de France en Italie avec la liste de toutes les ambassades, les consulats, les centres culturels, les Alliances françaises, ainsi qu'un dossier sur les rapports économiques franco-italiens. Infos intéressantes pour les étudiants qui veulent y séjourner.
- *italieaparis.net* ● Un site qui vous donnera un avant-goût de la Botte ou qui pourra, tout aussi bien, essayer de vous guérir du mal du pays à votre retour. Malheureusement il ne conseille que des adresses parisiennes, mais les infos culturelles profiteront à tout le monde !
- *enit.it* ● En français. Site de l'office de tourisme d'Italie, très riche en informations. Nombreuses rubriques pratiques qui aideront à préparer votre séjour et permettent de faire un tour d'horizon de la culture italienne. À consulter avant de partir.
- *italianculture.net* ● Un portail d'information multilingue (notamment le français) sur la culture italienne (mode, design, musique, vin...).
- *dessit.free.fr/italiamia* ● En français. Une vraie mine d'informations pour tous ceux qui veulent découvrir la culture italienne. Très simple d'utilisation, il va droit à l'essentiel et permet de découvrir toute l'Italie en un clic.

Se renseigner sur Milan

- *lepetitjournal.com/milan* ● Animé et régulièrement mis à jour par et pour les Français et francophones à Milan, ce site très complet propose des articles traitant de l'actualité italienne et milanaise, des idées de sortie, mais aussi des infos plus pratiques comme les annonces, la météo...
- *aboutmilan.com* ● En anglais et en italien. Quelques dossiers intéressants sur l'art et l'histoire de Milan, infos diverses sur ses attractions principales, actualité culturelle et petit annuaire.
- *comune.milano.it* ● Site officiel de la ville, très bien documenté, avec d'intéressantes pages culturelles. Quelques rubriques traduites en français.

L'art en amont

- *aparences.net* ● Ce site à la richesse encyclopédique explique très bien l'âge d'or de la peinture italienne (Milan, Mantoue, Ferrare) dans ses moindres détails. Le site propose également des dossiers sur les grands hommes de cette époque, ainsi que des tableaux de maîtres commentés. Chapeau bas...
- *wga.hu* ● En anglais. Un site d'une très grande qualité d'image, car on a accès à toutes les œuvres d'art des principaux musées d'Europe avec, à chaque fois, un commentaire très complet.

Carte internationale d'étudiant (carte ISIC)

Elle prouve le statut d'étudiant dans le monde entier et permet de bénéficier de tous les avantages, services et réductions dans les domaines du transport, de l'hébergement, de la culture, des loisirs, du shopping... C'est la clé de la mobilité étudiante !

La carte ISIC permet aussi d'accéder à des avantages exclusifs sur le voyage (billets d'avion spécial étudiants, hôtels et auberges de jeunesse, assurances, cartes SIM internationales, location de voitures...).

Renseignements et inscriptions

- *En France :* ● isic.fr ● *Compter 13 € pour 1 année scol.*
- *En Belgique :* ● isic.be ●
- *En Suisse :* ● isic.ch ●
- *Au Canada :* ● isiccanada.com ●

Carte d'adhésion internationale aux auberges de jeunesse (carte FUAJ)

Cette carte vous ouvre les portes des 4 000 auberges de jeunesse du réseau *HI-Hostelling International* en France et dans le monde. Vous pouvez ainsi parcourir 90 pays à des prix avantageux et bénéficier de tarifs préférentiels avec les partenaires des auberges de jeunesse *HI*. Enfin, vous intégrez une communauté mondiale de voyageurs partageant les mêmes valeurs : plaisir de la rencontre, respect des différences et échange dans un esprit convivial. Il n'y a pas de limite d'âge pour séjourner en auberge de jeunesse. Il faut simplement être adhérent.

Renseignements et inscriptions

- *En France :* ● hifrance.org ●
- *En Belgique :* ● lesaubergesdejeunesse.be ●
- *En Suisse :* ● youthhostel.ch ●
- *Au Canada :* ● hihostels.ca ●
- *En France et dans le monde :* ● hihostels.com ● Si vous prévoyez un séjour itinérant, vous pouvez réserver plusieurs auberges en une seule fois !

ARGENT, BANQUES, CHANGE

Banques

Les banques sont généralement ouvertes du lundi au vendredi de 8h20 à 13h15 et de 14h45 à 16h ; certaines sont également ouvertes le samedi matin. La plupart disposent d'un distributeur de billets en façade. Nos amis francophones, en particulier les Suisses et les Québécois, peuvent convertir leurs monnaies d'origine en euros dans les bureaux de change (ouverts tous les jours, même les jours fériés).

Cartes de paiement

La majorité des restaurants, hôtels et stations-service accepte les cartes de paiement. Nous vous signalons, dans la mesure du possible, nos adresses les refusant (de plus en plus rares, à l'exception notable des chambres d'hôtes). Sur place, vous verrez, en principe, sur les vitrines des établissements les acceptant, l'autocollant *Carta Sì*. Voir également plus loin la rubrique « Transports. Vélo ».

En cas d'urgence – Dépannage

Quand vous partez à l'étranger, pensez à téléphoner à votre banque pour relever le plafond de retrait aux distributeurs et pour les paiements par carte, quitte à le faire rebaisser à votre retour.

ARGENT, BANQUES, CHANGE | **47**

Avant de partir, notez donc bien le numéro d'opposition propre à votre banque (il figure souvent au dos des tickets de retrait, sur votre contrat ou à côté des distributeurs de billets), ainsi que le numéro à 16 chiffres de votre carte. Bien entendu, conservez ces informations en lieu sûr et séparément de votre carte.

Par ailleurs, l'assistance médicale se limite aux 90 premiers jours du voyage et l'assistance véhicule aux cartes haut de gamme (renseignez-vous auprès de votre banque). Et surtout, n'oubliez pas aussi de VÉRIFIER LA DATE D'EXPIRATION DE VOTRE CARTE BANCAIRE avant votre départ !

En zone euro, pas de frais bancaires sur les paiements par carte. Les retraits sont soumis aux mêmes conditions tarifaires que ceux effectués en France (gratuits pour la plupart des cartes).

Une carte perdue ou volée peut être rapidement remplacée. En appelant sa banque, un système d'opposition, d'avance d'argent et de remplacement de carte pourra être mis en place afin de poursuivre son séjour en toute quiétude.

En cas de perte, de vol ou de fraude, quelle que soit la carte que vous possédez, chaque banque gère elle-même le processus d'opposition et le numéro de téléphone correspondant.

– **Carte Visa :** *numéro d'urgence (Europ Assistance) au ☎ (00-33) 1-41-85-85-85 (24h/24).* ● *visa.fr* ●
– **Carte MasterCard :** *numéro d'urgence au ☎ (00-33) 1-45-16-65-65.*
● *mastercardfrance.com* ●
– **Carte American Express :** *numéro d'urgence au ☎ (00-33) 1-47-77-72-00 (tlj 24h/24).* ● *americanexpress.fr* ●

> Petite mesure de précaution : si vous retirez de l'argent dans un distributeur, utilisez de préférence les distributeurs attenant à une agence bancaire. En cas de pépin avec votre carte (carte avalée, erreurs de code secret...), vous aurez un interlocuteur dans l'agence pendant les heures ouvrables.

Besoin urgent d'argent liquide

Vous pouvez être dépanné en quelques minutes grâce au système **Western Union Money Transfer.** L'argent est alors transféré en moins de 1h. La commission, assez élevée, est payée par l'expéditeur. Possibilité d'effectuer un transfert auprès d'un des bureaux *Western Union* ou, plus rapide, en ligne, 24h/24, par carte de paiement (*Visa* ou *MasterCard*).

Même principe avec d'autres organismes de transfert d'argent liquide comme **MoneyGram, PayTop** ou **Azimo.** Transfert en ligne sécurisé, en moins de 1h.

Dans tous les cas, se munir d'une pièce d'identité. Toutefois, en cas de perte/vol de papiers, certains organismes permettent de convenir d'une question/réponse-type pour pouvoir récupérer votre argent. Chacun de ces organismes possède aussi des applications disponibles sur téléphone portable. Consulter les sites internet pour connaître les pays concernés, les conditions tarifaires (frais, commission) et trouver le correspondant local le plus proche : ● *westernunion.com* ● *moneygram.fr* ● *paytop.com* ● *azimo.com/fr* ●

Autre solution, envoyer de l'argent par *la Banque postale* : le bénéficiaire, muni de sa pièce d'identité, peut retirer les fonds dans n'importe quel bureau du réseau local. Le transfert s'effectue avec un mandat ordinaire international (jusqu'à 3 500 €) et la transaction prend 4-5 jours en Europe (8-10 jours vers l'international). Plus cher mais plus rapide, le mandat express international permet d'envoyer de l'argent (montant variable selon la destination – 34 pays au total) sous 2 jours maximum, 24h lorsque la démarche est faite en ligne. *Infos :* ● *labanquepostale.fr* ●

En Italie, se présenter à une agence *Western Union* (*n° vert :* ☎ *800-789-124 ; tlj 8h-23h*).

ACHATS

En règle générale, les magasins sont ouverts de 9h à 13h et de 15h30 à 19h30, et presque toujours fermés le dimanche ainsi qu'une demi-journée ou une journée par semaine (souvent le lundi). Quoique cette tradition commence à se perdre. En revanche, la fermeture est fréquente le samedi après-midi pendant l'été, à l'heure où Milan est à cette époque quasiment déserte.

Les « spots »

Les magasins sont généralement fermés le lundi matin (sauf ceux d'alimentation, fermés le lundi après-midi).
– **Périodes de soldes :** en général, la 1re semaine de janvier et, en été, le 1er ou 2e week-end de juillet. Durée : environ 2 mois.
– **Pour les outlets :** des grandes marques à prix cassés chez *Il Salvagente Fashion Outlet (plan détachable, G4)*, dans le quartier de Porta Romana ; et chez *Emporio Isola (plan détachable, C3)*, à deux pas du corso Sempione. Également **5 villages outlet** – Vicolungo The Style Outlets, Fidenza Village, Fox Town Factory Stores, Franciacorta Outlet Village et Serravalle Designer Outlet – dans les environs de Milan, accessibles par bus-navettes depuis le centre-ville...
– **Pour les bonnes affaires :** corso Buenos Aires *(plan détachable, F3)*, corso Genova *(plan détachable, C5)*.
– **Pour le standing :** corso Vittorio Emanuele II et le « quadrilatère de la mode » (via Monte Napoleone, via Manzoni, via della Spiga, via Sant'Andrea ; *zoom détachable, E4*).
– **Pour le vintage et les grandes enseignes :** via Torino *(zoom détachable, D4-5)*, porta Ticinese *(zoom détachable, D5-6)*.
– **Pour le « tendance » :** corso Como *(plan détachable, D2)*.
– **Pour la variété :** le grand magasin *La Rinascente*, piazza del Duomo *(zoom détachable, E4)*, baptisé ainsi par Gabriele D'Annunzio après sa reconstruction au début du XXe s, est le plus vieux et le plus important de la ville (et ouvert le dimanche !).

Plaisirs de bouche

Le charme de Milan se décline de tant de manières... et il y en a pour tous les goûts ! Si l'on y trouve un florilège des spécialités environnantes (*parmigiano reggiano* de Parme, vinaigre balsamique de Modène, tagliatelles et mortadelle de Bologne...), Milan est aussi LA ville du *panettone*, brioche traditionnelle garnie de raisins secs, fruits confits et zestes d'agrumes, de la *michetta*, petit pain rond et croustillant, ou encore, côté charcuterie, du *salame milano*, petit saucisson à la chair bien rouge.

Quelques sites gastronomiques...

● **lacucinaitaliana.it** ● En italien. Un site bien conçu et très exhaustif. Des recettes à foison (de la plus traditionnelle à la plus inventive) classées par types de plats, régions ou produits. Articles sur l'actualité de la gastronomie italienne.
● **gelatoartigianale.it** ● En italien. Le site de la très sérieuse *Accademia del gelato*. Spécialement conçu pour les gélatophiles avertis ! L'histoire du *gelato*, sa fabrication, sa conservation et ses nombreux parfums classiques ou originaux n'auront plus de secrets pour vous. Adhésion en ligne possible au *Club del gelato* !

Le monde des stylistes

Milan est la capitale incontestable de la mode italienne et même européenne, depuis les rues où l'élégance des Milanais s'affiche avec classe et discrétion, jusqu'aux boutiques du quartier Monte Napoleone, chéri des grands couturiers italiens, sans oublier la *Fashion Week* et autres défilés internationaux.
Quelques idées à rapporter dans votre valise :
– la **maroquinerie**, pas donnée mais de qualité (vêtements, ceintures, sacs, porte-monnaie, chaussures). Marques : *Fontana, Raspini, Ferragamo, Furla...* ;

– **Tod's :** le célèbre mocassin aux 133 picots – le *Gommino* – est l'emblème de la marque. Le « seigneur des picots », comme est surnommé son président, a fait de *Tod's* une griffe de luxe de la chaussure italienne. Plusieurs adresses à Milan, toutes centrales *(zoom détachable, E4),* notamment dans la Galleria Vittorio Emanuele II, la via della Spiga, 22... ;
– les **textiles** et **foulards de soie** ;
– la **lingerie.** Bien qu'assez chère, elle séduit dans le monde entier. Beaucoup de grandes marques sont italiennes : *La Perla, Verde Veronica, Intimissimi...* Et *Calzedonia,* notamment, pour les **maillots de bain et collants en tous genres.**
– les **lunettes de soleil.** L'Italie est le leader mondial de la lunetterie solaire. Près de 80 % de la production européenne sort des usines italiennes, dont la célèbre marque *Ray-Ban*. Accessoire incontournable, véritable objet de culte, les lunettes de soleil s'affichent au cœur des tendances. Mais attention, n'est pas *fashion victim* qui veut !

Sachez qu'il existe une différence (de taille !) entre les étiquettes du prêt-à-porter français et celles du prêt-à-porter italien.

Tailles en France	34	36	38	40	42	44	46	48	50
Tailles en Italie	38	40	42	44	46	48	50	52	54

Pour les chaussures, la pointure française taille une unité de plus que l'italienne, ce qui donne :

France	36	37	38	39	40	41	42	43	44
Italie	35	36	37	38	39	40	41	42	43

Un p'tit tour dans le monde du design

Carrefour international du design (voir la rubrique « Design » dans le chapitre « Hommes, culture, environnement » en fin de guide), Milan s'impose comme la capitale des dernières tendances du genre. La plupart des adresses se situent autour de la piazza San Babila, lieu majeur de l'activité. Temps fort début ou mi-avril pendant le *Salone internazionale del Mobile,* où ces magasins organisent des cocktails et des événements tous les soirs pendant une semaine (entrée gratuite).

Et enfin, les marchés

Baignés de couleurs, parfums et saveurs, on y croise aussi bien des *mammas* aux cabas déformés que de jeunes Milanais branchés et pressés. Déambulez donc entre les étalages de ces marchés et vous finirez bien par approcher l'âme de la ville, ou du moins à en entrevoir un autre visage.

BUDGET

Recommandation à ceux qui souhaitent profiter des réductions et avantages proposés dans le *Routard* par les hôteliers et les restaurateurs.

À l'hôtel, pensez à les demander au moment de la réservation ou, si vous n'avez pas réservé, **à l'arrivée.** Ils ne sont valables que pour les réservations en direct et non cumulables avec d'autres offres promotionnelles (notamment sur Internet). Au restaurant, parlez-en **au moment** de la commande et surtout **avant** que l'addition ne soit établie. Poser votre *Routard* sur la table ne suffit pas : le personnel de salle n'est pas toujours au courant et une fois le ticket de caisse imprimé, il est difficile de modifier le total. En cas de doute, montrez la notice relative à l'établissement dans le *Routard* de l'année, bien sûr, et ne manquez pas de nous faire part de toute difficulté rencontrée.

Hébergement

L'hébergement est généralement cher à Milan. Que vous logiez à l'hôtel, en chambre *B & B,* ou en auberge de jeunesse, les prix ne descendent qu'exceptionnellement en dessous de 80 €.

La classification en catégories ne correspond pas vraiment à celle que nous connaissons en France. Chaque région italienne est libre de classifier ses hôtels : par exemple, un 3-étoiles *(tre stelle)* en Lombardie ne sera peut-être pas classé de la même façon que dans le Piémont. De même entre les hôtels français et italiens, un 3-étoiles italien n'offre souvent pas plus que ce qu'offre un bon 2-étoiles français. Ce décalage est valable pour toutes les catégories.

Pour une chambre double, il faut compter :
– *Bon marché :* moins de 80 €.
– *Prix moyens :* de 80 à 120 €.
– *Chic :* de 120 à 180 €.
– *Très chic :* des établissements exceptionnels et d'un prix très élevé, au-delà de 180 €, que nous citons surtout s'ils ont du charme.
– *Taxe de séjour :* une loi permet à toutes les municipalités du nord de l'Italie d'appliquer une taxe sur les nuitées. Selon la catégorie d'hôtel, il faut compter jusqu'à 5 € par personne et par nuit, toujours à payer directement sur place, même si vous avez payé la chambre à l'avance par Internet.
– *Camping :* compter quand même entre 30 et 35 € correspondant à une nuit pour 2 personnes avec petite tente et voiture.
– *Auberge de jeunesse :* il existe à Milan plusieurs établissements privés de ce type, où le lit en dortoir tourne autour de 30-45 €.

– *Logis* est la 1re chaîne de restaurateurs-hôteliers indépendants en Europe avec 2 200 établissements répartis dans 8 pays. Fort de ses 70 années d'expérience, le réseau offre l'assurance d'un accueil personnalisé et chaleureux, d'un hébergement de qualité ainsi que d'une restauration faite maison mettant à l'honneur produits locaux et de saison. Engagés sur les territoires, tous les *Logis* sont impliqués dans une démarche d'économie locale, privilégiant les circuits courts et les produits régionaux. Plus d'infos : ● *logishotels.com* ●

Restaurants

Contrairement aux hôtels, les restaurants ont des cartes très complètes avec tous les prix indiqués. Faire cependant attention aux poissons et à la viande, plus chers, et parfois facturés au poids en fonction du prix du jour. De nombreux restaurants ont l'honnêteté de préciser si leurs produits de la mer – crustacés, coquillages et poissons – sont surgelés ou pêchés du jour.
– On peut très bien se régaler sans se ruiner en avalant une *pizza al taglio,* des tartes salées et sucrées (il arrive qu'elles soient vendues au poids) ou un *panino*. C'est en général bon, assez copieux, et vous pourrez toujours vous offrir une glace en dessert.
– Par ailleurs, au restaurant, les amateurs de *pizze* ou de *pasta* s'en sortiront en général pour des prix raisonnables (avec *antipasti* ou dessert, eau et *coperto,* compter entre 16 et 20 €). Ce sont les inconditionnels de la viande ou du poisson qui vont souffrir, car les *secondi* coûtent en général une quinzaine d'euros ou plus, et ils sont souvent servis sans garniture (entre 4 et 6 € supplémentaires). Compter facilement une petite trentaine d'euros (avec *antipasti* ou dessert, le *coperto* et l'eau) pour ce type de repas. Les prix augmentent encore, bien sûr, si l'on se laisse tenter par une bonne bouteille de vin, mais la majorité des restos proposent un *vino della casa* servi au pichet à prix généralement très raisonnable.
– Si vous prenez votre *espresso* au comptoir, il vous en coûtera environ 1 €, mais il est majoré si vous vous asseyez.

Voici notre fourchette ; les prix s'entendent par personne, pour un repas sur le pouce pour la catégorie « Très bon marché » (une pizza ou un sandwich et une boisson), et dans les catégories suivantes, pour un repas complet,

c'est-à-dire le plus souvent *antipasto, primo* ou *secondo* et éventuellement un *dolce* (dessert), boisson non comprise.
– ***Très bon marché (sur le pouce) :*** moins de 12 €.
– ***Bon marché :*** de 12 à 20 €.
– ***Prix moyens :*** de 20 à 35 €.
– ***Chic :*** plus de 35 €.

Pourboire, service et couvert

La grande majorité des restos rajoutent le couvert *(pane e coperto)* qui varie entre 2 et 3 €, et peut même atteindre plus de 4 € dans les lieux chic (mais cela signifie qu'il y a une contrepartie : pain maison, beurre...) ou très touristiques (et c'est de l'arnaque !). Ajoutez à cela une bouteille d'eau minérale (autour de 2 €), et vous comprendrez pourquoi l'addition grimpe si vite. Noter que le *pane e coperto* doit être signalé sur la carte quand il existe, ce qui n'est pas forcément le cas dans une *trattoria* !
Quant au pourboire, dont on rappelle qu'il n'est par définition jamais compris dans l'addition, rien ne vous oblige à en laisser ni ne vous dispense de le faire si vous avez été bien servi et avez bien mangé. Les Français ont une telle réputation de radinerie (si, si !) qu'un petit geste fera peut-être changer cette image qu'ils trimballent depuis des lustres ! Il arrive cependant, mais c'est rare, qu'on vous facture le service (10 à 15 %).

Visite des sites et musées

– ***L'entrée des églises est gratuite*** la plupart du temps – sauf les accès aux sacristies, salles capitulaires, ou cryptes et chapelles recelant des *tesori* (trésors).
– Compter entre 5 et 10 € par personne pour la visite des musées ou autres sites. Ce sont les villas-musées qui coûtent en général cher (autour de 8-10 €).
– Les visiteurs de moins de 18 ans ressortissants de l'Union européenne bénéficient de la gratuité dans les sites et musées nationaux. Les moins de 25 ans bénéficient eux aussi de réductions. Pour les musées municipaux, réduction possible pour les jeunes, à condition d'avoir une pièce d'identité à présenter. Les professeurs, à condition d'être ressortissants de l'Union européenne, ont souvent droit eux aussi à une réduction de 50 % en présentant leur carte d'enseignant...
– ***Tous les musées sont fermés le 1er mai, le jour de Noël, le 15 août et pratiquement tous le Jour de l'an.***
– Prévoyez de la monnaie pour l'éclairage des églises (1 ou 2 €). Les musées n'acceptent pas tous les cartes de paiement, prévoyez donc des espèces sonnantes et trébuchantes.
– Les musées et sites nationaux sont ouverts de 9h à 17h30 (parfois plus tard en été). En principe, les musées sont fermés le lundi.
– Les explications sur les cartels et les commentaires traduits en français sont loin d'être systématiques. Il vaut mieux avoir des notions d'italien et d'anglais ; il existe parfois des feuillets avec traduction française à réclamer à l'entrée.
– Une tenue correcte et un minimum de discrétion semblent parfois échapper à certains visiteurs. Un gardien est là pour vous le rappeler, et il n'a aucune indulgence pour ce qui est considéré comme indécent (à savoir, short pour les hommes, épaules nues et minijupe pour les femmes...).

> **Infos importantes**
>
> – Gratuité pour les moins de 18 ans et réductions jusqu'à 25 ans.
>
> – Gratuité le 1er dimanche du mois. Elle s'applique à tous les lieux de culture nationaux : monuments, musées, galeries, sites archéologiques, parcs.
>
> – Nocturne certains soirs (MUDEC, Armani / Silos, par exemple).
>
> – La *Notte al museo,* la Nuit au musée, à 1 €, a lieu 2 fois par an.

CLIMAT

Le climat de toute cette zone – entre plaine et haute montagne – varie beaucoup selon l'altitude et l'exposition. De type continental avec des hivers froids et des étés chauds, il est néanmoins bien adouci par la présence des lacs. Température moyenne annuelle : 13 °C.

On peut donc se rendre à Milan toute l'année, selon ce qu'on désire voir ou faire, même si les meilleures saisons restent le printemps et l'automne. L'été, on trouve plus d'étrangers que d'Italiens. Sachez tout de même que la majorité des hôteliers et restaurateurs ferment leurs portes en août. À cette période, il peut faire très chaud avec un grand taux d'humidité (prévoyez un bon répulsif, les moustiques sont en revanche bien présents).

DANGERS ET ENQUIQUINEMENTS

Sécurité

En cas de vol (passeport, permis de conduire, papiers, argent, objets divers...), se rendre immédiatement au poste de *carabinieri* (la gendarmerie italienne) le plus proche. Ils établiront un constat en italien qui vous servira ensuite auprès de votre compagnie d'assurances, ou de l'administration française. Adressez-vous à l'antenne du consulat français seulement en cas de vol ou de perte des papiers d'identité.
– Ne laissez jamais rien dans vos poches, surtout arrière, trop facilement accessibles.
– Ne portez jamais de sac à l'épaule, mais toujours en bandoulière.

Contrefaçons

Beaucoup de vendeurs à la sauvette dans les rues de Milan, surtout à l'abord des sites touristiques. Mais attention, acheter une contrefaçon est rigoureusement interdit et passible d'une amende et d'une peine d'emprisonnement si vous vous faites contrôler par la douane en rentrant chez vous. Les autorités italiennes et françaises redoublent de vigilance.

Les amendes

Si vous devez payer une amende (PV) après avoir été verbalisé (excès de vitesse, mauvais stationnement, infraction au code de la route...), faites-le ! Ne quittez pas Milan sans avoir payé votre amende. La police italienne vous rattrapera, même en France, et vous devrez payer le double ou même le triple du montant initial ! Cela concerne aussi les voitures de location.

FÊTES ET JOURS FÉRIÉS

Fêtes et festivals

Particulièrement nombreuses, les fêtes se succèdent à un rythme effréné durant toute l'année. Une aubaine qui pourrait bien enrichir votre voyage. Pour le programme complet, consultez la brochure **Milano Mese** à l'office de tourisme.
Voici un échantillon des événements les plus courus.
– **Carnevale Ambrosiano :** *fin fév-début mars, piazza del Duomo notamment.*
Le Carnaval de Milan, réputé le plus long d'Italie, laisse entrevoir des masques typiques, *Meneghin* et *Cecca*.

FÊTES ET JOURS FÉRIÉS | 53

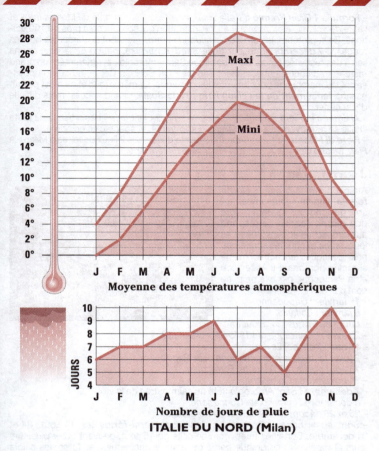

Moyenne des températures atmosphériques

Nombre de jours de pluie
ITALIE DU NORD (Milan)

– **Fashion Week :** *fin fév et fin sept. Infos :* ● *cameramoda.it* ● Présentation des collections de prêt-à-porter automne-hiver et printemps-été durant 1 semaine. Vraiment pas évident d'y assister, mais cadres somptueux : *galleria, teatro...*
– **Journées du patrimoine :** *un w-e fin mars. Infos :* ● *giornatafai.it* ● (● *fondoambiente.it* ●) Certains palais et autres sites privés ouvrent alors exceptionnellement leurs portes au public.
– **Stramilano, marathon international de Milan :** *fin mars. Infos :* ● *stramilano.it* ●
– **Via Bagutta – L'Arte a cielo aperto :** *début avr et début oct.* Expo de peinture réputée, dans la via Bagutta et alentour.
– **Sagra di San Cristoforo :** *début juin, à proximité de l'église.* Comme le veut la tradition, célébration anticipée de la Saint-Christophe, avec procession sur les eaux du naviglio Grande (bateaux décorés), musique et bal.
– **Festa dei Navigli :** *juin. Infos :* ● *navigliogrande.mi.it* ● Le naviglio Grande vit, ce mois-là, au gré des spectacles, des expos, des concerts, des jeux aquatiques, des marchés d'antiquités et de produits régionaux ; sans oublier les illuminations nocturnes grandioses ; à ne pas manquer !

– **Formula 1 Gran Premio d'Italia :** *début sept, sur l'autodrome de Monza. Infos et vente de tickets :* ● *monzanet.it* ● Une institution qui compte déjà près de 100 éditions. En septembre, les *tifosi* de la *scuderia* Ferrari viennent acclamer les bolides rouges. – **7 décembre :** ce jour de la **Saint-Ambroise,** patron de la ville, donne lieu à des festivités autour de la basilique Sant'Ambrogio ; et notamment un grand marché traditionnel curieusement baptisé « Oh Bej ! Oh Bej ! », du cri que poussaient les marchands pour ameuter les chalands. Le même jour, et ce n'est pas un hasard, **lancement de la saison lyrique à la Scala.** Grand succès, mais difficile d'y accéder.
– **Artigiano in Fiera :** *début déc. Infos :* ● *artigianoinfiera.it* ● Les artisans de toute l'Italie se retrouvent à la *Fiera Milano*. Expo-vente, et spectacles en prime.
– **Fiere di Milano :** ● *fieramilano.it* ● Il existe désormais 2 lieux de foires à Milan : la *Fiera Milano City* (Ⓜ *Amendola Fiera*) et la *Fieramilano* (Ⓜ *Rho Fiera*).

Jours fériés

Attention aux faux amis : **giorno feriale** signifie « jour ouvrable » soit du lundi au samedi ; alors que **giorno festivo** correspond aux dimanches et jours fériés. Les jours fériés et chômés sont à peu près identiques aux nôtres, même si moins nombreux (l'Ascension et la Pentecôte, par exemple, ne sont pas des jours fériés).

> ### SORCIÈRE D'UN JOUR
>
> *Pour tous les Italiens, l'Épiphanie est le jour de la* Befana, *une gentille sorcière qui circule à califourchon sur son balai de paille. Elle rend visite aux enfants ; aux méchants, elle dépose du charbon dans la chaussette suspendue à la cheminée ; et aux gentils, des confiseries et des cadeaux. Ah ! qu'il est loin le bon temps de l'enfance...*

– **1er janvier :** *Capodanno.*
– **6 janvier :** *Epifania.*
– **Lundi de Pâques :** *Pasquetta.*
– **25 avril :** *Liberazione del 1945* (fête nationale).
– **1er mai :** *festa del Lavoro.*
– **2 juin :** *festa della proclamazione della Repubblica.*
– **15 août :** *festa dell'Assunta, Ferragosto.*
– **1er novembre :** *Ognissanti.*
– **7 décembre :** *Sant'Ambrogio* (fête du saint patron de la ville).
– **8 décembre :** *Immacolata Concezione.*
– **25 et 26 décembre :** *Natale* et *Santo Stefano.*
– Sont aussi considérés comme des **jours semi-fériés** les 14 août, 24 et 31 décembre. Certaines fêtes, comme celle du 15 août, peuvent durer plusieurs jours et paralyser une grande partie de la vie économique. Les fêtes des saints patrons des villes sont également jours fériés (la Saint-Ambroise le 7 décembre à Milan, par exemple). Attention aux fermetures des banques, notamment.

HÉBERGEMENT

Comme l'indique notre rubrique « Budget », la majeure partie de vos dépenses sera consacrée à l'hébergement. Attention aux périodes de fêtes (Pâques ou Noël, par exemple), aux festivals locaux, aux salons et aux foires. Si vous séjournez au moins une semaine au même endroit, étudiez les formules *B & B,* ou location d'appartement, moins chères que l'hôtel.

Campings

Milan ne comporte qu'un camping, le camping *Città di Milano* (voir plus loin « Le quartier du castello e corso Sempione. Où dormir ? »). Et si vous comptez camper dans les environs de Milan, le *Touring Club italien* édite la liste complète des campings du pays, **Campeggi e Villaggi Turistici,** que vous pouvez trouver dans les librairies sur place.

■ *Fédération française des campeurs, caravaniers et campingcaristes :* *78, rue de Rivoli, 75004 Paris.* ☎ *01-42-72-84-08.* ● *info@ffcc.fr* ● *ffcc.fr* ● Ⓜ *Hôtel-de-Ville. Lun-ven 9h-12h30, 13h30-17h30 (17h ven).* Possibilité de se procurer le guide *Europe du Sud* (15,35 €, frais d'envoi compris) qui regroupe 3 000 campings de 9 pays d'Europe du Sud dont l'Italie. Existe aussi le guide des aires de services camping-car (Italie incluse). Possibilité d'acheter la carte *FFCC Multi-avantages*, qui permet de bénéficier d'assurances spécifiques, dont l'assurance annulation/interruption de séjour, ainsi que de nombreuses réductions chez quelque 1 600 partenaires. La carte *FFCC* comprend également la *Camping Card International*, qui vous permettra d'obtenir de multiples réductions dans les campings d'Europe, dont l'Italie.

Auberges de jeunesse

On ne compte qu'une seule auberge de jeunesse officielle *(ostello della gioventù Piero Rotta)* à Milan, à environ 5 km à l'ouest du centre, mais elle est vétuste et on ne la recommande pas.
Sachez que la carte internationale des AJ, rarement obligatoire, permet d'obtenir de petites réductions dans ce genre d'établissement. Vous pouvez vous la procurer en France auprès de la FUAJ (voir coordonnées plus haut dans la rubrique « Avant le départ ») ou, souvent, l'acheter sur place pour un peu plus cher. ● *hihostels.com* ● Par contre, nous recommandons plusieurs **auberges de jeunesse privées,** plus centrales et de bien meilleure tenue !

Bed & Breakfast

Une formule qui voit ses adeptes se multiplier… Précisons cependant que de nombreux *Bed & Breakfast* se révèlent être une forme d'hôtellerie déguisée, dans le sens où vous ne logez pas réellement chez l'habitant. Bien souvent, le proprio n'habite pas sur place. Dans ce cas, on fixe un rendez-vous avec lui par téléphone ou par mail pour préciser l'heure d'arrivée. Sur place, son numéro de téléphone portable est souvent affiché à l'extérieur, sur la porte du *B & B*.
Notez également que les chambres ne sont pas faites tous les jours. Quant au petit déjeuner, malheureusement, il n'est pas rare qu'il soit aussi médiocre que dans les hôtels, avec quelques malheureuses biscottes, le croissant en sachet, et autres petits bonheurs industriels !

Hôtels

Ils sont classés en 7 catégories (L pour luxe et de 6 étoiles à 1 étoile pour les plus simples). Cette classification peut paraître surfaite par rapport à celle que nous connaissons en France, et un 4-étoiles italien correspond généralement à un 3-étoiles chez nous. Les prix en Italie sont en général très supérieurs aux tarifs français pour un confort et un service moindres.
Conseil : ne prenez pas le petit déjeuner à l'hôtel s'il n'est pas inclus dans le prix de la chambre. Il est souvent cher et décevant. Préférez les bars-*pasticcerie* de quartier où l'on sert de vraies et délicieuses pâtisseries, à accompagner d'un *espresso*. Les Milanais s'y retrouvent – souvent debout au comptoir – dès l'aube, en papotant. Une belle expérience, très « tranche de vie » !

Agence de location d'appartements et de maisons depuis la France

C'est devenu depuis quelques années la solution idéale, d'autant que de nombreux particuliers ont rénové la vieille maison de famille qui n'était plus guère habitée, afin de la louer aux voyageurs de passage. La location est donc une solution très pratique et économique – à condition de rester plusieurs jours – car votre budget nourriture s'en trouvera sérieusement allégé.

■ *Loc'appart : 75, rue de la Fontaine-au-Roi, 75011 Paris.* ☎ *01-45-27-56-41.* ● *locappart.com* ● *Accueil tél assuré à Paris par des responsables de destinations ayant une bonne connaissance de l'Italie, lun-jeu 10h30-13h, 14h-19h, ven 9h30-13h, 14h-18h (sur rdv seulement).* Loc'appart propose des locations d'appartements à Milan soigneusement sélectionnés par son équipe (avec une ou plusieurs visites sur place). Présence dans le nord de l'Italie (Vérone, Gênes, Turin, Bologne) ainsi que dans les principales régions italiennes (Toscane-Ombrie, côte Amalfitaine, Sicile). Également des hébergements en agritourisme et *B & B*. À partir du jour d'arrivée de votre choix. Accueil professionnel. Une agence que nous recommandons chaleureusement.

Échange d'appartements et de maisons

Il s'agit d'échanger son logement contre celui d'un adhérent du même organisme. Cette formule est avantageuse, en particulier pour les jeunes couples avec enfants. Voici 2 agences qui ont fait leurs preuves :

■ *Homelink France : 19, cours des Arts-et-Métiers, 13100 Aix-en-Provence.* ☎ *04-42-27-14-14 ou 01-44-61-03-23.* ● *info@homelink.fr* ● *homelink.fr* ● *Lun-ven 9h-12h, 14h-18h. Adhésion annuelle avec diffusion d'annonce sur Internet : 125 €.*

■ *Intervac France : 230, bd Voltaire, 75011 Paris.* ☎ *05-46-66-52-76.* ● *info@intervac.fr* ● *intervac.fr* ● *Adhésion annuelle internationale et nationale avec diffusion d'annonce sur Internet : 135 €.*

LANGUE

Comme vous le découvrirez vite, l'italien est une langue facile pour les francophones. En peu de temps, vous pourrez apprendre quelques rudiments suffisants pour vous débrouiller. Pour vous aider à communiquer, n'oubliez pas notre **Guide de conversation du routard en italien.** Et ne vous découragez pas : il vous reste toujours la possibilité de joindre le geste à la parole.

● *dialettando.com* ● En italien. Un lien pour se rappeler que la diversité dialectale des régions en Italie est très importante. Pour apprendre les quelques expressions typiques et mots de vocabulaire... Succès auprès des locaux !

Quelques éléments de base

Politesse

Bonjour	*Buongiorno*
Bonsoir	*Buona sera*
Bonne nuit	*Buona notte*
Excusez-moi	*Scusi*
S'il vous plaît	*Per favore*
Merci	*Grazie*

Expressions courantes

Je ne comprends pas	*Non capisco*
Parlez lentement	*Parla lentamente*
Pouvez-vous me dire ?	*Può dirmi ?*
Combien ça coûte ?	*Quanto costa ?*
L'addition, s'il vous plaît	*Il conto, per favore*
C'est trop cher	*È troppo caro*

Le temps

Lundi	*Lunedì*
Mardi	*Martedì*
Mercredi	*Mercoledì*
Jeudi	*Giovedì*
Vendredi	*Venerdì*
Samedi	*Sabato*
Dimanche	*Domenica*
Aujourd'hui	*Oggi*
Hier	*Ieri*
Demain	*Domani*

Les nombres

Un	*Uno*	Huit	*Otto*
Deux	*Due*	Neuf	*Nove*
Trois	*Tre*	Dix	*Dieci*
Quatre	*Quattro*	Quinze	*Quindici*
Cinq	*Cinque*	Cinquante	*Cinquanta*
Six	*Sei*	Cent	*Cento*
Sept	*Sette*		

Transports

Un billet pour...	*Un biglietto per...*
À quelle heure part... ?	*A che ora parte... ?*
À quelle heure arrive... ?	*A che ora arriva... ?*
Gare	*Stazione*
Horaire	*Orario*

À l'hôtel

Hôtel	*Albergo*
Pension de famille	*Pensione familiare*
Je désire une chambre	*Vorrei una camera*
À 1 lit (double)	*Con letto (matrimoniale)*
À 2 lits	*Con due letti*

LIVRES DE ROUTE

Histoire

– **Histoire de l'Italie,** de Catherine Brice (Perrin, coll. « Tempus », 2003). L'histoire de l'Italie ou « des Italies » est retracée depuis la fin de l'âge du bronze à aujourd'hui. Ce livre est notre « botte » secrète pour comprendre tous les aspects du caractère contrasté et bouillonnant des Italiens. Et tout ça en moins de 500 pages, abordable donc (même pour les plus pressés) !
– **Delizia ! Une histoire culinaire de l'Italie,** de John Dickie (Payot, 2010). Pour ceux que l'histoire rebuterait, voici une approche pour le moins alléchante : plus de 1 000 ans de l'histoire du pays racontés à travers le prisme de sa gastronomie urbaine. Savoureux !

Art

– **Vies des artistes,** de Giorgio Vasari (Grasset, coll. « Cahiers Rouges », 2007). Paru la 1re fois en... 1550, ce fut un succès immédiat. Cette bible, un classique pour les férus d'histoire de l'art, retrace la biographie des artistes qui ont marqué la Renaissance.

– ***L'Art italien*** (1956), d'André Chastel (Flammarion, coll. « Art les essentiels », 2015). Panorama complet de l'art italien jusqu'au XXe s par celui qui fut un temps titulaire de la chaire d'art et de civilisation de la Renaissance en Italie.
– ***Mon musée imaginaire, ou Les Chefs-d'œuvre de la peinture italienne,*** de Paul Veyne (Albin Michel, coll. « Beaux Livres », 2012). Voyage très personnel de ce spécialiste de l'Antiquité et professeur au Collège de France, un véritable passionné de peinture italienne. Un décryptage érudit mais accessible de ses nombreux tableaux préférés.
– ***L'Art à Milan,*** d'Enrica Ballarè (éd. Hazan, coll. « Patrimoine », 2003). Comme son nom l'indique, un ouvrage spécifiquement consacré à l'art milanais, sous la Renaissance d'abord puis durant la période néoclassique.

Romans

– ***Les Fiancés, histoire milanaise du XVIIe siècle*** (1821-1842), d'Alessandro Manzoni (Gallimard, coll. « Folio » n° 2527, 1995). Un monument de la littérature italienne (pas loin de 900 pages, tout de même !) qui, à travers les amours difficiles de 2 jeunes paysans, Renzo et Lucia, dessine le portrait de la Lombardie au XVIIe s, alors sous domination espagnole : guerre civile, maladies, famines, etc. Un classique.
– ***Chroniques italiennes*** (1837-1839), de Stendhal (Gallimard, coll. « Folio » n° 392, 1973). En fouillant les archives de Civitavecchia, Stendhal se constitua une étonnante collection de procès-verbaux relatant des faits divers qui ensanglantèrent certaines grandes familles italiennes du XVIe s : on y complote, on y aime, on y tue avec cette fièvre et cette exaltation latines qui, même en Italie, ont disparu depuis longtemps. Dans la même lignée que Manzoni.
– ***Voyage en Italie*** (1954), de Jean Giono (Gallimard, coll. « Folio » n° 1143, 1979). Hors de sa Provence, Giono est perdu. Dès lors, la découverte de l'Italie en 1953 par ce vieux jeune homme de près de 60 ans est un hasard heureux pour la littérature. Cette escapade de quelques semaines dans une guimbarde sur les routes de Toscane et de la plaine du Pô, en passant par Milan et son Duomo, Giono la vit comme une reconnaissance et un éblouissement.
– ***Ils nous trahiront tous*** (1966), de Giorgio Scerbanenco (Rivages, coll. « Rivages Noir » n° 795, 2010). Celui que beaucoup considèrent comme le père du *giallo*, roman noir à l'italienne, nous livre ici son 2e polar consacré à Duca Lamberti, médecin radié pour euthanasie, devenu enquêteur à sa sortie de prison. Sombre, cette série nous fait découvrir une Milan certes économiquement active, mais surtout rongée par le crime et la corruption. Dans la même série : ***Vénus privée*** (n° 794 ; 2010), ***Les Enfants du massacre*** (n° 843 ; 2011) et ***Les Milanais tuent le samedi*** (n° 844 ; 2011).
– ***L'Affaire Kodra*** (1978), de Renato Olivieri (Rivages, coll. « Rivages Noir » n° 402, 2001). 1er polar d'une série là aussi milanaise, centrée sur le personnage de Giulio Ambrosio, un vice-commissaire romantique et esthète. Anna Kodra meurt après avoir été renversée par une voiture dans le quartier de via Porpora. Rapidement, Ambrosio va se prendre d'intérêt pour cette belle femme mystérieuse et solitaire. C'est alors le début d'une longue errance dans les rues de Milan. Dans la même série : ***Fichu 15 août*** (2002 ; n° 443), ***Ils mourront donc*** (2004 ; n° 513), ***L'Enquête interrompue*** (2006 ; n° 620).
– Série d'Andrea G. Pinketts, animée par Lazzaro Sant'Andrea, sorte de détective privé milanais, mais surtout grand séducteur et amateur d'alcool en tout genre. Bienvenue dans les bas-fonds de Milan, glauque et mystérieuse à souhait. Derrière une écriture rythmée, drôle et détonante, se dessine également un portrait de l'Italie des années 1990 et de ses travers. Dans l'ordre de leur écriture, ***Le Vice de l'agneau*** (n° 408 ; paru en 2001), ***Le Sens de la formule*** (n° 288 ; 1998), ***La Madone assassine*** (n° 564 ; 2005) et ***L'Absence de l'absinthe*** (2001), tous édités chez Rivages (coll. « Rivages Noir », et « Rivages/Thriller » pour le dernier).

– La trilogie policière milanaise de Piero Colaprico (éd. Rivages, coll. « Rivages Noir »), journaliste à *La Repubblica* longtemps spécialisé dans les faits divers et sujets liés à la criminalité. Ses multiples contacts avec voyous et policiers semblent lui avoir donné de la matière pour ses 3 polars, **La Dent du narval** (n° 665 ; 2007), **Derniers coups de feu dans le Ticinese** (n° 722 ; 2009) et **La Malette de l'usurier** (n° 834 ; 2011). Du même auteur, citons **Kriminalbar** (n° 416 ; 2002), recueil de nouvelles dans l'Italie des années 1990. Là encore, violence, corruption et mafia sont au rendez-vous.
– **La Mort au cœur,** de Gianni Biondillo (Joëlle Losfeld, 2009). Une atmosphère lourde et pesante règne sur le commissariat de Quarto Oggiario, à Milan. Au point que tous les policiers révèlent leurs côtés les plus sombres. Le commissaire Ferraro n'est pas le personnage principal du roman. Il n'est qu'un prétexte pour aborder les vrais sujets du livre, la mafia du sud de l'Italie et les problèmes d'intégration des immigrés de l'ex-Yougoslavie.

PERSONNES HANDICAPÉES

On constate que les Italiens sont plus en avance que nous (pas difficile !) pour tous les aménagements concernant les personnes à mobilité réduite. Ainsi, de nombreux hébergements sont équipés d'au moins une chambre pour personnes handicapées. N'hésitez pas à appeler pour vous renseigner même si le symbole ♿ ne figure pas dans l'adresse que nous indiquons, car de plus en plus d'établissements aménagent leur structure en conséquence. Cela dit, certains déclarent aussi des aménagements qui se révèlent inexistants.
Les handicapés ainsi que leur accompagnateur bénéficient également d'une gratuité dans les musées municipaux sur présentation de justificatifs. Il leur est aussi fortement recommandé de téléphoner au musée avant de s'y rendre, pour savoir si l'ascenseur est en état de fonctionnement, ou tout simplement pour que le personnel puisse le mettre en service avant leur arrivée.

POSTE

– La poste italienne a mis en circulation un timbre *Posta prioritaria* à 1 € et obligatoire pour les courriers vers les pays européens. Il permet d'envoyer une lettre en un temps record (2 ou 3 jours pour l'étranger). Pour l'Italie (0,95 €), compter 1 journée.
– Vous pouvez acheter vos timbres *(francobolli)* à la poste centrale ou dans certains bureaux de tabac signalés par un grand « T » blanc sur fond noir (mais tous n'en ont pas). Les boîtes aux lettres, de couleur rouge, sont disséminées un peu partout dans les villes. Le plus sûr étant de déposer directement au bureau de poste vos cartes postales, qui mettront au moins 10 jours pour arriver à destination au départ de Milan...

SANTÉ

Pour un séjour de courte durée à Milan, pensez à vous procurer la Carte européenne d'assurance maladie. Il vous suffit d'appeler le ☎ *36-46,* de vous connecter par Internet sur votre compte Ameli ou d'en faire la demande sur une borne de votre centre de sécu. Vous la recevrez sous une quinzaine de jours. C'est une carte plastifiée bleue du même format que la carte Vitale. Attention, elle est valable 2 ans, gratuite et personnelle (chaque membre de la famille doit avoir la sienne, y compris les enfants). Conservez bien toutes les factures pour obtenir le remboursement au retour.

Vaccins

Aucun vaccin n'est obligatoire, mais il est préférable d'avoir son rappel antitétanique à jour, surtout si l'on fait du camping. Par précaution, vous pouvez prévoir un répulsif antimoustiques.

■ *Catalogue Santé Voyages (Astrium) :* les produits et matériels utiles aux voyageurs, assez difficiles à trouver, peuvent être achetés par correspondance sur le site de *Santé Voyages* ● *sante-voyages.com* ● Infos complètes toutes destinations, boutique web, paiement sécurisé, expéditions *Colissimo Expert* ou *Chronopost*. ☎ *01-45-86-41-91 (lun-ven 14h-19h).*

TABAC

La cigarette est interdite dans TOUS les lieux publics (restaurants, cafés, bars et discothèques) depuis 2005. Interdiction strictement respectée. Il faut dire qu'une grosse amende attend le contrevenant (encore plus salée s'il y a des enfants ou des femmes enceintes à proximité).

Pour les accros au tabac, les horaires des *tabacchi* sont plutôt réduits parce qu'ils disposent souvent de distributeurs automatiques à l'extérieur.

Quant à la *e-cigarette,* son développement a pratiquement été stoppé net après une grosse taxation.

TÉLÉPHONE ET INTERNET

Téléphone

Le téléphone portable en voyage

Depuis juin 2017, un voyageur européen titulaire d'un forfait dans son pays d'origine peut utiliser son téléphone mobile *au tarif national* dans les 28 pays de l'Union européenne, sans craindre de voir flamber sa facture. Des plafonds sont néanmoins fixés par les opérateurs pour éviter les excès... Cet accord avantageux signé entre l'UE et ses opérateurs télécoms concerne aussi la consommation de **données internet 3G ou 4G,** dont le volume utilisable sans surcoût dépend du prix du forfait national (se renseigner). En revanche, si le voyageur réside plusieurs mois en dehors de son pays, des frais peuvent lui être prélevés.

Dans ces pays donc, plus besoin d'acheter une carte SIM locale pour diminuer ses frais.

Urgence : en cas de perte ou de vol de votre téléphone portable

Suspendre aussitôt sa ligne permet d'éviter de douloureuses surprises au retour du voyage ! Voici les numéros des 4 opérateurs français, accessibles depuis la France et l'étranger :

– *Free :* depuis la France, ☎ *3244* ; depuis l'étranger, ☎ *+ 33-1-78-56-95-60.*
– *Orange :* depuis la France, ☎ *0800-100-740* ; depuis l'étranger, ☎ *+ 33-969-39-39-00.*
– *SFR :* depuis la France, ☎ *1023* ; depuis l'étranger, 📱 *+ 33-6-1000-1023.*
– *Bouygues Télécom :* depuis la France comme depuis l'étranger, ☎ *+ 33-800-29-1000.*

Vous pouvez aussi demander la suspension de votre ligne depuis le site internet de votre opérateur.

Appels internationaux
– *Pour un appel d'urgence :* ☎ *113.*

– *Italie* ➙ *France :* 00 + 33 + numéro à 9 chiffres de votre correspondant (c'est-à-dire le numéro à 10 chiffres sans le 0).
– *Code des autres pays francophones :* Belgique, 32 ; Luxembourg, 352 ; Suisse, 41 ; Canada, 1.
– *France* ➙ *Italie :* 00 + 39 + 0 + indicatif de la ville (précédé du 0) + numéro de votre correspondant.
– *Italie* ➙ *Italie :* principaux indicatifs de villes italiennes, à faire précéder d'un 0.

Internet – Wifi

Milan est très connectée ! Elle propose des zones de wifi gratuit (parfois pour un nombre d'heures limité), souvent sur les grandes places du centre. Il faut en général s'enregistrer pour obtenir un code d'accès (s'adresser à l'office de tourisme car c'est parfois réservé aux numéros italiens). Sinon, la plupart des bars et restos offrent gratuitement la connexion wifi. Sans parler des hébergements, qui sont tous connectés.

La connexion internet en voyage

À Milan, de plus en plus d'hôtels, de restos, de bars, et même certains espaces publics disposent du **wifi gratuit.** Mieux que la connexion 3G et 4G, qui peut entraîner des frais en usage intensif, le wifi permet aussi de profiter d'un débit parfois supérieur.
Une fois connecté au wifi, on accède aussi à tous les services de *messagerie et de téléphonie par Internet. WhatsApp, Messenger* (la messagerie de *Facebook*), *Viber, Skype,* permettent d'appeler, d'envoyer des messages, des photos et des vidéos aux quatre coins de la planète, sans frais. Il suffit de télécharger – gratuitement – l'une de ces applis sur son smartphone, qui reconnaît automatiquement dans votre liste de contacts ceux qui peuvent aussi l'utiliser.

TRANSPORTS

Avion

Milan compte *3 aéroports* : *Milano Malpensa, Milano Linate* et *Milano Orio al Serio* – qui est en fait l'aéroport de Bergame. Ils sont plutôt bien desservis par les compagnies *low-cost* proposant des vols quotidiens avec Paris, Bruxelles et Genève.
– *Important :* pour un court séjour, privilégier l'aéroport de Milan Linate, le plus proche du centre-ville. Alors que l'aéroport de Milan Malpensa est situé vraiment tout près du lac Majeur et du lac d'Orta ; pratique pour échapper à la Milan citadine et ainsi découvrir la jolie région des lacs pour une excursion de quelques jours…

Train

Réservations et informations

– L'essentiel des trains en Italie est géré par la compagnie nationale **Trenitalia**. Pour toutes les infos, un numéro, un site (traduit en anglais), avec possibilité de réserver en ligne : ☎ 89-20-21. ● trenitalia.it ●
– Les chemins de fer italiens proposent des réductions intéressantes, quel que soit votre âge, pour voyager à travers tout le pays, mais également pour rejoindre les grandes villes européennes (comme Paris ou Bruxelles). Penser aux tarifs *Prem's*. Seul bémol : ils ne sont ni échangeables ni remboursables. Autrement dit, mieux vaut être sûr de son coup ! Pensez aussi au *pass Interrail*. Pour plus d'informations, voir la rubrique « En train » dans le chapitre « Comment y aller ? » plus haut.

Horaires

– Pas trop de retards sur les grandes lignes, mais fréquents sur les petites. Si votre train a un retard de plus de 30 mn, vous pouvez demander une indemnisation, sous forme d'avoir. Se présenter assez tôt à la *stazione,* car il arrive qu'un train annoncé au départ sur un quai parte finalement d'un autre quai... Prévoyez large pour les correspondances.
– En Italie, les horaires sont disponibles chez certains marchands de journaux. On peut aussi utiliser les digiplans dans les gares. Ils donnent des infos sur les horaires des trains partant de la gare émettrice, à destination des localités mentionnées, et sur ceux des trains reliant les principales villes du pays ou du réseau européen. Tout ça régi par un code couleur, à savoir : vert et noir pour les trains régionaux et interrégionaux, rouge pour les trains *Intercity,* bleu pour les *Eurostar.*

Les types de train

– Routard, pour le train, gare aux faux amis ! Le *diretto,* par exemple, n'est pas si direct que ça ! Il relie les différentes gares d'une même région et les villes des régions limitrophes. Il est cependant un peu plus rapide et s'arrête moins souvent que les *regionali,* qui eux sont, comme leur nom l'indique, des trains omnibus à desserte régionale.
– Les trains *interregionali,* qui relient des distances plus grandes et, le plus souvent, des destinations touristiques, et les trains *Intercity* (plus rapides et plus confortables) sont les trains utilisés en grande majorité.
– Pour rejoindre plus rapidement et plus confortablement les villes de moyenne importance aussi bien que les plus grandes villes de toute l'Italie, vous utiliserez l'*Intercity.* Sur ces trains, la réservation est optionnelle et payante.
– Enfin, les routards pressés et plus aisés emprunteront les trains à grande vitesse *(TAV, Eurostar)* qui relient les grandes villes entre elles (Naples, Rome, Florence, Bologne, Venise, Milan ou Turin). Réservation automatique à l'émission du ticket et donc obligatoire. Le mieux pour la rapidité et le confort, mais aussi le plus cher.
N'oubliez pas de composter (en cas d'oubli ou de manque de temps, partez à la recherche du contrôleur après être monté dans le train).

Bus, métros et tramways

● Pour le plan du métro, se reporter au plan détachable en fin de guide.

Milan est couverte par un vaste réseau de bus, trolleybus et trams. Également **4 lignes de métro** *veloce* qui évitent les nombreux embouteillages (voir le plan détachable du métro en fin de guide). Circulation de 5h30 à 0h30.
Le ticket urbain, identique pour le métro, le tram et le bus, coûte 1,50 € à l'unité et 13,80 € par carnet de 10. Il est alors valable 90 mn après l'oblitération, et peut être utilisé pour plusieurs trajets en bus et tram, mais pour un seul voyage en métro. En vente dans les distributeurs automatiques des stations de métro, les bars-tabac *(tabacchi)* et les kiosques à journaux. Attention, on ne peut pas acheter de tickets directement auprès du chauffeur dans les bus et les trams ; mieux vaut donc s'en procurer quelques-uns d'avance, notamment le soir car les revendeurs habituels ferment vers 19h30... Sinon, vous serez peut-être intéressé par un billet spécial valable 24h à 4,50 € (rentabilisé dès le 4ᵉ trajet) ou valable 48h à 8,25 € (avantageux à partir de la 6ᵉ course). Attention, si vous avez une valise, il est possible que vous deviez payer un billet bagage à 1,50 €... Et si vous deviez vous rendre à la RHO Fiera Milano, le tarif est de 2,50 € (A/R 5 €), valable 105 mn après l'oblitération.

À noter enfin que les stations de métro sont signalées dans les rue par un « M » blanc sur fond rouge, éclairé la nuit. De même, des panneaux orange matérialisent les arrêts *(fermate)* des bus et trams, et indiquent itinéraires, horaires et correspondances.
– *Infos ATM :* ☎ *02-48-60-76-07 ; tlj 7h30-19h30.* ● *atm.it* ● *Également plusieurs bureaux d'informations générales dans les stations de métro Duomo, Cadorna, Loreto, Romolo, Centrale F.S. et Garibaldi F.S.*

Vélo

Un moyen de transport très répandu – et vraiment plaisant – dans le centre historique. On trouve ainsi des loueurs de vélos et, surtout, comme nos *Vélib'*, les vélos – normaux ou électriques – en libre-service **BikeMi**, disponibles tous les jours de 7h à 1h (horaires prolongés au printemps et en été, et à l'occasion de certaines fêtes), à destination des plus de 16 ans. Outre l'abonnement annuel (36 €), 2 formules s'offrent à vous : un *pass* à la journée (4,50 €) ou à la semaine (9 €). Comme à Paris, la 1re demi-heure est gratuite (0,25 € pour les vélos électriques), puis chaque séquence de 30 mn est facturée 0,50 € (0,50 à 2 € pour les vélos électriques), la limite maximale d'utilisation étant fixée à 2h. L'inscription se fait sur Internet, en téléchargeant l'appli, mais aussi dans les points infos *ATM* (voir plus haut). Une fois le règlement effectué (attention, il se fait exclusivement par carte de paiement), vous recevrez un numéro d'utilisateur ainsi qu'un mot de passe par e-mail ou par SMS, qui vous seront ensuite demandés à chaque utilisation d'un vélo.
– *Infos :* ☎ *02-48-60-76-07 (tlj 7h30-19h30).* ● *bikemi.com* ●

Taxis

Ils ont mauvaise réputation et ce n'est pas totalement injustifié. Ne prendre que des taxis officiels « en uniforme », généralement de couleur blanche et tous équipés de compteurs. Des suppléments peuvent être exigés pour les bagages, les services de nuit ou encore les jours de fête.

Voiture

C'est bien entendu le moyen idéal pour découvrir la campagne italienne et sillonner les environs de Milan sans contrainte et en totale liberté, mais un sérieux handicap dès qu'il s'agit de rejoindre le cœur historique.

Location de voitures

La solution la plus heureuse (mais pas la moins onéreuse) si l'on envisage un séjour milanais prolongé, assorti de 1 ou 2 journées de balades extra-muros.

■ **BSP Auto :** ☎ *01-43-46-20-74 (tlj 9h-21h30 – 20h w-e).* ● *bsp-auto.com* ● *Réduc de 5 % aux lecteurs de ce guide avec le code « ROUT19 ».* Les prix proposés sont attractifs et comprennent le kilométrage illimité et les assurances. *BSP Auto* vous propose exclusivement les grandes compagnies de location sur place, vous assurant un très bon niveau de services. Le plus : vous ne payez votre location que 5 jours avant le départ.
■ Et aussi **Hertz** (☎ *0825-861-861, 0,35 €/mn ;* ● *hertz.com* ●), **Avis** (☎ *0820-05-05-05 ou 0821-230-760, 0,08 €/mn ;* ● *avis.fr* ●) et **Europcar** (☎ *0825-358-358, 0,15 €/mn ;* ● *europcar.fr* ●).

Circulation

La ville est construite selon un plan circulaire dont le centre est le Duomo. Le trafic se révèle assez dense et compliqué pour les novices entre les bus, trams, voitures, les scooters et les vélos.

Point important : Milan ne se traverse pas mais se contourne ; si vous vous y aventurez, empruntez donc l'une des 3 *circonvallazioni,* ces voies périphériques rapides, composées en fait de *vie* et de *corsi* mis bout à bout. Il suffit de regarder un plan de la ville pour les situer ; les rues transversales permettent d'accéder au centre-ville sont indiquées.

EFFRAYANT

Le logo d'Alfa Romeo se compose d'un côté d'une croix rouge (blason de Milan). De l'autre, les vendeurs de voitures affirment que le serpent crache du feu. Faux, il dévore l'enfant d'un roi !

On parvient donc quand même à circuler, mais nous vous conseillons vraiment d'*éviter le centre (2ᵉ couronne), protégé par une zone à trafic limité (ZTL).* En effet, comme dans beaucoup de grandes villes italiennes, la municipalité milanaise a instauré un *péage urbain* quasi invisible – l'*Area C* –, constitué d'une quarantaine de passages électroniques (dont certains réservés aux transports publics), tous équipés de caméras de surveillance, encadrant une zone centrale d'environ 8 km², la *ZTL – Cerchia dei Bastioni.* Concrètement, quel est le rôle de ces caméras ? C'est bien simple, elles vérifient que vous respectez bien l'*interdiction de circuler en voiture dans cette zone, du lundi au vendredi entre 7h30 et 19h30 (jusqu'à 18h le jeudi), à moins d'acheter un ticket le jour même ou le lendemain jusqu'à minuit.* D'une valeur de 5 €, il permet un nombre de passages illimité dans une même journée. On l'achète dans les bureaux de tabac, les points de vente *ATM* ou en ligne sur ● *areac.atm-mi.it* ● Et croyez-nous, de nombreux touristes se sont fait prendre au piège, impossible d'y échapper ! C'est bien simple, une infraction commise, c'est une photo prise et une contravention directement envoyée chez vous. Et le montant n'est pas des moindres : *environ 90 €,* et ce, à l'aller comme au retour (eh oui, on passe 2 fois devant les caméras !).

Vous pensez y échapper car vous avez une voiture de loc' ? Impossible, car l'agence de location vous dénonce auprès des autorités municipales, en vous ponctionnant au passage des frais de dossier : environ 65 €, qui s'ajoutent au montant de la contravention ! Tout ça fait bien réfléchir sur l'utilité de la voiture à Milan...

Si, officiellement, la mairie a mis en place ce système pour désengorger le centre-ville, favoriser les transports publics (autorisés à y circuler, tout comme les taxis et les véhicules électriques) et baisser le niveau de pollution, on murmure que son véritable objectif serait de renflouer les caisses municipales...

Stationnement

Le stationnement dans le centre historique est réservé exclusivement aux riverains. Si vous êtes motorisé, le mieux est donc d'abandonner votre voiture – avant de pénétrer dans la *ZTL* – dans la vingtaine de parkings municipaux, généralement situés près des lignes de métro (liste et tarifs sur ● *atm.it* ●). Si, malgré tous nos conseils, vous persistez à vouloir conduire en centre-ville, *n'abandonnez jamais votre automobile à la légère,* vous risqueriez une contravention salée et certainement la fourrière *(rimozione forzata)* ! Si la mésaventure devait se produire, appelez le ☎ *772-71,* on vous dira où aller récupérer votre voiture. Pour se garer le long d'une rue ou d'un boulevard, il faut trouver un emplacement délimité par des lignes bleues (les jaunes, c'est pour les résidents, et les blanches... c'est gratuit, mais on n'en trouve presque pas) ; puis poser un ticket d'horodateur derrière le pare-brise. *Vous ne pouvez jamais rester au même emplacement plus de 2h.* Tarifs : 2 à 4,50 €/h. À noter qu'il faut en principe payer de 8h à 19h, du lundi au samedi ; mais parfois aussi tous les jours et 24h/24 ! Quoi qu'il en soit, *toujours bien regarder les panneaux le long des rues qui réglementent le stationnement.*

URGENCES

On ne vous demande pas de les apprendre par cœur, mais c'est bon à savoir au cas où...

> ☎ **112 :** c'est le numéro d'urgence commun à la France et à tous les pays de l'UE, à composer en cas d'accident, d'agression ou de détresse. Il permet de se faire localiser et aider, en français, tout en améliorant les délais d'intervention des services de secours.

- **Police :** ☎ 113.
- **Croce Rossa Italiana** (CRI) **:** ☎ 118.
- **Pompiers** (Vigili del Fuoco) **:** ☎ 115.
- **Pompiers pour les incendies de forêt :** ☎ 1515.
- **Assistance routière :** ☎ 80-38-03.
- **Dépannage routier – Automobile Club Italia** (ACI) **:** ☎ 80-31-16 *(avec répondeur)*.

INFORMATIONS ET ADRESSES UTILES SUR PLACE

- Arriver – Quitter 66
  - En avion • En train
  - En bus
- Adresses
  et infos utiles.................67
- Informations touristiques • *Milano Card* • *Tourist Museum Card* • Découvrir Milan autrement : visites guidées en français
- Urgences : représentations diplomatiques et santé
- Librairies • Marchés

• Pour se repérer, voir le plan et le zoom détachables en fin de guide.

Arriver – Quitter

En avion

Milan est desservie par *3 aéroports.*

✈ *Aeroporto Milano Linate : viale E. Forlanini, à* **Segrate.** ☎ *02-23-23-23 (infos communes avec l'aéroport de Malpensa).* • *milanolinate-airport.com* • *À 9 km à l'est de Milan.* Notamment pour les vols intérieurs et européens (Paris, Bruxelles...). Mieux vaut privilégier cet aéroport pour des week-ends prolongés : vous perdrez moins de temps dans les déplacements. Vols quotidiens avec Paris-CDG et Orly.

✈ *Aeroporto Milano Malpensa : via Malpensa, à* **Ferno.** ☎ *02-23-23-23 (infos communes avec Linate).* • *milanomalpensa-airport.com* • *À 45 km au nord-ouest de Milan.* Le plus grand, mais aussi le plus éloigné ! Il accueille surtout des vols internationaux (terminal 1) et des vols européens assurés par *EasyJet* (terminal 2), reliant notamment Paris, Bordeaux, Nantes, Toulouse... Conseillé pour vadrouiller vers la région des lacs, mais déconseillé pour rejoindre le centre-ville de Milan pour un court séjour (trop loin).

✈ *Aeroporto di Bergamo – Orio al Serio : via Aeroporto, 13, à* **Orio al Serio.** ☎ *035-32-63-23.* • *milanbergamoairport.it* • *À 50 km au nord-est de Milan.* C'est l'aéroport de Bergame, desservant surtout les liaisons *low-cost* comme *Ryanair,* qui assure des vols quotidiens avec Paris-Beauvais, Bruxelles-Charleroi... Idéal pour rejoindre la région des lacs.

Comment se rendre dans le centre-ville ?

➢ *En bus de/vers Milano Linate*
– Entre l'aéroport et la via Gonzaga *(à 2 rues du Duomo ; zoom détachable, D5 ;* Ⓜ *Duomo ou Missori),* **bus ATM n° 73** *(• atm.it •).* Départs de la porte n° 8 ttes les 10 mn, tlj 6h-0h05. Ticket : 1,50 €. C'est le moins cher ! Trajet : 30-40 mn.
– Selon l'endroit où vous vous rendez, il peut être aussi intéressant d'emprunter l'**Airport Bus Express** *(• airportbusexpress.it •)* à destination de la Stazione Centrale *(gare centrale – coté droit ; plan détachable, F2 ;* Ⓜ *Centrale F.S.).* Départs porte n° 6 ttes les 30 mn tlj 7h45-22h45. Ticket : 5 € (9 € A/R) ; réduc. Trajet : env 25 mn. Dans le sens inverse, départ à 5h30, 7h, 8h puis ttes les 30 mn jusqu'à 22h.

➢ *En bus ou train de/vers Milano Malpensa*
– Liaisons en bus **Malpensa Shuttle** de la compagnie *Air Pullman* *(• malpensashuttle.it •).* Depuis l'aéroport, départs 5h-1h20 ttes les 20-45 mn, à destination de la Stazione Centrale *(gare centrale ; plan détachable,*

ADRESSES ET INFOS UTILES | 67

F2 ; Ⓜ *Centrale F.S.),* avec un arrêt à Fiera Milanocity. Dans le sens inverse, départs 3h45-0h15, ttes les 20-45 mn. Trajet : 1h. Ticket : 10 € (16 € A/R). Propose également 4 trajets/j. depuis Malpensa jusqu'à l'aéroport de Linate : 13 € (26 € A/R). Trajet : env 1h30.
– Liaisons également avec la compagnie **Autostradale** (● autostradale. it ●), aussi à destination de la Stazione Centrale. Depuis l'aéroport, départ ttes les 20-30 mn, 6h-0h30 ; dans le sens inverse, 4h-23h. Ticket : 8 € (14 € A/R); réduc. Propose aussi 5 liaisons/j. avec Fiera Rho ; ticket : 10 € (16 € A/R), réduc.
– Enfin, il y a le **train Express** (● mal pensaexpress.it ●) à destination de la Stazione di Milano Cadorna *(zoom détachable, C4 ;* Ⓜ *Cadorna)* ou de la Stazione Centrale *(plan détachable, F2 ;* Ⓜ *Centrale F.S.).* Départs ttes les 20-30 mn 5h20-1h20 dans les 2 sens. Trajet : 45 mn-1h. Ticket : 13 € ; réduc (tarif famille). Plus cher que le bus mais plus rapide aussi en cas d'embouteillages.
➢ *En bus de/vers l'aéroport de Bergame – Orio al Serio*
– De l'aéroport, bus **Orio Shuttle** (● orioshuttle.com ●) à destination de la Stazione Centrale *(gare centrale ; plan détachable, F2 ;* Ⓜ *Centrale F.S.),* ttes les 30-60 mn tlj 7h45-0h15 (2h45-23h15 dans l'autre sens). Ticket : 5 € (9 € A/R) ; réduc. Trajet : 50 mn.
– Également avec la compagnie **Autostradale** (● autostradale.it ●), aussi vers la Stazione Centrale, 7h15-23h (dans le sens inverse, 2h45-21h10), ttes les 15-30 mn. Mêmes tarifs et durée que le précédent.
➢ *En taxi :* les taxis milanais, de couleur blanche, sont nombreux à sillonner les rues. On trouve généralement des stations sur toutes les *piazze* : piazza del Duomo, piazza della Scala, piazza San Babila, etc. La prise en charge est comprise entre 3,30 € et 6,50 €, puis compter un peu plus de 1 €/km.
– Les trajets aéroports/centre-ville sont réglementés : compter 95 € Malpensa-Milano ; 105 € Linate-Malpensa ; env 30 € aéroport Linate-Milano. Ne pas les confondre avec les sociétés de transports privées qui, elles, doublent la mise !

En train

🚆 **Stazione Centrale** *(gare centrale ; plan détachable, F2):* piazza Duca d'Aosta. ☎ 89-20-21. ● trenitalia.it ● milanocentrale.it ● Ⓜ *Centrale F.S.* Trains fréquents (ttes les heures au moins) pour les principales villes italiennes, dont le train à grande vitesse *(Frecciarossa)* reliant Bologne en 1h, Turin en 45 mn, Florence en 1h45 et Rome en 3h. S'il y a du monde aux guichets, ne pas hésiter à utiliser les distributeurs automatiques de tickets (argent liquide et CB). Au rez-de-chaussée, **consigne** *(tlj 6h-23h ; 5 € pour 5h, tarif dégressif),* **banque** *(lun-ven 8h30-13h30, 15h-16h30)* et **bureaux de change, téléphones publics, location de voitures, bureau de poste et un supermarché** *(tlj 8h-22h).*

En bus

🚌 **Autostazione Lampugnano** *(gare routière principale ; hors plan détachable par A1):* via Lampugnano. ☎ 02-30-08-91. Ⓜ *Lampugnano (ligne M1). À l'ouest de la ville. Guichets d'info et de vente des billets (tlj 7h-21h).* Bus quotidiens et réguliers pour les villes de l'Italie du Nord et du Centre. Également le point de départ des cars *Eurolines* et bus pour certaines villes françaises (Paris, Lyon, Nice, Marseille...) et européennes.

Adresses et infos utiles

Informations touristiques

🛈 **InfoMilano** *(office de tourisme ; zoom détachable, E4):* dans la galleria Vittorio Emanuele II (angle piazza della Scala). ☎ 02-88-45-55-55. ● turismo.milano.it ● *Lun-ven 9h-19h, sam 9h-18h, dim et fêtes 10h-18h.* Plan très pratique du centre-ville avec les lignes de bus, tramway et métro. Personnel accueillant qui renseigne aussi en français sur les possibilités de réservation des spectacles. Aussi un **point info** *(zoom détachable, D4)* à l'intérieur du castello Sforzesco.

Milano Card

Elle offre un accès illimité aux transports publics, des réductions dans les bus et trains reliant les aéroports ; et une foule de remises dans les principaux musées et sites historiques de la ville, certains restos, pour louer un vélo, assister à un match de foot... La *Milano Card* se décline en **3 offres** : 24h *(8 €)*, 48h *(14 €)* et 72h *(19 €)* ; gratuit pour les moins de 10 ans. Également la **Milano Card Maxi** *(48h pour 69 €, réduc)* offrant un maximum de gratuité dans les musées notamment... Achat simple en ligne, avec possibilité de téléchargement de la *Milano Card App* sur votre smartphone. On peut aussi la retirer dans les 2 aéroports de Milan, ainsi qu'à la gare centrale. Infos : ● *milanocard.it* ●

Tourist Museum Card

Intéressante *(12 € pour 3 j.)*, elle donne l'accès libre à la dizaine de musées municipaux. Achat à la billetterie de chaque musée. Infos : ● *comune.milano.it/cultura* ●

Découvrir Milan autrement : visites guidées en français

Faire appel à un guide peut être une solution pratique, originale, et finalement économique. Il vous est certainement arrivé d'avoir envie d'approfondir la visite d'un musée, d'un quartier, et d'avoir un guide rien que pour vous avec une présentation de Milan vue sous un autre angle, à la fois insolite et instructive...

■ **Visites guidées en français :** 333-346-39-00. ● *milanoguide@yahoo.com* ● *guiderome.com/milan.htm* ● Samantha Maggi et Margherita Pignatel, membres d'une association de femmes guides, proposent, sur Milan et la Lombardie – et dans un français impeccable – des visites à la carte particulièrement documentées et émaillées d'anecdotes. Programme à définir avec elles suivant le temps dont vous disposez et vos centres d'intérêt. Un bon plan, notamment pour les familles ou les groupes d'amis *(compter 140 € jusqu'à 5 pers pour 3h ; entrées sites et musées non comprises)*. Réservez au plus tôt vos visites, surtout aux beaux jours.

Urgences : représentations diplomatiques et santé

En cas de gros pépin de santé, on conseille d'utiliser votre assurance pour être rapatrié.

■ **Consulat général de France** *(plan détachable, E3)* **:** via Mangili, 1 (angle via Turati). ☎ 02-655-91-41. ● *ambafrance-it.org* ● Ⓜ Turati. À l'ouest des *giardini pubblici*. Lun-ven 9h-12h, l'ap-m sur rdv.
■ **Consulat de Suisse** *(zoom détachable, E3)* : via Palestro, 2. ☎ 02-777-91-61. ● *eda.admin.ch* ● Ⓜ Palestro ou Turati. Dans le centre culturel suisse. Lun-ven 9h-12h.
■ **Consulat de Belgique :** consul honoraire seulement, joignable par téléphone ou par mail au ☎ 02-36-79-55-80 et ● *cons.on.belgio.mi@futureleadersociety.com* ●
✚ **Service médical de garde :** ☎ 02-34-567 (20h-8h).
✚ **Ospedale Maggiore Policlinico di Milano** (hôpital ; zoom détachable, E5) : via F. Sforza, 35. ☎ 02-55-031. Ⓜ Crocetta ou Missori. À 10 mn au sud-est du Duomo. Le plus important centre médical de Milan.
■ **Pharmacie** *(plan détachable, F2)* **:** à la Stazione Centrale, galleria delle Partenze. ☎ 02-669-07-35. Ⓜ Centrale F.S. Tlj 7h30-21h.

Librairies

■ **Libreria Internationale Ulrico Hoepli** *(zoom détachable, E4, 4)* : via Hoepli, 5. ☎ 02-86-48-71. ● *hoepli.it* ● Ⓜ Duomo ou San Babila. Tlj sauf dim 10h-19h30. On trouve tout dans cette immense librairie : du polar aux livres d'art en passant par le jardinage (et le *Routard* !), mais aussi des films et de la musique. Également un petit rayon de livres en français.

ADRESSES ET INFOS UTILES | **69**

■ *Libreria Feltrinelli (zoom détachable, E4, 5) : via Ugo Foscolo 1/3. ☎ 199-15-11-73.* Ⓜ *Duomo. Entrée dans la galleria Vittorio Emanuele II, à côté du Duomo. Lun-sam 9h30-21h30 (22h ven), dim 10h-20h.* Une librairie en sous-sol bien fournie, en plein cœur de Milan, qui fait également la part belle à la musique. Aussi d'autres antennes disséminées dans la ville.

Marchés

❀ *Mercato Papiniano (plan détachable, C5) : viale Papiniano.* Ⓜ *Porta Genova F.S. ou S. Agostino. Dans le quartier des Navigli. Mar 7h30h-14h, sam 7h30-18h.* Le plus important de la ville. Un marché haut en couleur avec, d'un côté, l'alimentaire et ses fruits et légumes bien sûr, fromages, charcuterie, épices, fleurs ; et de l'autre, la partie vestimentaire. En fouillant bien, on peut y faire de belles découvertes ! Surtout très fréquenté le samedi.

❀ *Mercato di via Fauchè (plan détachable, B2) : via Fauchè.* Ⓜ *Gerusalemme. Mar 7h30-14h, sam 7h30-18h.* De grandes marques à des prix sacrifiés *(Dolce & Gabbana, Hogan, Geox, Converse, Valentino, Max Mara...)*. Également des étalages alimentaires à prix copain. Encore peu connu des touristes, mais réputé auprès des Milanais !

❀ *Autres marchés du même type : dans la via B. Marcello (plan détachable, F3), près de la Stazione Centrale, mar mat et sam ; via S. Marco (plan détachable, D3), dans le quartier de Brera, lun mat et jeu mat ; et via Piacenza/Crema (plan détachable, F6), ven mat.*

❀ *Mercatone dell'Antiquariato (plan détachable, B6, et zoom détachable, C6) : sur les quais du naviglio Grande.* ● *navigliogrande.mi.it* ● *Dernier dim du mois de l'aube jusqu'en fin d'ap-m.* Il réunit le gratin des antiquaires et des brocanteurs de Milan. Les prix sont donc en conséquence, mais ça vaut le coup d'œil. De beaux meubles et des objets rares.

❀ *Mercatino dell'Antiquariato di Brera (zoom détachable, D3) : autour de la via F. Chiari, tt près de la pinacoteca Brera. 3ᵉ dim du mois 9h-19h.* Moins important que le précédent mais plus chic et plus coûteux.

❀ *Fiera di Sinigaglia (plan détachable, C6) : via Valenza et Alzaia Naviglio Grande.* ● *fieradisinigaglia.it* ● *Sam 8h-18h.* Le seul et grand marché aux puces de Milan ! On y vend des fripes militaires et de fantaisie, des outils, des disques, des chaussures et toutes sortes de pacotilles ; des objets d'art africain et asiatique aussi. Pas cher et bonne ambiance.

INFORMATIONS ET ADRESSES UTILES

LE QUARTIER DU DUOMO

- À voir 76
  - Duomo • Museo del Duomo • Museo del Novecento • Chiesa San Satiro • *L.O.V.E.*, une statue pas comme les autres • Pinacoteca Ambrosiana • Le Milan médiéval • Galleria Vittorio Emanuele II • Teatro alla Scala • Museo teatrale alla Scala • Gallerie d'Italia • Museo Poldi Pezzoli • Casa del Manzoni – Museo Manzoniano • Via Morone • Santuario di San Bernardino alle Ossa • Università Statale • San Nazaro Maggiore

C'est le cœur historique de Milan, où règne en maître absolu l'incontournable Duomo, très photogénique avec la Madonnina (sainte protectrice de la ville) qui culmine à plus de 100 m, perchée sur la plus haute flèche. Le quartier est piéton, un bonheur pour les touristes et les autochtones. Le corso Vittorio Emanuele II, rue commerçante et point névralgique du quartier, est envahi par les grandes enseignes de fringues en tout genre, ouvertes même le dimanche. Côté culture, alléchant programme avec le Duomo et son musée, la pinacoteca Ambrosiana, la Gallerie d'Italia et le museo del Novecento, entre autres. Et si vous avez des envies d'opéra, n'hésitez pas à pousser la porte de la Scala.
– *Remarque :* il est évidemment bien plus pratique et plus agréable de loger dans ce quartier, mais les hôtels y sont nettement plus chers qu'ailleurs, sachez-le !

Où dormir ?

Auberge de jeunesse

Ostello Bello *(zoom détachable, D5, 14)* **:** *via Medici, 4, 20123.* ☎ *02-36-58-27-20.* • *info@ostellobello.com* • *ostellobello.com* • Ⓜ *Missori ;* Ⓣ *n°s 2, 3 et 14 ; bus n°s 94 et 18.* ঌ *Dortoirs (6-8 lits) 25-65 €/pers ; doubles 100-150 € (les prix peuvent grimper très vite en saison). Draps, petit déj (même pour les lève-très-très-tard !), boissons et dîner compris. 10 % de réduc sur la nuitée sur présentation de ce guide.* Idéalement située entre le Duomo et le quartier des Navigli, cette AJ très sympa est animée par une équipe accueillante de grands voyageurs polyglottes. Les dortoirs comme les chambres sont propres, lumineux, bien équipés et non dépourvus d'un certain cachet (déco moderne, voire design, parquet au sol). Sur le toit, 2 jolies terrasses fleuries avec hamacs occupés par les nombreux routards de passage. Cuisine et salle communes avec tout le nécessaire. Beaucoup de services également : bureau d'info, instruments de musique et livres à dispo, divers cours et événements culturels organisés, possibilité de prendre ses repas sur place, etc. Très conviviale et festive, l'auberge peut parfois être bruyante. Mais est-ce vraiment un problème quand on sait que vous participerez très probablement à cette joyeuse animation ?

De chic à très (très) chic

Hotel Ariston *(zoom détachable, D5, 19)* **:** *largo del Carrobio, 2, 20123.* ☎ *02-72-00-05-56.* • *info@aristonhotel.com* • *aristonhotel.com* • Ⓜ *Missori. Doubles 110-265 €. Promos régulières sur le site.* Un immeuble tout en hauteur qui ne paie pas de mine à 1ère vue. L'intérieur, rénové dans un esprit écolo, offre une ambiance différente, claire et sobre. Son emplacement est idéal pour rayonner : à 2 pas du Duomo et sur le chemin des Navigli. Accueil professionnel.

OÙ MANGER ? | 71

 Hotel Gran Duca di York *(zoom détachable, D4, 11)* : *via Moneta, 1, 20123.* ☎ *02-87-48-63.* • *info@ducadiyork.com* • *ducadiyork.com* • Ⓜ *Duomo ou Cordusio. Juste en face de la biblioteca Ambrosiana, édifiée au croisement d'anciennes voies romaines. Fermé à Noël. Doubles dès 110-230 €. Garage privé (35 €) à 100 m de l'hôtel.* Un hôtel 3 étoiles qui propose une trentaine de chambres très agréables et lumineuses, tapissées de papier jaune clair à rayures et revêtues de tatamis au sol. Il y a des fruits à la réception et, le matin, on prend son petit déj dans une salle agréable, ornée de vieux porte-phares. Excellent accueil.

 Boscolo Exedra *(zoom détachable, E4, 12)* : *corso Matteotti, 4-6, 20121.* ☎ *02-77-67-96-11.* • *reception@milano.boscolo.com* • *dahotels.com* • Ⓜ *S. Babila. Doubles dès 250 € (moins cher dim), petit déj inclus ou non selon promo en cours.* L'hôtel design, conçu par le très créatif Italo Rota, est facilement repérable avec sa façade rouge flamboyante. Un beau mélange de déco épurée, de musique pop et de tableaux psychédéliques ! Les chambres sont plus sobrement décorées dans des tons chocolat et beige, avec quelques touches de couleur selon le standard de la chambre. Un spa au sous-sol tout en rondeur... Si vous voulez casser votre tirelire pour une roucoulade inoubliable, c'est le lieu tout choisi.

 Straf *(zoom détachable, E4, 13)* : *via San Raffaele, 3, 20121.* ☎ *02-80-50-81.* • *info@straf.it* • *straf.it* • Ⓜ *Duomo. À 2 pas du Duomo. Doubles 180-700 €. Parking env 50 €/j.* Dès le hall, un fond musical nous met dans une ambiance très spéciale. Conçue par Vincenzo de Cotiis, la déco des pièces mêle béton brut, fer, cuivre noirci, mais aussi miroirs vieillis à la main... Un décor ultra-design qui réussit à créer une atmosphère intimiste et chaleureuse. Chaque chambre est à elle seule une œuvre d'art : toiles contemporaines aux murs, superbe tissu « nonchalamment » plissé sur le lit, salle de bains épurée tout en étant fonctionnelle et confortable. Aussi 2 suites disposant d'une terrasse sur le Duomo. Accueil décontracté et bar sympa attenant (un peu cher, comme souvent dans le quartier !).

DUOMO

Où manger ?

Sur le pouce

 Pizzeria Spontini *(zoom détachable, E4, 88)* : *via S. Radegonda, 11.* ☎ *02-89-09-26-21.* Ⓜ *Duomo. Tlj 11h-1h. Parts de pizza à partir de 3,50 €.* On ne présente plus cette enseigne dont l'adresse historique est située corso Buenos Aires. La voilà installée à 2 pas du Duomo, dans un écrin noir et blanc très contemporain, à la différence de la maison mère restée bien dans son jus. On y déguste debout des *pizze al taglio* à emporter en choisissant les *pizze* croustillantes du jour sur le grand tableau noir. Plus qu'un savoir-faire, une institution !

 Princi *(zoom détachable, D4, 52)* : *via Speronari, 6.* ☎ *02-87-47-97.* • *princi@princi.it* • Ⓜ *Duomo. Lun-sam 7h (8h sam)-20h, dim 9h30-19h30. Compter 5,50 € pour une bonne part de focaccia ; plats 5-10 €.* Boulangerie-pâtisserie contemporaine tout en longueur décorée sobrement par Giorgio Armani. On mange perché sur des tabourets face à un mur de pierre claire. Choix cornélien entre les ficelles aux olives, les *focacce* bien croustillantes, les parts de pizza plus appétissantes les unes que les autres, les quiches, les pâtisseries et autres plats de pâtes, gratins et assiettes de crudités. Succès oblige, *Princi* possède d'autres établissements dans Milan, notamment dans le quartier de Brera *(via Ponte Vetero, 10)* et dans celui de Garibaldi *(piazza XXV Aprile)*.

 Luini *(zoom détachable, E4, 55)* : *via S. Radegonda, 16.* ☎ *02-86-46-19-17.* • *info@luini.it* • Ⓜ *Duomo. Dans une petite rue calme, derrière le Duomo. Tlj sauf dim 10h-20h (15h lun). Congés : août. À peine 3 € le panzerotto à emporter.* La famille Luini prépare depuis 1949 ses fameux *panzerotti*, de délicieux beignets fourrés à la mozzarella et à la tomate, mais aussi à la ricotta, au jambon... Elle s'est taillé une solide réputation. À l'heure du déjeuner, la file s'allonge jusque dans la rue...

🍴 **Caffè de Santis** (zoom détachable, D4, 42) : *corso Magenta, 9.* ☎ *02-72-09-51-24.* Ⓜ *Cairoli Castello. Tlj 12h-23h30 (0h30 ven-sam). Panini à partir de 5 €.* Ne passez pas à côté de ce minuscule bar tout en longueur où reposent quelques vieilles tables en bois. Vous y trouverez assurément le *panino* (considéré comme l'un des meilleurs de la ville) qu'il vous faut parmi l'impressionnant choix affiché au mur. Un peu cher, mais le pain est croustillant et la garniture délicieuse. À manger au coude à coude avec vos voisins ou à emporter. Accueil pas toujours à la hauteur...

🍴 IOI **OttimoMassimo** (zoom détachable, D4, 78) : *via Victor Hugo, 3 (à l'angle de la via Spadari).* ☎ *02-49-45-76-61.* • *info@ottimomassimogourmet.it* • Ⓜ *Duomo. Lun-ven 7h-20h, w-e 10h-19h. Plats et sandwichs 5-10 €.* Cantine idéale pour ceux qui vadrouillent autour du Duomo et qui veulent manger sainement sans pour autant se ruiner. On choisit sur le grand tableau une salade originale, un plat de pâtes ou un *secondi*. Le tout dans un décor végétal (normal, c'est bio) très dépaysant. Très agréable aussi pour le petit déj. Une bonne petite adresse rafraîchissante.

Bon marché

🍴 **Sorbillo** (zoom détachable, E4, 74) : *largo Corsia dei Servi, 11.* ☎ *02-45-37-59-30.* Ⓜ *S. Babila. Sur une piazza entre le largo Europa et le corso Vottorio Emanuele II. Tlj 12h-15h30, 19h-23h30. Pizzas 9-12 €.* Après avoir essaimé ses pizzas dans Naples depuis des générations, voici la famille Sorbillo à l'assaut de la capitale lombarde. Il n'y a qu'à voir le monde qui s'y bouscule tous les soirs pour affirmer que le pari est gagné : une bonne pizza fumante à la pâte bio moelleuse et croustillante, généreusement garnie d'ingrédients triés sur le volet.

IOI **Trattoria da Pino** (zoom détachable, E4, 48) : *via Cerva, 14.* ☎ *02-76-00-05-32.* Ⓜ *S. Babila.* Dans une ruelle calme, à proximité du Duomo et de la piazza San Babila. *Fermé le soir et dim. Congés : août et 25 déc-6 janv. Menu (primo, secondo et contorno) env 17 € (couverts compris) ; carte env 20 €. CB refusées.* Ne vous laissez pas abuser par l'exiguïté du lieu, avec ses 4 tables et un zinc brillant comme un sou neuf, car le meilleur de cette authentique *trattoria* se trouve derrière le comptoir, dans la grande salle aux murs rouges. Les employés du quartier y ont leurs habitudes, d'où le brouhaha à l'heure du déj. Un bon rapport qualité-prix.

IOI **La Vecchia Latteria** (zoom détachable, D4-5, 46) : *via dell'Unione, 6.* ☎ *02-87-44-01.* • *lavecchialatteria.milano@gmail.com* • Ⓜ *Duomo. Tlj sauf dim, à midi seulement. Congés : août. Plats 12-15 €.* Petite salle aux murs couverts de bouteilles de vin et de photos du vieux Milan. Également quelques tables à l'arrière, avec vue sur les cuisines. Cuisine végétarienne seulement. Goûtez au *misto forno*, un superbe assortiment de ce que la maison fait de mieux. On est un peu les uns sur les autres, mais l'ambiance n'en est que meilleure ! Service facétieux.

De prix moyens à chic

IOI **Pescheria Spadari** (zoom détachable, D4, 77) : *via Spadari, 6.* ☎ *02-87-82-50.* • *bistrot@pescheriaspadari.it* • Ⓜ *Duomo. Face à l'épicerie* Peck. *Tlj sauf dim 12h30-14h30, plus 18h30-22h30 mer-sam. Plats 12-23 € ; menus 40-55 €. Café et digestif offerts sur présentation de ce guide.* Après quelques travaux d'embellissement, la plus ancienne poissonnerie milanaise a conçu un véritable espace pour recevoir les gourmands venus se régaler d'un plat du jour composé de pâtes au poisson ou de délicieuses et copieuses fritures, accompagné d'un petit verre de blanc. Désormais, on mange assis, servis à table, c'est donc un peu plus cher... mais toujours aussi bon ! Forcément bruyant, mais le service est rapide et joyeux. On adore !

IOI **Obicà** (zoom détachable, E4, 47) : *au 7ᵉ étage du grand magasin* La Rinascente. ☎ *02-885-24-53.* • *duomo@obica.com* • Ⓜ *Duomo. Tlj 9h-minuit. Mozza env 7 €, plats 9-18 €.* Ami lecteur,

OÙ BOIRE UN CAFÉ, UN CHOCOLAT ? OÙ DÉGUSTER UN BON... ?

si vous n'aimez pas la mozzarella – ce divin fromage présuré présenté en boule –, passez votre chemin car ici, elle est reine dans les assiettes et servie sous toutes les formes : nature, crémeuse (la fameuse *burrata*), ou encore fumée *(affumicata)*, en assiette de dégustation ou composée en salade... Places à l'intérieur ou en terrasse, face aux flèches du Duomo. Un must ! Autre adresse dans le quartier de Brera *(via Mercato, 28)*. Dommage que l'accueil soit un peu tiède.

|●| *Ronchi 78 (zoom détachable, D5, 50)* : *via San Maurilio, 7.* ☎ 02-86-72-95. ● info@ronchi78.it ● Ⓜ *Missori. Tlj sauf dim. Congés : août. Résa conseillée. Plats 9-20 € ; menu 40 €.* Ambiance parfois survoltée dans ce resto où la chère est bonne et où la cave voûtée invite aux réjouissances. Souvent de jeunes fêtards sympathiques (au sous-sol), mais aussi des tables plus tranquilles dans la 1re salle (enfin, le midi, on joue au coude-à-coude avec les voisins). Plats simples et copieux pour une addition encore raisonnable. Spécialité : le filet de bœuf. Une antique caisse enregistreuse trône sur le comptoir derrière lequel s'agitent de dynamiques serveurs. Groupes de musique live tous les soirs (vers 22h45). Un petit coup de cœur pour cette adresse historique et authentique.

|●| *Spazio (zoom détachable, E4, 44)* : *mercato del Duomo.* ☎ 02-87-84-00. ● spaziomilano@nikoromitoformazione.it ● Ⓜ *Duomo. Tlj. Résa obligatoire (plusieurs j. à l'avance pour les meilleures tables). Compter 37-46 € pour 3 plats, 53-62 € si on craque pour la totale.* Au 3e étage du mercato del Duomo, avec une vue sublime sur la cathédrale, Niko Romito, chef italien triplement étoilé, a ouvert son école de cuisine afin de former les étoilés de demain. C'est lui qui concocte la carte de ce restaurant d'application, au gré des saisons et même à distance (bienveillante), il parvient à nous régaler et à nous rappeler qu'il existe (aussi) une cuisine gastronomique italienne. Le touriste, se régalant dans la moindre *trattoria*, néglige souvent ce genre d'établissement aux mets simples, fins et délicats. Le rapport qualité-prix est bluffant, le service impeccable mais en aucun cas guindé. Tout est réuni pour passer un bien joli moment.

|●| *Cantina Piemontese (zoom détachable, E5, 51)* : *via Laghetto, 2.* ☎ 02-78-46-18. ● cantinapiemontese@gmail.com ● Ⓜ *Duomo. Tlj. Congés : 1 sem début janv et 10 j. en août. Plats 12-30 € ; menu 50 €. Digestif offert sur présentation de ce guide.* Salle lumineuse aux tableaux fleuris, où une équipe jeune et sympathique vous proposera un menu court mais dense, qui change quotidiennement. Cuisine traditionnelle du Piémont, raffinée, où tout le monde devrait trouver son bonheur. Également des plats lombards comme l'osso buco, une de leurs spécialités. Produits frais d'une grande qualité. Ambiance cosy sans être trop chic. Jolie terrasse par beau temps.

|●| ✶ *Ristorante Giacomo Arengario (zoom détachable, E4, 68)* : *à l'étage du musée du Novecento.* ☎ 02-72-09-38-14. ● info@giacomoarengario.com ● Ⓜ *Duomo. Tlj 12h-minuit. Résa obligatoire. Carte 50-80 €.* Dans un style Art déco avec espace salon et tables devant la grande baie vitrée (demandez-les lors de la réservation). Vue imprenable sur la place du Duomo depuis la terrasse panoramique. Plats recherchés et préparés par un chef de talent. Romantique à souhait !

Où boire un café, un chocolat ? Où déguster un bon *panettone* ? Où déguster une glace ?

☕ *Pasticceria Marchesi (zoom détachable, E4, 104)* : *galleria Vittorio Emanuele II.* ☎ 02-94-18-17-10. ● info.galleria@pasticceriamarchesi.com ● Ⓜ *Duomo. Tlj 7h30-21h.* Annexe de la très renommée pâtisserie de la via Monte Napoleone, à laquelle on préfère cette ravissante bonbonnière, à l'étage du célèbre passage couvert milanais et offrant une vue plongeante sur les mosaïques de l'Ottagona. Si le prix du cappuccino est exorbitant, le chocolat, à peine plus cher, est à se damner ! Réellement exceptionnel. Le tout proposé moins cher au comptoir.

🍦 ☕ *Sant'Ambroeus (zoom détachable, E4, 180)* : *corso Matteoti, 7.* ☎ 02-76-00-05-40. Ⓜ *S. Babila.*

Tlj 7h45 (8h45 dim)-20h30. Une adresse historique que les Milanais connaissent bien ! Depuis 1936, ce café-pâtisserie chic propose toujours d'excellentes pâtisseries (surtout le *panettone*, la spécialité) et des chocolats, qu'on dégustera sur place ou qu'on emportera pour grignoter en chemin. On peut aussi y manger, mais c'est beaucoup plus cher. Ambiance chic, un tantinet désuète, mais c'est ce qui fait tout son charme...

Gelateria Ciacco *(zoom détachable, D4, 97) : via Spadari, 13.* • *info@ciaccogelato.it* • Ⓜ *Duomo. Tlj 8h-21h. Réduc de 10 % sur présentation de ce guide.* Encore un glacier, nous direz-vous ? Oui, mais celui-ci, en provenance de Parme, la région voisine, a tout pour lui ! Sans colorant et sans conservateur, il revendique ses glaces... sans lait ! La formule est plutôt bonne. Goûtez celles à la figue, à la pistache ou au chocolat et vous nous en direz des nouvelles !

Où boire un verre ?

Camparino in Galleria *(zoom détachable, E4, 100) : galleria Vittorio Emanuele II, angle piazza del Duomo, 21.* ☎ *02-86-46-44-35.* • *info@caffemiani.it* • Ⓜ *Duomo. En venant du Duomo, c'est à l'entrée de la galerie, sur la gauche. Tlj sauf lun 7h30-20h. Congés : août.* Inauguré en 1915 par la famille Campari, qui avait déjà ouvert un débit de boissons en 1867 juste en face (là même où naquit le célèbre Campari !). Parfait pour un café ou un apéritif *in piedi*, accoudé au comptoir en marqueterie, ou bien en terrasse. Si vous désirez en savoir plus sur le lieu, n'hésitez pas à demander le livret qui retrace toute l'histoire de la galerie.

Terrazza 12 *(zoom détachable, E4, 172) : via Durini, 28 (10ᵉ étage).* ☎ *02-92-85-36-51.* • *info@terrazza12.it* • Ⓜ *San Babila. Au sommet du* Brian & Barry Building. *Tlj 12h-1h.* Niché sur le toit d'un grand magasin de mode branchée, c'est un *rooftop bar*, dont les terrasses donnent sur les flèches du Duomo et les hauts des monuments milanais. Aussi une belle salle design et vintage, très plaisante.

Giacomo Caffè *(zoom détachable, E4, 107) : piazza del Duomo, 12.* ☎ *02-89-09-66-98.* Ⓜ *Duomo. À l'intérieur du palazzo Reale. Tlj 8h-19h30 (22h30 jeu et sam).* Un endroit bien agréable et tranquille à l'écart du flux touristique que draine le Duomo. Ici, aux beaux jours, on boit un verre en terrasse à l'abri de tout regard ou à l'intérieur un brin chic, comme l'endroit.

Au 7ᵉ étage du centre commercial La Rinascente *(zoom détachable, E4, 47) : sur la piazza del Duomo, face au côté gauche de la cathédrale.* Ⓜ *Duomo. Tlj 10h-minuit.* C'est au dernier étage de ce grand magasin que vous trouverez l'une des plus belles terrasses de la ville. Normal, elle offre une vue frontale sur le flanc nord du Duomo... Dommage que la file d'attente soit souvent longue, le service indolent voire chaotique et l'ambiance bêtement branchée. S'il fait frisquet, on peut rester à l'intérieur, sous les fenêtres, la vue est presque la même. Et sinon, c'est tout l'étage qui est dévolu à l'alimentation (*juice bar*, épiceries fines, restos, *sushi bars*...). Pas de problème donc pour combler aussi un petit creux sur le pouce.

Café Trussardi *(zoom détachable, D4, 101) : piazza della Scala, 5.* ☎ *02-80-68-82-95.* • *info@cafetrussardi.com* • Ⓜ *Duomo. Tlj sauf dim 7h30 (12h sam)-23h.* Si vous êtes un jeune cadre dynamique dans le vent, ne manquez pas l'*aperitivo* dans l'immeuble *Trussardi,* qui pulse de 18h à 22h avec musique *trendy.* Ouvert aussi pour le déjeuner, mais la partie resto le soir est vraiment trop chère.

Bianchi Café & Cycles *(zoom détachable, E4, 127) : via Felice Cavallotti, 8.* ☎ *02-25-06-10-39.* • *ristorante@bianchicafecycles.it* • Ⓜ *S. Babila. Lun-ven 7h-21h, sam 8h-18h30.* Un endroit cosy à tout moment de la journée. Le matin, accoudé au comptoir, un petit café accompagné d'une douceur ; le midi, un petit menu végétarien à prendre sur la terrasse ou à l'intérieur décoré à la gloire de la marque ; le soir, rien de mieux qu'un copieux et très bon *aperitivo.* Le tout sous l'œil de la petite reine ! D'ailleurs, atelier et magasin au sous-sol pour les cyclistes confirmés ou amateurs.

OÙ SE TROUVENT LES BOUTIQUES CHIC ? | 75

Où écouter de la musique en buvant un verre ?
Où danser ?

▌ ▐●▌ ♪ ♪ *Le Banque* (zoom détachable, D4, 134) : via Porrone Bassano, 6. ☎ 340-980-51-01. ● info@lebanque.it ● Ⓜ Cordusio. Tlj jusqu'à 5h (16h dim). Buffet le soir 40 €. Entrée discothèque : 15 € avec 1 conso pour les garçons (!) ; 1-5 € selon soirée pour les filles. Les lourdes portes, l'escalier et les piliers de marbre rappellent l'origine du lieu : une banque, une vraie, qui a cessé son activité pour laisser la place à ce vaste espace à la fois bar, resto et boîte. On peut donc y boire un verre (notamment, aux beaux jours, dans l'agréable jardin), grignoter au buffet (basique... 40 €) et enfin, du jeudi au samedi à partir de 23h30, y danser jusqu'aux petites heures. Décor façon château de Versailles avec fauteuils à dorures et musique un peu commerciale qui mixe tous les styles.

Où faire le plein de victuailles ?

⊛ ▐●▌ 🥖 *Peck* (zoom détachable, D4, 150) : via Spadari, 9. Ⓜ Duomo. Lun 15h-20h, mar-sam 9h-20h, dim 10h-17h. À 2 pas du Duomo, ce temple de la gastronomie italienne propose plus d'un siècle profusion de charcuteries, fromages, huiles d'olive et épicerie fine. Également un service traiteur, un restaurant (chic) à l'étage et une impressionnante œnothèque au sous-sol. De quoi remplir votre valise de bons produits italiens pour le retour. Prix évidemment élevés, mais la qualité est au rendez-vous !

⊛ ▐●▌ *Eat's* (zoom détachable, E4, 163) : galleria del Corso, 4. Ⓜ Duomo. Au sous-sol de l'hôtel Excelsior. Tlj jusqu'à 20h30. En descendant les escalators, vos papilles s'émoustilleront déjà à la vue des rayonnages bien remplis de cette épicerie chic. Également un petit *corner* pour avaler un sandwich ou une part de pizza.

⊛ *Noberasco* (zoom détachable, D4, 144) : via Spadari. ☎ 02-99-20-10-22. ● negozio.milano@noberasco1908.it ● Ⓜ Cordusio. Lun-sam 10h-19h30, dim 12h-19h. Le spécialiste du fruit sec depuis 1908. Vous trouverez dans cette jolie boutique un choix époustouflant (une centaine en tout !) de noix, pistaches, abricots, dattes... en provenance des meilleures origines.

Où se trouvent les boutiques chic ?

Bon à savoir : toutes les boutiques du centre de Milan sont désormais ouvertes le dimanche. Ce qui en fait, plus que jamais, une destination de shopping, vivante et animée... C'est toujours plus agréable, même quand on se contente de lécher les vitrines.

⊛ *Via Monte Napoleone :* ● via montenapoleone.org ● La plus chic. F. Rossetti (n° 1) ; Bulgari, Vuitton, Giorgio Armani (n° 2) ; Dior (n° 5) ; Gucci (n° 7) ; Prada (n°s 6 et 8) ; Versace (n° 11) ; Pucci (n° 14) ; Cartier (n° 16) ; Valentino (n° 20) ; Yves Saint Laurent, Sergio Rossi (n° 27) ; Salvatore Ferragamo (à l'angle avec la via Borgospesso).

⊛ *Via Alessandro Manzoni :* immense Armani (n° 31) regroupant les rayons homme, femme, enfant, jeans, déco, librairie, CD et même un hôtel de luxe !... ; Paul Smith (n° 30).

⊛ *Via della Spiga :* adorable rue piétonne qui réunit tous les grands de la mode. Prada (n° 18, à l'angle avec la via Sant'Andrea) ; Giorgio Armani (n° 19) ; Max Mara (n° 20) ; Dolce & Gabbana (n°s 2 et 26) ; Roberto Cavalli (n° 42) ; Martin Margiela (n° 46) ; Marni (n° 50).

⊛ *Via Sant'Andrea :* Trussardi (n° 3) ; Chanel (n° 10) ; G. Ferré (n° 15) ; Fendi (n° 16) ; Miu Miu (n° 21).

⊛ *Galleria Vittorio Emanuele II :* Vuitton, Gucci, Tod's, Furla, Prada, Max Mara, Armani.

LE QUARTIER DU DUOMO

Où faire son shopping ?

Touch & Go Temporary Outlet (zoom détachable, E4, 164) : corso Vittorio Emanuele II (angle San Paolo). Duomo. Tlj 10h-20h. Un concept original qui consiste à ouvrir une boutique dégriffée et à la fermer après avoir tout vendu ! Vu la surface, nul doute qu'elle a encore quelques années devant elle. Ici, de grandes marques vendues de 50 à 80 % moins cher qu'en boutique.

Magazzini Firme Outlet (zoom détachable, D4, 142) : via Victor Hugo, 1. ☎ 02-72-00-83-53. Cordusio. Comme souvent dans ce genre de boutiques, tout n'est pas du meilleur goût et dépend des arrivages, mais on peut y dénicher de grandes marques à petits prix : Missoni, Dolce & Gabbana, Cavalli, Versace, Moschino...

Geox (zoom détachable, D4, 155) : via Torino, 15, à l'angle de la via Speronari. ☎ 02-89-09-37-82. Duomo. C'est surtout l'architecture extérieure de la boutique de ce géant italien de la chaussure mondialement connu qui nous a tapé dans l'œil. Tout comme les chaussures, l'immeuble respire ! La façade est en effet recouverte d'un échiquier de plaques métalliques et mouvantes qui, au gré de leurs ondulations, ventilent l'intérieur du bâtiment. Inspiration, expiration...

Où trouver des boutiques de design ?

Cassina (zoom détachable, E4, 156) : via Durini, 16. ☎ 02-76-02-07-45. S. Babila. Lun-sam 10h-19h. Le design des maîtres : Starck, bien sûr, mais aussi Le Corbusier, Wright, Mackintosh. La grande classe du design anguleux, fonctionnel et dépouillé.

Alessi (zoom détachable, E4, 161) : via Manzoni, 14/16. ☎ 02-79-57-26. Montenapoleone. Lun-sam 10h-19h. Tous les objets de grands designers, comme Philippe Starck, pour la cuisine notamment.

Où se chausser comme les danseuses de la Scala ?

Porselli (zoom détachable, D4, 152) : piazza Paolo Ferrari, 6. ☎ 02-805-37-59. Duomo. Fermé dim et lun mat. Boutique grande comme un mouchoir de poche, juste en face de la pinacoteca Ambrosiana. Tout comme Repetto chausse les étoiles de l'Opéra de Paris, Porselli chausse les danseuses de la Scala... et les Milanaises ! Ballerines souples et hyper confortables pour arpenter les rues de la ville tout en restant chic ! Plusieurs coloris très mode. Et à partir de 90 € la paire.

À voir

★★★ Duomo (zoom détachable, E4) : piazza del Duomo. • duomomilano.it • Duomo. Tlj 8h-19h. Entrée : 3,50 €. Audioguide en français : 6 € (avec les explications du musée 9 €) ; laisser une pièce d'identité en dépôt. Tenue décente obligatoire. Photos sans flash autorisées. Terrasse ouv 9h-19h ; accès : 9,50 € par l'escalier, 13,50 € par l'ascenseur. Zone archéologique et musée : 7 €. Billets groupés 13,50-25,50 € avec le museo del Duomo et les terrasses ; réduc. Attention, la billetterie ferme 1h avt ; or il faut parfois compter plus de 1h de queue (surtout depuis le renforcement des contrôles de sécurité) !

Au cœur de la ville, il symbolise, dans toute sa splendeur, 600 ans d'histoire et d'art lombards. De style gothique tardif, commencé en 1386 à la demande d'un Visconti,

À VOIR | 77

le Duomo est la plus grande église du monde catholique après Saint-Pierre de Rome et la cathédrale de Séville. Il faut savoir qu'il a été construit sur 2 autres églises antiques. La vocation de la cathédrale était avant tout d'être une maison de prière et le symbole de la ville. Une sorte de condensé de l'art par l'architecture religieuse et les vitraux explicitant l'histoire de la ville et de ses saints. La façade (achevée seulement en 1813) a tellement d'extravagance qu'on la surnomma le « hérisson de marbre ». L'évidente folie de celle-ci

CHERCHER MIDI À LA MÉRIDIENNE !

À l'entrée du Duomo, dans la 1re travée, une ligne méridienne de cuivre court de droite à gauche, en travers de la nef. Elle fut tracée en 1786 par les astronomes de l'observatoire de Brera. Si vous vous y trouvez un peu avant 12h, allez y jeter un œil : un rayon de soleil provenant d'un gnomon (un petit trou aménagé dans la voûte) traverse la ligne et indique la date dans le calendrier astronomique...

contraste avec l'intérieur, monumental certes (5 nefs soutenues par 52 piliers de 3,50 m de diamètre !), mais plus froid.
Les vitraux du bas-côté gauche furent détruits par les déflagrations des salves tirées en l'honneur de Napoléon. Plus loin, au-dessus du chœur, sous la voûte, une croix en or contient un clou qui proviendrait de la Vraie Croix. Des manifestations religieuses ont lieu mi-septembre ; l'évêque est alors hissé jusqu'au reliquaire dans un ascenseur en forme de nuage. À gauche du chœur, la chapelle abrite un immense chandelier en forme d'arbre, œuvre d'un orfèvre parisien. Dans la chapelle de droite, une étonnante statue de saint Barthélemy, écorché vif, réalisée en 1562 par Marco d'Agrate ; on voit sa tête pendante. De face, vous pensez voir une statue avec 3 pieds, mais passez derrière et vous remarquerez qu'il porte sa dépouille sur le dos ! On reconnaît là la passion très en vogue des artistes italiens pour l'anatomie. Notez, à ses (trois) pieds, l'inscription qui signifie « Ce n'est pas Praxitèle qui m'a sculpté, mais Marco d'Agrate ». Souhaitant éviter que son œuvre soit attribuée à tort au plus grand sculpteur de la Grèce antique, Praxitèle, l'artiste a en effet pris soin de signer son œuvre, sans aucune ambiguïté ! Remarquez aussi le baptistère fait en marbre issu des anciens thermes de Maximien.
Avant de sortir, la visite de la zone archéologique du Duomo donnera un aperçu des édifices qui ont précédé sa construction, notamment le *musée du Trésor (3 €)* avec la relique de san Carlo Borromeo (cardinal de Milan de 1538 à 1584). Regardez le plafond, il est en métal ! Odeur de vieilles pierres assurée !

Enfin, à ne pas manquer : un ascenseur (payant) à l'extérieur, côté nord, permet d'accéder aux toits (les fauchés monteront à pied – 160 marches seulement –, c'est moins cher). C'est une véritable forêt pétrifiée de flèches. Ainsi, au cœur de cette « dentelle », on approche les 1 800 statues (dont une de notre Napoléon), les

UNE IDÉE LUMINEUSE !

Pendant la Seconde Guerre mondiale, la population a recouvert d'un drap noir la Madonnina pour éviter que sa statue en cuivre doré attire les bombardements ennemis. Malin, non ?

135 flèches et l'insolite *Madonnina*, qui culmine à 117 m de haut. Surmontée d'une flèche, la statue est le symbole de Milan. Elle a été réalisée en 1774 avec 34 plaques de cuivre doré. Elle pèse près de 1 t ! La balade sur les toits vous rappellera une scène fameuse de Delon-Girardot dans *Rocco et ses frères*. Au soleil couchant, les mille teintes de la façade vous transporteront d'émotion. Enfin, la nuit venue, une multitude de clochetons s'illuminent, et la *Madonnina* flamboie. Coupez !

🎭 Museo del Duomo (zoom détachable, E4) : piazza del Duomo, 12. ☎ 02-72-02-34-53. • duomomilano.it • Ⓜ Duomo. Tlj sauf lun 10h-18h. Entrée avec le ticket combiné : 25,50 €, avec accès aux terrasses par ascenseur (9,50 € à pied) et au baptistère San Giovanni alle Fonti. Audioguide : 6 € (9 € les 2).

Inauguré dans les années 1950 mais entièrement rénové en 2014, le musée propose 26 salles thématiques repensées par l'architecte Guido Canali. Quelques œuvres majeures à retenir.

– **Salles du trésor de la cathédrale :** ces salles rassemblent les plus beaux objets liturgiques datant du Ve au XVIIIe s (crucifix, ostensoirs, calices, vases sacrés, vêtements, bannières richement décorées, tapisseries, etc.). On retiendra ici la belle croix d'Aribert en bronze, seul vestige qui reste de la tombe de l'archevêque d'Aribert au XIe s, et l'*ostensorio Castiglioni*, l'une des pièces les plus importantes du musée, recouvert à la feuille d'or avec perles, pierres précieuses (aigues-marines) et anges dorés.

– **Salles des ateliers de la Veneranda Fabbrica :** succession de statues géantes, dont un buste reliquaire de saint Georges datant de 1404, appartenant au comte Visconti (le créateur de l'organisation chargée de la construction de la cathédrale : la *Veneranda Fabbrica*). Admirez une magnifique Vierge en bois de Bernardo da Venezia datant de 1392, qui avait autrefois sa place sur un des autels du Duomo. Également des éléments zoomorphes (ils sont plus de 740 dans le Duomo), dont principalement des chiens, lions et autres figures allégoriques. Les gargouilles de style zoomorphe, tirées du bestiaire médiéval, sont au nombre de 115. Le but de leur présence était d'éloigner les esprits malins. Au fur et à mesure des salles, Vierges à l'Enfant au regard angélique, beaux chapiteaux. En sortant de la salle, jetez un œil sur le bel ange de la passion d'Amadeo, une sculpture du XVe s. Ne ratez pas la *Sibylle*, malheureusement abîmée par la pollution. On voit aussi sur son drapé les traces de bombardement d'août 1943.

– **Salle des vitraux :** on y voit l'évolution de la technique très particulière du XVe au XVIe s.

– **Salle Borromée :** Frédéric Borromée (1566-1631) est le pape à qui l'on doit la transformation du Duomo à son arrivée, après le concile de Trente. Sous verre, une magnifique *Madeleine transportée par les Anges* réalisée par Giovan Angelo Marini entre 1556 et 1560. Certaines statues ont été nettoyées pour montrer le travail de restauration et surtout se rendre compte de l'effet néfaste de la pollution.

– **Salle de terre cuite :** les statues ici présentées servaient de modèles aux artisans qui travaillaient la façade en bronze.

– Après la **salle des tapisseries** (4 belles tapisseries données par Carlo Borromeo, dont l'*Adoration des Mages* et la *Déposition du Christ*), vous arrivez à la **salle de la galleria di Camposanto**, qui renferme les modèles et croquis des sculptures et des reliefs de la cathédrale commandés par la *Veneranda Fabbrica* du XVIIIe au XIXe s.

– **Salle de la Madonnina :** vous verrez le squelette métallique en cuivre de la *Madonnina* (haute de 4 m) qui a été placé sur la flèche la plus haute en 1774. Depuis 1967, le cuivre a été remplacé par de l'acier inoxydable.

– **Salle de la maquette en bois :** immense maquette en bois (tilleul et noyer) représentant le Duomo. Elle a été commandée par la *Fabricca* en 1519. Elle est à l'échelle 1/20.

– **Salle des portes en bronze :** dernière salle où sont présentées les réalisations de la 5e porte du Duomo dans le cadre d'un concours qui opposa en 1953 Luciano Minguzzi à Lucio Fontana (ce dernier ne fut pas retenu car ses portes n'étaient pas assez lisibles, dira le jury !).

✶✶✶ Museo del Novecento *(zoom détachable, E4) :* piazza del Duomo. ☎ 02-88-44-40-61. • museodelnovecento.org • Ⓜ Duomo. Lun 14h30-19h30, mar-dim 9h30-19h30 (22h30 jeu et sam). Entrée : 10 € ; réduc, notamment pour ts tlj 2h avt la fermeture et mar à partir de 14h ; gratuit moins de 25 ans.

À droite du Duomo, quand on lui fait face, dans ce que les Milanais appellent « *arengario* », un imposant immeuble administratif construit en 1939 à la suite de la conquête des colonies en Afrique, représentatif du pouvoir fasciste. À l'origine, ce sont des pavillons jumeaux, dont l'un a servi à accueillir le musée. D'architecture massive, l'*arengario* est doté d'un balcon duquel Mussolini haranguait la foule (d'où son nom). Il fut transformé en musée d'art contemporain dans les années 1960, puis fermé faute de place. Aujourd'hui, c'est un musée rénové et agrandi par l'architecte Italo Rota (auteur du musée du Design et du futur office de tourisme à la loge des Marchands), qui renferme une riche collection dédiée à l'art italien du XXe s. Le vaste escalier hélicoïdal dessert les étages et constitue le cœur du musée. De superbes baies vitrées, latérales et en façade, laissent continuellement entrevoir l'archevêché de Milan et son architecture médiévale. L'espace muséographique ajouté à l'arrière dans le palais royal est judicieusement relié par des passerelles vitrées suspendues. Pour le reste, pas de grand bouleversement, la restauration s'est opérée dans l'esprit Art déco d'origine (vastes espaces, plafonds, lustres, colonnes...). Une belle réussite.

Le parcours muséographique suit une logique à la fois chronologique et thématique, et démarre à l'entresol (accès libre sans billet) par le **Quarto stato** (1901) de **Giuseppe Pelizza da Volpedo.** Ce manifeste du XXe s est sans doute l'un des tableaux les plus célèbres en Italie (d'où son accès gratuit !), car représenté dans tous les livres d'histoire de l'art et d'histoire. D'histoire de l'art d'abord, car cette 2de version (la 1re, exposée à la pinacothèque de Brera, ne satisfaisait par le peintre) apparaît comme un modèle achevé du mouvement divisionniste (l'équivalent du pointillisme en France) : malgré la technique, les couleurs apparaissent comme fondues et parfaitement nuancées ; d'histoire tout court ensuite, car cette représentation du peuple qui conduit l'avenir, guidé par 4 personnages (3 adultes et 1 bébé) censés représenter les différents âges de la vie, a largement été reprise comme symbole de la lutte ouvrière par les syndicats, même si, au départ, les intentions de l'artiste n'étaient pas révolutionnaires. Un bel exemple de peinture sociale qui marque l'entrée dans le *Novecento*.

1er étage
– Commencer par la petite salle juste à gauche de l'entrée, qui présente l'une des plus importantes collections privées à Milan, la **collection Jucker.** Constituée dans les années 1970, elle rassemble la fine fleur des avant-gardistes européens avec une attention particulière à la France : Picasso, Braque, Modigliani, Matisse, Kandinsky, Klee. Juste sublime !
– La visite à proprement parler commence par la longue galerie où sont exposés les **peintres futuristes,** un courant né à Milan à l'aube du XXe s. Signe des temps troubles des prémices de la Première Guerre mondiale, des artistes milanais ont développé une fascination pour la modernité et la technologie. Leurs recherches sur la représentation du mouvement, la vitesse, l'étude des matériaux destinés à bousculer l'ordre établi et les mentalités qualifiées de « romantiques », les caractérisent et leur fournissent l'essentiel de leurs sources d'inspiration. Le poète Filippo Tommaso Marinetti en publia le manifeste en 1909 dans *Le Figaro* ! Le plus représentatif de ces peintres est **Umberto Boccioni,** l'un des chefs de file du courant futuriste, pour qui la dynamique était forcément source d'inspiration : sa *Forme unique de la continuité dans l'espace* démontre sa volonté d'inscrire la représentation du corps humain dans une dynamique. Observez bien le mouvement des muscles, séparés du corps par des formes géométriques, des positions différentes et successives qui représentent le corps en mouvement. La sculpture était basée sur d'anciennes pièces de monnaie. Autre série intéressante, l'étude de bouteille, une nature morte qui revêt un caractère dynamique par le simple fait d'être représentée de différents points de la pièce et qui démontre bien cette volonté chère au mouvement futuriste d'inscrire la forme unique dans un mouvement. Le peintre **Giacomo Balla** a développé la même technique avant-gardiste, observée d'après des photographies, avec sa célèbre *Jeune fille courant sur un balcon*. La dynamique est accentuée par la technique pointilliste qui, par définition, ne mélange pas les couleurs. Autre peintre important appartenant à la 2e génération des futuristes, **Fortunato Depero,** designer, est surtout connu pour ses publicités : il a réalisé la 1re affiche du *Campari*, inventé à Milan, et dessiné la forme de la petite bouteille de *Campari*. On peut voir son beau portrait de Gilbert Clavel.

Plus loin, on aborde les années 1950 avec la peinture de *Giorgio Morandi,* peintre de Bologne très inspiré par Cézanne, spécialisé dans l'étude des natures mortes, et en particulier des bouteilles. Autre œuvre intéressante, sa *Tête de mannequin,* qui préfigure la métaphysique de De Chirico.

Mezzanine
Un espace quasi intégralement dédié au peintre surréaliste *Giorgio De Chirico.* D'origine grecque, ses œuvres sont empreintes de cette culture mixte, et on y retrouve souvent la présence de statues grecques, d'éléments architecturaux massifs ou encore la représentation de la Méditerranée. Parmi ses œuvres marquantes, *Le Fils prodigue,* très onirique, et *Lutte des gladiateurs* (un cauchemar ?) expriment plus que tout la solitude des univers déshumanisés. Vivement contestée en Italie, sa peinture évoluera vers un néoclassicisme bon teint en fin de carrière.

2ᵉ étage
La montée du fascisme en Italie s'assortit d'un retour à l'ordre dans le domaine des arts, un *ritorno al ordine* qui prend totalement le contre-pied des avant-gardistes : volumes nets, lignes pures et représentations athlétiques du corps humain, d'inspiration romaine. Et ce courant néoclassique va s'étendre bien au-delà de la région de Milan. **Arturo Martini,** déjà connu pour avoir participé à la construction d'édifices publics à l'époque fasciste, s'est exprimé à travers des sculptures en terre cuite majoritairement, mais aussi en pierre et en bronze. En peinture, on observe ce même courant chez **Carlo Carrà, Mario Sironi, Achille Funi, Soffici** et encore **Ottone Rosai.** Superbe sculpture en bronze doré de **Lucio Fontana,** artiste abstrait auquel est consacrée toute une section à l'étage supérieur, réalisée au début de sa carrière : *Demoiselle assise* ou *Jeune femme au miroir* (1934). Voir aussi les œuvres de **De Pisis, Campigli** et plusieurs tableaux de la période expressionniste. Enfin, un ensemble de sculptures de **Melotti** en monochrome, représentatives du courant rationaliste (formes géométriques, type Le Corbusier), qui s'est exprimé surtout autour de Côme.

Dernier étage
Dans cette pièce de passage, on admire autant l'architecture que la vue panoramique sur la grande place du Duomo, le Duomo et la galerie Victor-Emmanuel II. Époustouflant ! Si vous avez la chance d'y être un samedi ou un dimanche en soirée, vous profiterez de l'éclairage intérieur des vitraux de la cathédrale. Au plafond, le néon lumineux entrelacé est de **Fontana** (1963). La mezzanine est consacrée à son travail sur le spatialisme *(Concetto spaziale)* avec 9 tableaux, en plusieurs versions et plusieurs couleurs : trous, toiles coupées, collages... De l'extérieur, si vous avez la chance d'être sur la piazza del Duomo à la tombée de la nuit, vous ne verrez que lui, le néon de Fontana, qui semble illuminer le palais entier !

Empruntons le 1ᵉʳ passage suspendu pour quitter l'*arengario* et rejoindre, à l'arrière, le *palazzo Reale* (palais royal)...

Le palazzo Reale
– Changement de période, on découvre le Milan des années 1950 avec des pièces d'**Alberto Burri,** un artiste abstrait réputé pour ses matériaux de collage, et la série des peintres « informels », une tendance qui s'est développée autour de Milan à cette période, avec notamment **Vedova, Boccato** et **Novelli.** *La Rose noire* de **Jannis Kounellis** est surtout célèbre pour avoir été choisie comme emblème du musée. Parallèlement, un groupe d'artistes milanais s'est opposé à cette évolution du marché de l'art, qui consistait selon eux à présenter un artiste en galerie pour qu'il prenne de la valeur, indépendamment de la qualité de son œuvre. Ils sont à l'origine du mouvement polémique et provocateur *Azimut.* Voir l'humoristique *Merde d'artiste en boîte* de **Piero Manzoni,** situé dans la loggia.

Après être redescendu d'un étage, reprendre à gauche le *conclusione del percorso.* Le 2ᵉ passage suspendu mène à un espace d'expos temporaires. En le

traversant, admirez en contrebas, sur la place, la flamme en métal de **Luciano Minguzzi,** sculpteur de métal, auteur de la restauration de l'une des portes du Duomo. La flamme est l'emblème des *Carabinieri,* un des corps de l'armée les plus prestigieux en Italie.
– *La Cinétique :* ne pas manquer le projet de **Bruno Munari,** designer en charge, dans les années 1950, de l'éducation des enfants à travers les collections des musées. Plus que d'art, il s'agit là d'expérimentations à travers les nouvelles technologies, en partie visuelles. Le cube avec son jeu de miroirs et de lumières est quasi une attraction, mais pour y pénétrer, il est impératif de signer une « décharge » ! Voir également la *Superficie magnétique* de **Davide Bollani,** une installation de miroirs tout à fait novatrice pour l'époque.
– De **Marino Marini,** belle collection de portraits de personnalités en plâtre et en bronze : De Pisis, Stravinsky, Henry Moore, Rockefeller... répartie dans 4 salles.
– *Le pop art et l'Arte Povera :* **Mario Schifano** est l'artiste le plus important de pop art italien. Peu d'œuvres, malheureusement, dans cette collection municipale, mais il est connu pour ses monochromes rouges, blancs... et ses pubs pour les marques *Coca Cola* ou *Esso.* Dans les années 1960, toujours, **Enrico Baj** a travaillé sur la technique du collage en intégrant des papiers de tapisserie à des peintures. **Luciano Fabro** développe des installations interactives : reconstitution d'appartement dans lequel les protagonistes sont les lignes matérialisées par des tiges de métal ; *La Croix* laisse quant à elle libre cours à toute interprétation... Enfin, quel lien entre cette tête de zèbre et la juxtaposition de chiffres ? Apparemment aucun, sauf que les chiffres reproduisent la suite de Fibonacci, humaniste et précurseur de la Renaissance qui avait établi un rapport géométrique entre les chiffres et la nature. Autrement dit, vous pourrez peut-être retrouver la formule mathématique (additionnez les 2 premiers chiffres pour avoir le résultat dans le 3e, et ainsi de suite) sur les rayures du zèbre... Mission accomplie : l'art questionne ! Terminons la visite par cette série de photos de **Giuseppe Penone,** qui utilise son image, sans autre apport de matériaux, pour prendre la mesure du temps qui passe et à travers une seule et même image. Dans ses yeux, les lentilles reflètent les mouvements de la rue et de l'ombre. On aime beaucoup, enfin, cette *Femme qui s'échappe du miroir* de **Michelangelo Pistoletto.**

Chiesa San Satiro *(zoom détachable, D4)* **:** *via Torino. À 50 m de la piazza del Duomo.* Ⓜ *Duomo. Mar-sam 9h30-17h30, dim 14h-17h30.* Un peu en retrait de la via Torino, cette église de la Renaissance lombarde construite en 1478, dédiée à la Vierge, en étonna plus d'un. À cette époque se trouvait déjà un édifice dédié à saint Satyre, le frère de saint Ambroise, saint de la ville. En effet, faute de place pour intégrer une abside, le génial architecte Bramante imagina ce trompe-l'œil à l'arrière du maître-autel pour créer un effet de profondeur. En réalité, la voûte ne faisait que 97 cm de profondeur ! Surprenant de réalisme ! L'autel est orné de statues de saints en argent. Sur les côtés, certaines voûtes sont comblées par de grandes coquilles Saint-Jacques en bronze. À voir également : *il sacello di San Satiro,* une petite chapelle avec des fragments de fresques. Une église accueillante, belle et harmonieuse dans ses proportions, propice au recueillement.

L.O.V.E., une statue pas comme les autres *(zoom détachable, D4)* **:** *piazza degli Affari.* Ⓜ *Cordusio.* L'œuvre de Maurizio Cattelan est baptisée *L.O.V.E.,* pour *Libertà, Odio, Vendetta, Eternità* (Liberté, Haine, Vengeance, Éternité), par amour de la provocation. Cette sculpture en marbre de Carrare (très prisé durant l'Antiquité), de 6 t et 11 m de haut, trône depuis 2010 en face du palais de la Bourse. Les doigts sont coupés, à l'exception du majeur, qui, une fois dressé, témoigne d'un certain sens de l'honneur bien à lui ! Vous imaginez le geste... et la portée qu'il peut avoir. Mais si les Milanais se montrent enthousiastes, ce doigt n'est pas du tout du goût du président de l'autorité boursière, Giuseppe Vegas (voilà un nom qui fleure bon le dollar !).

Pinacoteca Ambrosiana *(zoom détachable, D4)* **:** *piazza Pio XI, 2.* ☎ *02-80-69-21.* • *ambrosiana.it* • Ⓜ *Duomo ou Cordusio. Tlj sauf lun et j. fériés*

82 | LE QUARTIER DU DUOMO

10h-18h (dernière entrée 17h30). Entrée : 16,50 € ; réduc ; réduc famille (le prix peut varier selon expo temporaire).

De taille plus modeste que la pinacoteca di Brera, la pinacoteca Ambrosiana constitue néanmoins l'une des plus belles pinacothèques d'Europe et le plus vieux musée milanais (1618), grâce à la donation du cardinal Federico Borromeo. Plus on avance dans la visite des 23 salles de ce palais du XVIIe s, plus on est saisi par sa beauté : 3 étages de galeries couvertes de fresques, donnant sur un jardin orné de statues, des vitraux superbes et des mosaïques au sol (à partir de la salle n° VIII) dans des tons vifs à motifs géométriques, parfois aussi autour des fenêtres. Les toiles exposées sont datées du XIVe au XIXe s et appartiennent aux écoles lombarde, vénitienne et flamande ; elles sont sublimées par un éclairage très étudié.

Au 1er étage, le XVe s lombard. Vous y trouverez l'*Adoration des Mages* de Titien, *La Sainte Famille* ou *Le Christ Bénissant* de Luini. Également une fantastique *Madonna del Padiglione* de Botticelli. Ne ratez surtout pas la fresque monumentale de l'*École d'Athènes* par Raphaël, même s'il ne s'agit que du « brouillon » (sur carton) de l'artiste, l'œuvre achevée étant aujourd'hui au Vatican. Au centre : Platon, Aristote et Diogène (assis) entourés de disciples ; aux extrémités, d'autres génies grecs : Pythagore, Archimède, Euclide… également avec des élèves. Viennent ensuite quelques doux et très symboliques paysages des Flamands Jan Bruegel *(Allegoria del Fuoco)* et Paul Bril, qui étaient des amis proches du cardinal Borromeo ; de saisissants portraits de Hayez et des toiles de Bianchi (comme la douce *Maternità*). Charmante *Madone qui allaite l'Enfant près de la fontaine* de Bernaert Van Orley et lumineuse *Allégorie de la Charité* de Jan Metsys. Et puis aussi Véronèse, Nuvolone… Et à la fin de la visite, ne manquez pas le *Portrait de musicien* de Léonard de Vinci On termine par la très belle bibliothèque du musée, l'exposition par roulement du codex de Léonard de Vinci et la très naïve *Canestra* (corbeille de fruits) du Caravage (une grande 1ère dans la peinture italienne de la Renaissance).

Le Milan médiéval *(zoom détachable, D4)* : par miracle, malgré les nombreuses destructions dues aux bombardements de 1943 puis, plus tard, aux promoteurs, il reste un dernier carré résistant à toutes les modes immobilières : la **piazza dei Mercanti** (place des Marchands). Autrefois close, elle regroupait les activités marchandes de la ville, mais aussi les institutions judiciaires et administratives. Aujourd'hui située à 2 pas du Duomo, elle abrite le **palazzo della Ragione** (palais de la Raison), une grande bâtisse de brique rouge édifiée en 1228 sur « pilotis » (27 piliers robustes). L'un des 1ers magistrats et le fondateur du palais, Oldrado Da Tresseno, se tient à cheval sur l'un des piliers où des vers en latin vantent ses mérites (« constructeur de palais, grand pourvoyeur d'hérétiques pour le bûcher », etc.). En face, la **loggia degli Osii** en marbre blanc et noir, du début du XIVe s. Fermant la place, la **casa Panigarola,** avec ses petites arcades décorées, est une très belle maison gothique. Au milieu se dresse un vieux **puits** du XVIe s.

> ## LE SPECTACLE DE LA FAILLITE
>
> *Au Moyen Âge, les* mercanti *(les commerçants) qui avaient fait faillite devaient subir l'humiliation publique sur la piazza dei Mercanti. Ils étaient forcés de taper 3 fois leurs fesses nues contre un gros bloc de marbre noir, la pierre des faillis, avant d'être conduits en prison. Leurs biens étaient ensuite vendus aux enchères, décision prise depuis la loggia degli Osii. La pierre a aujourd'hui été remplacée par un puits.*

Galleria Vittorio Emanuele II *(zoom détachable, D-E4)* : ce célèbre passage, achevé en 1867, se cache derrière un arc de triomphe donnant sur la piazza del Duomo. Ce curieux ensemble en forme de croix – avec aux 4 points cardinaux les emblèmes de Turin, Florence, Rome et Milan – et protégé par une voûte de verre et

d'acier (environ 50 m de haut) est frais en été, glacial en hiver. On y trouve pourtant, en toute saison et à toute heure du jour et de la nuit, une foule dense et animée qui en fréquente assidûment les cafés, restaurants et magasins de luxe.
Ne soyez pas intrigué si vous voyez des Milanais se laisser aller à une petite danse sur la mosaïque du Taureau, située au cœur de la galerie, sur la place de l'*Ottagono* : poser le talon sur la

> ### TOMBÉ DE HAUT
>
> *On raconte que l'architecte bolonais Mengoni, qui réalisa la coupole, se suicida du haut de celle-ci. La raison ? Le roi Victor-Emmanuel n'avait pas assisté à l'inauguration... D'autres rumeurs disent que certains l'auraient aidé à tomber... Quoi qu'il en soit, cette galerie est aujourd'hui l'une des plus belles d'Europe !*

virilité du bel animal et faire 3 tours sur soi-même exauce, dit-on, le vœu formulé... Cette pratique est tellement répandue que la mosaïque en question est restaurée plusieurs fois par an !

🎭🎭🎭 ***Teatro alla Scala*** *(zoom détachable, D-E4) : piazza della Scala. Infos :* ☎ *02-72-00-37-44. Résas :* ☎ *02-86-07-75.* ● *teatroallascala.org* ● Ⓜ *Duomo. Billetterie centrale (ouv 12h-18h) située dans le passage souterrain de la station de métro Duomo, en face du bureau d'info ATM. Le soir (2h30 avt la représentation), s'adresser à la billetterie, via Filodrammatici, 2, à côté du théâtre.*

La Scala rénovée a été inaugurée début décembre 2004 avec le même opéra que lors de sa fondation en 1778 : *Europa riconosciuta,* de Salieri. Ce bâtiment néoclassique est l'une des gloires de Milan, certainement le meilleur théâtre lyrique au monde. La salle, construite en fer à cheval, imposa une acoustique incomparable et s'attira bientôt la faveur des grands *maestri.* Tout d'abord Rossini vers 1820, puis Donizetti, Bellini et Verdi, qui régna sur la Scala pendant plus de 50 ans. Puccini succéda à l'auteur de l'exquise *Traviata* puis, avec Toscanini, le lieu retrouva tout son éclat au lendemain de la Seconde Guerre mondiale. Depuis, c'est une consécration pour un artiste que de s'y produire.

Les mélomanes feront l'impossible pour assister à une représentation (tenue correcte exigée !). Réservations à partir de 2 mois à l'avance sur Internet, 1 mois à l'avance par téléphone ou en s'adressant à la billetterie centrale. 2h30 avant le spectacle, 140 places dans les galeries (pas cher mais vue limitée) sont mises en vente à la billetterie située au bout des arcades, via Filodrammatici. L'association *L'Accordo* s'occupe de noter l'ordre d'arrivée afin de gérer la queue. Il arrive aussi que des billets *last minute* (1h avant la représentation) soient disponibles avec une réduction de 25 % environ. Prix du billet : de 5 à 210 €. Enfin, ultime possibilité : acheter des places au marché noir devant la Scala, à partir de 12h, mais attention aux arnaques ! Les programmes *fuori abbonamento* (hors abonnement) sont plus accessibles et les ballets ont moins de succès que les opéras.

Si vos efforts ont été vains, sachez que Milan compte une bonne trentaine de théâtres, dont le réputé **Piccolo Teatro** *(zoom détachable, D4 ; via Rovello, 2 ;* ☎ *848-800-304 ;* ● *piccoloteatro.org* ●*).*

À côté de la Scala débute la **via Manzoni**, l'une des artères les plus élégantes de Milan. **Au n° 29** se trouve le **Grand Hôtel** où vécut et mourut Giuseppe Verdi. Pour la petite histoire : on recouvrait la rue de paille pour qu'il ne soit pas incommodé par le bruit des carrosses et des chevaux...

🎭 ***Museo teatrale alla Scala*** *(zoom détachable, D-E4) : dans le même bâtiment que le théâtre.* ☎ *02-88-79-74-73.* ● *museoscala.org* ● Ⓜ *Duomo. Tlj (sauf certains j. fériés) 9h-17h30 (dernière admission 17h). Entrée : 9,75 € ; réduc.* Situé dans le théâtre de la Scala, auquel on accède d'ailleurs du 3ᵉ étage (sauf en cas de répétition) : l'occasion d'admirer le théâtre si vous n'avez pas pu obtenir de place. Profitez-en pour jeter un coup d'œil à l'une des 10 loges ayant conservé leur plafond d'origine entièrement décoré... Sinon, petite expo permanente (bustes de grands compositeurs et collection d'instruments de musique) et expos temporaires en rapport avec les opéras joués à la Scala.

🏛 *Gallerie d'Italia* (zoom détachable, E4) : *piazza della Scala. Infos au ☎ 800-167-619.* ● *gallerieditalia.com* ● Ⓜ *Duomo. Juste en face de la Scala. Tlj sauf lun 9h30-19h30 (22h30 jeu). Entrée : 10 €. Audioguide (gratuit) en français.*
Ce musée d'art moderne résulte du fonds d'œuvres d'art de la banque *Intesa Sanpolo*. Depuis 2013 et après de nombreux travaux (il n'y a pas si longtemps, ce lieu était encore une banque en pleine activité), la banque a décidé d'exposer par roulements ses œuvres acquises auprès d'artistes majoritairement italiens. Ce site contemporain complète la visite du musée del Novecento (voir plus haut).
L'originalité du lieu : on devine les guichets gardés intacts, et on aperçoit à travers une imposante porte aux barreaux conséquents la salle des coffres en sous-sol, où les œuvres non présentées sont jalousement conservées. Quant aux œuvres exposées, elles sont destinées à un public averti et féru d'art contemporain italien. Rien que pour le lieu, la visite vaut le déplacement.

🏛 *Museo Poldi Pezzoli* (zoom détachable, E4) : *via Alessandro Manzoni, 12.* ☎ *02-79-48-89.* ● *museopoldipezzoli.it* ● Ⓜ *Montenapoleone ou Duomo. Tlj sauf mar et j. fériés 10h-18h (dernière entrée 17h30). Entrée : 10 € ; réduc. Pour 15 €, la* Case Museo Card *donne la possibilité de visiter (dans les 6 mois !) le museo Bagatti Valsecchi, la casa Boschi di Stefano et la villa Necchi-Campiglio. Audioguides gratuits en italien, en anglais et... en japonais.* Dans ce *palazzo* du XVIIᵉ s, très belle collection Renaissance léguée par Gian Giacomo Poldi Pezzoli. Remarquez, au pied de l'escalier, la majestueuse fontaine où nagent des poissons rouges. Suivez ensuite le tapis (rouge) qui vous mènera à l'étage où sont présentées des œuvres rares d'artistes immenses (Bellini, Piero Della Francesca, Botticelli...). Saisissant *Cavaliere in nero* de Giovanni Battista Moroni. Quelques meubles rares qui sentent l'encaustique. Très belle pièce dédiée à l'horlogerie (donation Bruno Falk). Enfin, belle salle d'armes au rez-de-chaussée.

🏛 *Casa del Manzoni – Museo Manzoniano* (zoom détachable, E4) : *via Morone, 1.* ☎ *02-86-46-04-03.* ● *casadelmanzoni.it* ● Ⓜ *Montenapoleone ou S. Babila. Mar-ven 10h-18h, sam 14h-18h (dernière entrée 17h). Entrée : 5 € ; réduc.* Il s'agit de l'endroit où vécut le célèbre écrivain de 1814 à 1873. Intrusion dans l'univers poétique de l'artiste : des livres, des manuscrits, des portraits de famille et d'amis (Goethe) animent la visite. Superbe salle du piano avec murs et plafonds peints. On peut aussi jeter un coup d'œil à sa chambre et apprécier la tranquillité du lieu, donnant sur le jardin. Au rez-de-chaussée, accompagné d'un gardien fort sympathique, on traverse la cour pour pénétrer dans le « studio » sombre et austère : lieu de travail de l'auteur des *Fiancés*. C'est ici que la plupart de ses œuvres virent le jour. À côté, studio de Tommaso Grossi, ami de Manzoni.

🏛 La *via Morone* vous charmera par ses courbes voluptueuses. Remarquez les instruments exposés en vitrine de l'antique barbier ayant pignon sur rue depuis... 1904 ! Arrivé en bas, prenez à droite la *via Omenoni ; au n° 3,* vous trouverez une curieuse maison du XVIᵉ s, l'ancienne demeure du sculpteur Leone Leoni, la **casa degli Omenoni** (zoom détachable, E4), ornée au rez-de-chaussée de 8 statues géantes, œuvres d'Antonio Abbondio.

🏛 *Santuario di San Bernardino alle Ossa* (zoom détachable, E4) : *piazza San Stefano.* Ⓜ *Missori. Accès par le couloir à droite après l'entrée (fléchage « Ossario »). Lun-ven 8h-12h, 13h30-18h ; w-e 9h30-12h30.* Étonnant endroit (à ne peut-être pas visiter avec de jeunes enfants...) que cette vaste chapelle du XVIIᵉ s dont les murs sont presque intégralement décorés de crânes et autres ossements humains...

🏛 *Università Statale* (Antico Ospedale Maggiore ; zoom détachable, E5) : *entre les rues Festa del Perdono et Sforza, au sud du Duomo.* Ⓜ *Missori.* L'un des plus beaux édifices civils de Milan. Cet ancien hôpital du XVe s (remanié au XVIIe s), qui abrite aujourd'hui les services administratifs de l'université de Milan, fut réalisé selon les plans du grand architecte florentin Filarete, le même qui donna du castello Sforzesco son allure définitive. Le côté qui donne sur la via Festa del Perdono correspond à la partie la plus ancienne, avec d'élégantes fenêtres géminées.

🕯 *San Nazaro Maggiore* *(zoom détachable, E5) :* *piazza San Nazarro in Brolo.* Ⓜ *Missori. Tlj 7h30 (8h w-e)-12h30, 15h30-18h30 (19h w-e).* Une basilique dont certains morceaux de mur remontent à sa fondation au IVe s. L'extérieur a été complètement repensé à la Renaissance, et l'intérieur (malheureusement...) revu dans un style néoclassique en 1830. Spectaculaire chapelle funéraire des Trivulzio (XVIe s), qui sert aujourd'hui d'entrée à la basilique : une église dans l'église, ample octogone avec, sur plusieurs étages, des niches pour accueillir les tombeaux.

LE QUARTIER PORTA VENEZIA E MONTE NAPOLEONE

- À voir..................................88
- Museo Bagatti Valsecchi • Galleria d'Arte Moderna • La villa Necchi-Campiglio • Palazzo Morando
- Giardini pubblici
- Museo di Storia Naturale • Balade Liberty

Surnommé « le Quadrilatère d'Or », ici, vous l'aurez compris, c'est luxe, art et volupté ! Tout en grandeur néoclassique, la porta Venezia incarne le centre névralgique de ce quartier chic. Les élégants jardins publics abritent la galerie d'Art moderne. Aux alentours de ce grand poumon vert, la via Malpighi nous introduit dans le royaume du Liberty (style équivalant à l'Art nouveau italien), où des immeubles bourgeois richement décorés (céramiques, fer forgé) reflètent l'architecture privée milanaise de la fin du XIXe s. Au début du XXe s, l'Art déco prendra la relève, comme en témoigne la villa Necchi-Campiglio, une demeure résolument moderne, dont la visite s'impose.

Où dormir ?

De bon marché à prix moyens

🏠 *Hotel Brasil (plan détachable, F-G4, 21) : via G. Modena, 20, 20129.* ☎ *02-70-10-22-76.* • *info@hotelbrasil.it* • *hotelbrasil.it* • Ⓜ *Palestro. De la Stazione Centrale, prendre le bus n° 60, qui permet aussi de rejoindre rapidement le centro storico. Doubles 40-50 € ; familiales ; petit déj 6 €. Au 4e étage avec ascenseur d'un vieil immeuble de prestige (le porche est superbe), ce petit hôtel occupe un ancien appartement haut de plafond. La vingtaine de chambres est agréable, avec ou sans sanitaires ; une préférence pour celles donnant sur le petit jardin intérieur luxuriant, calme et frais en été. Une bonne petite adresse.*

🏠 *Hotel Aurora (plan détachable, F3, 24) : corso Buenos Aires, 18, 20124.* ☎ *02-204-79-60.* • *info@hotelauroramilano.com* • *hotelauroramilano.com* • Ⓜ *Porta Venezia ; de la gare,* Ⓣ *Tunisia (n° 5).* ⚒ *À 3 stations de métro du Duomo. Compter 80-160 € pour 2 (parfois un peu plus en période d'affluence, même en dehors des foires) ; petit déj 6 €. Parking. Situé au 1er étage d'un immeuble sur une avenue très commerçante (et donc un peu bruyante), l'hôtel compte 16 chambres, équipées de vitres antibruit. Une bonne affaire. Accueil sympa. Le petit déj se prend au bar d'à côté.*

De prix moyens à très chic

🏠 *Eurohotel (plan détachable, F3, 25) : via Sirtori, 24, 20129.* ☎ *02-20-40-40-10.* • *info@eurohotelmilano.it* • *eurohotelmilano.it* • Ⓜ *Porta Venezia.* ⚒ *Doubles 81-280 € (les prix grimpent en flèche lors de la Fashion Week ou des foires). Parking payant à 250 m (25 € pour 24h). Cet hôtel, idéalement situé dans ce quartier où l'Art nouveau est dignement représenté, propose 2 types de chambres : plus anciennes ou rénovées, ces dernières (catégorie supérieure) étant charmantes et d'un excellent niveau de confort, avec murs clairs, très bonne literie, meubles en vieux bois (de style indien), écran plat et grande salle de bains ! En prime, une agréable véranda, une salle de fitness, un spa...*

et un accueil à l'image de l'ensemble. L'une de nos bonnes adresses.

🏠 **Hotel Fenice** *(plan détachable, F3, 26) : corso Buenos Aires, 2, 20124.* ☎ *02-29-52-55-41.* ● *info@hotelfenice.it* ● *hotelfenice.it* ● Ⓜ *Porta Venezia, juste en face de l'une des sorties de métro. Parking env 25 €.* Tout proche des *giardini pubblici* (joggeurs, apportez vos baskets), cet hôtel situé dans un élégant palais du XVIIIe s offre une cinquantaine de chambres spacieuses et agréables, avec parquet et double vitrage efficace (le boulevard est très passant dès 8h). Pour le même prix, préférez toutefois celles qui donnent sur la cour, plus tranquilles et équipées de baignoire. Après le copieux buffet du petit déj, vous pourrez gagner rapidement le quartier du Duomo en 3 stations de métro. Accueil aimable et discret.

Où manger ?

🥪 **Chic & Go** *(plan détachable, E4, 153) : via Monte Napoleone, 25 (entrée sous la galerie).* Ⓜ *Montenapoleone. Tlj sauf dim 10h-20h. Congés : 3 sem en août. Compter 6-14 €.* Voici un endroit qui porte bien son nom ! Des *tramezzini* bien frais, des *panini* gourmands pour une halte rapide après (ou avant d') avoir arpenté le bitume milanais. Minuscule terrasse aux beaux jours.

🍔 🥪 **Burbee** *(plan détachable, F-G4, 99) : via Castel Morrone.* ☎ *02-70-10-35-67.* Ⓜ *Porta Venezia. Tlj sauf lun. Congés : 15 j. en août. Burgers à partir de 6,50 €.* Voilà qui vous changera du *panino* et de la pizza. Des burgers bien moelleux et des produits frais, accompagnés d'une bière artisanale et locale, c'est franchement un bon point dans ce quartier dépourvu d'adresses bon marché.

Où boire un café ? Où déguster un bon *panettone* ?

🥐 ☕ 🍰 **Pasticceria Cova** *(zoom détachable, E4, 182) : via Monte Napoleone, 8.* ☎ *02-76-00-55-99.* ● *info@pasticceriacova.it* ● Ⓜ *S. Babila.* Une des belles pâtisseries historiques (depuis 1817 !) de la ville, où il est de bon ton à Noël de ressortir de la boutique avec son *panettone* sous le bras (ou sa *colomba* à Pâques). Le reste de l'année, on pourra y déguster chocolat chaud, thé ou café. Très chic. Une adresse incontournable.

Où boire un verre ?

🍸 **Mimmo Milano** *(plan détachable, F3, 158) : via Giuseppe Sirtori, 34.* ☎ *02-20-24-20-06.* ● *info@mimmomilano.it* ● Ⓜ *Porta Venezia. Tlj sauf dim 11h-1h (2h ven-sam). Aperitivo 12-22 €.* Au fond d'une impasse, une adresse cosy à souhait. L'architecture semi-industrielle contraste élégamment avec les confortables canapés en cuir et les grands miroirs baroques. La musique douce, classique, pop ou jazzy, participe à cette ambiance feutrée propice aux apéritifs romantiques. La dolce vita version milanaise ! Fait aussi resto.

🍸 **Bar Martini** *(zoom détachable, E4, 126) : corso Venezia, 15.* ☎ *02-76-01-11-54.* Ⓜ *S. Babila. Tlj 9h30-1h (minuit dim).* Tout à côté de la via della Spiga, réputée pour ses boutiques de luxe. Sous le nom de ce breuvage séculaire se cache une des nombreuses adresses de l'enseigne *Dolce & Gabbana*. Plusieurs patios avec moult plantes vertes pour vous fondre dans le décor. À l'intérieur, les couleurs de l'enseigne, un véritable écrin rouge et noir avec des lustres scintillants gigantesques. Parfait pour l'*aperitivo*. On peut bien sûr y manger, mais là, on passe vite dans la catégorie « Très chic ». Accueil très pro (même un peu trop).

🍸 **H Club Diana** *(Hotel Diana ; zoom détachable, F3, 109) : viale Piave, 42.* ☎ *02-20-58-20-81.* ● *hclub.diana@sheraton.com* ● Ⓜ *Porta Venezia. Tlj jusqu'à 1h. Résa obligatoire. Brunch w-e env 30 €.* Un lieu chic, voire VIP-guindé, à fréquenter au moment de l'*aperitivo (19h-22h)* ; autrement, cela fait vraiment cher la conso *(verre de vin 12 € !)*. Les *happy hours* seront l'occasion de profiter du décor de cet hôtel de luxe : salle en rotonde avec des fauteuils en cuir et des lustres en cascade de cristal répondant à la magnifique fontaine glougloutante du jardin situé juste derrière. Luxuriant, ce dernier permet de se prélasser (aux beaux jours) sur des fauteuils en rotin, au son des oiseaux qui pépient... Tenue plus que correcte exigée, cela va de soi !

Où faire de bonnes affaires ?

๏ **Dmag** *(zoom détachable, E3, 151)* : *via Manzoni, 44.* ☎ *02-76-00-60-27.* ● *dmag.eu* ● Ⓜ *Turati. Tlj 10h-19h30.* Au cœur du quartier le plus chic, des *Gucci, Dolce & Gabbana...* à des prix un peu plus abordables que dans les boutiques voisines. Vêtements pour hommes et femmes rangés par marques. Également quelques cravates, chaussures et sacs. On peut y rester un long moment pour dénicher la pièce rêvée. 2 autres adresses : *via Forcella, 13, et via Bigli, 4.*

Où trouver des boutiques de design ?

Milan est indéniablement la ville italienne du design par excellence. Au sud du quartier de la porta Venezia, du côté de San Babila *(zoom détachable, E4)*, vous trouverez de nombreuses galeries et boutiques spécialisées dans les luminaires. Les grandes marques italiennes rivalisent d'originalité. Bien sûr, tout ça a un prix ! Sur le *corso Monforte (zoom détachable, E-F4)* sont concentrées les boutiques de luminaires : **Artemide** au n° 19, **Flos** au n° 9, **Luceplan** au n° 7, **FontanaArte** au n° 13. Fureter aussi du côté de la *via Manzoni* avec la boutique **Alessi** aux n°s 14/16 ou chez **Azucena** au n° 23, une référence milanaise. Pour les férus d'art contemporain italien, n'hésitez pas à entrer chez les galeristes de renom qui ont pignon sur rue depuis des années comme **Cassina**, *via Durini, 16 (zoom détachable, E4)*, un incontournable dans le monde du design depuis les années 1930. *Corso Venezia (zoom détachable, E4)*, pas mal de boutiques dont la superbe **Armani Casa** (au n° 14) et, presque en face, notre coup de cœur !

๏ **Fornasetti** *(zoom détachable, E4, 159)* : *corso Venezia, 21A.* ☎ *02-84-16-13-74.* ● *fornasetti.com* ● Ⓜ *Palestro. Tlj sauf dim et lun mat.* Piero Fornasetti était un designer milanais rendu célèbre dans les années 1950 pour avoir décliné à l'infini le visage de la cantatrice Lina Cavalieri. Foulards, céramiques, mobilier, rien ne semble avoir freiné sa fièvre créatrice obsessionnelle. Son fils Barnaba perpétue aujourd'hui la tradition, ayant élargi encore cette collection aussi esthétique qu'humoristique en l'enrichissant de coloris actuels et de motifs « palladiens » toujours plus décalés. On adore, sans réserve. Le showroom se visite comme un musée...

À voir

๏๏๏ **Museo Bagatti Valsecchi** *(zoom détachable, E4)* : *via Gesù, 5, ou via Santo Spirito, 10.* ☎ *02-76-00-61-32.* ● *museobagattivalsecchi.org* ● Ⓜ *Montenapoleone ou S. Babila. Tlj sauf lun et j. fériés 13h-17h45. Entrée : 9 € (6 € mer) ; réduc ; gratuit moins de 6 ans. Audioguide gratuit en français.* Un des joyaux méconnus de Milan. Au XIXe s, 2 frères avocats, Fausto et Giuseppe, décident de consacrer une partie de leur immense fortune à la transformation de leur lieu de vie en un palais de style Renaissance. Excentricité tout italienne, certes, mais le résultat est tel qu'un historien non averti s'y laisserait prendre ! Dans chaque pièce, où le

À VOIR | 89

confort moderne a été banni (cherchez donc le téléphone !), fiches explicatives en français. La salle dite « *Stufa valtellinese* » recèle un impressionnant revêtement en bois datant du XVIe s, acheté puis transposé par les frères. Quant aux murs de la salle à manger, ils ont été entièrement recouverts de tapisseries flamandes du XVIe s (enfin, pas tout à fait « entièrement », puisque des jointures de toile peinte unifient le tout... mais on n'y voit que du feu !).

🎭🎭 *Galleria d'Arte Moderna – GAM* (zoom détachable, E3) *: via Palestro, 16.* ☎ *02-88-44-59-47.* ● *gam-milano.com* ● Ⓜ *Palestro. En face des giardini pubblici. Tlj sauf lun 9h-17h30. Fermé 1er janv, 1er mai et 25 déc. Entrée : 5 € ; réduc ; gratuit tlj à partir de 16h30 et mar à partir de 14h.*
Dans le cadre somptueux de la villa Reale (XVIIIe s à l'origine, c'est la villa « de campagne » de la famille Belgioso, construite sur le modèle du « Petit Versailles »). Quand les Autrichiens ont détruit les remparts de la ville, la villa s'est retrouvée à la vue de tous et a donc perdu un peu de son mystère. Elle devint propriété privée et fut acquise par Napoléon. Eugénie de Beauharnais y a habité de 1805 à 1814. Lors de l'unification italienne, différentes collections privées ont été données à la Ville. Ce musée accueille donc des collections de tableaux des XIXe et XXe s. *Au rez-de-chaussée,* on découvre une salle au plafond décoré en stuc par l'architecte Pollack. Une belle statue de Canova, un charmant portrait de *La Maddalena* du peintre lombard Hayez entre autres. C'est au *1er étage* qu'on retrouve toute la peinture lombarde. Dans la salle consacrée au peintre Hayez, on peut admirer les portraits d'Antonietta Negroni, une femme qu'il a peinte à tous les âges de sa vie. Très intéressant. Après quelques tableaux du milieu du XIXe s, avec par exemple un tableau de Faruffini (étonnant, cette lectrice avec une cigarette), on a une série de la vie quotidienne du XIXe s avec des tableaux plus tristes représentant des bohémiens (salle des mal-coiffés) qui habitaient autrefois le quartier Brera. *Au 2e étage,* la collection Grassi avec un Toulouse-Lautrec et un Manet (mais ce ne sont pas les plus beaux !).

🎭🎭🎭 *La villa Necchi-Campiglio* (zoom détachable, F4) *: via Mozart, 14.* ☎ *02-76-34-01-21.* ● *casemuseo.it* ● Ⓜ *Palestro. Mer-dim 10h-18h (dernière admission 17h15). Entrée : 10 € ; 20 € billet cumulé avec les autres* Case Museo di Milano *; réduc. Forfait famille : 25 €. Visite guidée obligatoire, en anglais et en italien seulement, max 15 pers. Durée : 50 mn. Pas de résa nécessaire. Accès libre au jardin et à la cafétéria.*
Une villa construite dans les années 1930 par l'architecte Piero Portaluppi, l'un des plus importants à Milan à cette époque, pour la famille Necchi, une riche famille d'industriels spécialisés dans la fabrication de machines à coudre (l'équivalent de notre Singer nationale !) et, sans doute, de matériel de guerre durant la Première Guerre mondiale. Les 2 sœurs héritières, Nedda et Gigina, à l'origine de ce projet, ont donné carte blanche à l'architecte d'intérieur Luppi pour aménager les 2 000 m² de la villa (jardin compris) : luxueuses boiseries, matériaux de très haute qualité, système de portes coulissantes visant à modifier les volumes des pièces à volonté, double plafond pour l'acoustique, sculptures, toiles de maître et objets d'art, verres de Murano, meubles sur mesure, grosse cheminée en granit. Il y a même un ascenseur ! Rien n'a été laissé au hasard. Un beau jardin d'hiver où tout est vert pour rappeler le jardin (marbre vert, sofa vert). À l'extérieur, une belle piscine qui a été la 1re piscine privée de la ville. Bref, une villa dotée de tout le confort moderne. Les cuisines étaient reliées par interphone aux différentes pièces de la maison et recouvertes de linoléum (un must pour l'époque) afin d'en faciliter l'entretien aux domestiques ! Malheureusement, ce joyau Art déco fut fortement remanié par un autre architecte, Tomaso Buzzi, à la demande des sœurs Necchi (dont l'une vécut ici jusqu'en 2001), dans un style néobaroque plus conforme à la culture des familles aristocratiques qu'elles avaient coutume de recevoir. Ne pas oublier, surtout, que l'Art déco, jugé sobre et austère, était franchement passé de mode après guerre, tout particulièrement en Italie, où il rappelait trop les années fascistes. À l'étage, les chambres n'ont pas échappé à cette transformation, mais l'une d'elles, réservée aux invités, a gardé son mobilier d'origine. Toutes sont équipées de salles de bains somptueuses et rétro à souhait. La visite guidée, passionnante, permet de donner vie à cette demeure qui

PORTA VENEZIA E MONTE NAPOLEONE

continue de faire rêver tout amateur d'art et d'architecture. Les lieux ont servi de décor au film *Amore*, de Luca Guadagnino avec Tilda Swinton, en 2009.

🎭 ***Palazzo Morando*** *(zoom détachable, E4) :* via Sant'Andrea, 6. ☎ 02-88-46-57-35. • costumemodaimmagine.mi.it • Ⓜ S. Babila ou Montenapoleone. *Tlj sauf lun 9h-13h, 14h-17h30. Entrée : 5 € ; réduc ; gratuit moins de 18 ans.* Beau palais du XVIIIᵉ s donné à la Ville par la comtesse Caprara. Petit musée au 1ᵉʳ étage qui offre 2 collections différentes abordant cependant le même sujet : l'évolution urbaine de Milan. La première appartient au collectionneur Morando Bolognini Attendolo. Dans chaque pièce se côtoient des mannequins aux costumes d'époque datant des XVIIIᵉ-XIXᵉ s. On y voit des tableaux datant de la période où Milan était revenue aux Autrichiens lors du congrès de Vienne. La 2ᵈᵉ partie provient de la collection de Luigi Beretta avec des tableaux de l'époque de la domination espagnole à Milan, au début du XXᵉ s. Admirez au passage le joli plafond XVIIIᵉ s (rénové) ainsi que le couloir chinois très en vogue (tendance orientale) avec son papier collé bleu. Si vous passez par là, vous pouvez toujours y jeter un œil.

🎭 🚶 ***Giardini pubblici*** *(zoom et plan détachables, E-F3) :* Ⓜ Palestro, Porta Venezia, Repubblica ou Turati ; Ⓣ nᵒˢ 1, 9, 19 et 33. *Tlj 6h30-21h (22h mai, 23h30 juin-sept). GRATUIT.* Ce jardin public est le 2ᵉ poumon vert de Milan après le *parco Sempione*, également propice à la sieste comme à un pique-nique sympa ! Il abrite un **planétarium** (• comune.milano.it/planetario/ •) et le superbe **musée d'Histoire naturelle** (voir ci-après), qui s'avère une formidable visite en famille !

🎭🎭 🚶 ***Museo di Storia Naturale*** *(musée d'Histoire naturelle ; zoom détachable, E-F3) :* corso Venezia, 55. ☎ 02-88-46-33-37. • comune.milano.it/cultura • Ⓜ Palestro. *Tlj sauf lun 9h-17h30 (dernière admission 17h). Entrée : 5 € ; réduc ; gratuit moins de 18 ans et pour ts après 16h30 (14h mar) et le 1ᵉʳ dim du mois. Tourist Museum Card acceptée.* Fondé en 1838, c'est le plus grand et riche musée du genre en Italie ! En tout 23 salles et une foule de vitrines montrant d'impressionnantes reconstitutions des milieux naturels de la faune et de la flore mondiale... et italienne ! De l'insecte à l'éléphant, en passant par le pingouin, le gorille, le lion, l'hippopotame, le rhinocéros, l'élan, le lama, le chat sauvage, etc. ; certes, le procédé peut paraître désuet, mais l'ensemble se montre vraiment intéressant et didactique. Également de magnifiques squelettes de cachalot et de baleine, sans oublier la section des dinosaures, avec un terrifiant T-rex ! Et puis une superbe collection de fossiles, véritables œuvres d'art...

🎭🎭 ***Balade Liberty :*** allons flâner au détour des via Melzo et Malpighi *(plan détachable, F3)*, levons nos têtes et ouvrons grand les yeux... Nez à nez avec la **bibliothèque Venezia** *(via Frisi, 2),* vous pouvez admirer les ornements de la façade principale. Ici, c'est l'arrondi qui a le dernier mot : cercles, volutes... les motifs végétaux dévoilent leurs courbes au grand jour. Notons aussi un certain goût pour la géométrie dans la manière d'agencer les formes. Les lignes horizontales sont soulignées, les rubans bien dessinés et les pétales de roses légèrement stylisés. Rien d'étonnant lorsqu'on apprend que le mouvement Art déco (la **villa Necchi-Campiglio** en est l'exemple milanais par excellence) succèdera au Liberty au milieu du XXᵉ s. Pour clore la façade de la bibliothèque, 2 sortes de pots de fleurs entourent un petit masque feuillu.

Au nᵒ 12 de la *via Marcello Malpighi (plan détachable, F3)*, voici la **casa Guazzoni** (1906), œuvre de l'architecte Bossi. Ce très bel immeuble en pierre de taille nous dévoile ses balcons grandioses, ornés de fer forgé et soutenus par des *putti* (angelots dodus). N'hésitez pas à entrer dans le hall, souvent ouvert et accessible aux visiteurs qui découvriront des fresques peintes, agrémentées d'une multitude de motifs floraux (qui d'ailleurs dominent l'ensemble de la façade).

Les amateurs d'architecture iront jusqu'au *nᵒ 3* de la même rue, à l'angle de la *via Sirtori (plan détachable, F3)*, admirer la **casa Galimberti** (1905), l'un des plus beaux exemples milanais de style Liberty. L'étonnante façade, que l'on doit à l'architecte Bossi, est presque entièrement recouverte de carreaux de

céramique, sur près de 170 m². Des femmes aux étoffes vives (bleu, rouge, violet) font face à des hommes plus ou moins dénudés, jouant de la musique pour certains. Prenant la pose, dégustant une grappe de raisin ou effectuant un pas de danse, leurs silhouettes gracieuses ne sont pas sans rappeler les modèles de Mucha. Si le style se veut antiquisant (thèmes champêtres, fond doré), les lignes géométriques témoignent du caractère moderne de l'ensemble. Notons toujours la touche de fer forgé aux balcons. Ce chef-d'œuvre architectural évoque la célèbre Majolikahaus d'Otto Wagner à Vienne. S'ils s'inspirent des modèles belges et français, les architectes milanais se réfèrent en priorité aux artistes de l'école autrichienne, notamment pour leur maîtrise de la géométrie.
À 2 pas du métro Porta Venezia, non loin des jardins publics Indro Montanelli, dessinés au XVIIIe s et abritant le musée d'Histoire naturelle (lui aussi a belle allure avec sa façade néo-Renaissance d'inspiration médiévale) et le planétarium, ne manquez pas l'immeuble colossal, au **n° 42 viale Piave**, à l'angle de la via Paolo Mascagni. Devenu hôtel de luxe de la chaîne américaine *Sheraton,* Diane sa Majesté a tout pour plaire (voir le *H Club Diana* dans la rubrique « Où boire un verre ? » ; *zoom détachable, F3, 109*). À défaut de voir l'intérieur, on se contentera d'admirer l'extérieur, caractéristique de l'architecture fin de siècle. Ses balcons surchargés du point de vue décoratif (rond, volute, rectangle... toutes les formes géométriques y passent !) et sa monumentalité lui confèrent un air haussmannien. Les ornements végétaux (fleurs, fruits) n'ont pas disparu mais recouvrent discrètement les balcons et les dessus de fenêtres, parfois signalés par des masques grotesques (sur les côtés).
À la sortie des jardins publics, au pied du métro Palestro, vous trouverez le *corso Venezia* (n° 47), on peut admirer l'une des œuvres de Giuseppe Sommaruga, le **palazzo Castiglioni** (1903). Avec ses 2 façades imbriquées (l'une sur rue, l'autre sur jardin) à 3 étages, l'immeuble est un concentré du talent de Giuseppe Sommagura. Volontairement peu travaillés, les blocs de pierre du rez-de-chaussée imitent la roche à l'état brut. Les autres décorations (stucs, colonnes et *putti* principalement) renvoient au style baroque (XVIIIe s). Si, dans l'ensemble, un certain épurement peut être constaté, le pourtour des fenêtres et le sommet de la porte d'entrée bénéficient d'un traitement de faveur : de larges panneaux de pierre sculptée dévoilent un décor prolifique de feuilles et de fruits.
Dans les environs du métro Palestro, vous trouverez au **n° 8** de la *via Cappuccini (zoom détachable, F4)* le **palazzo Berri-Meregalli,** monumental exemple Liberty, tout de brique et de pierre sombre, aux balcons ouvragés et loggia dissimulée dans les hauteurs.
Vous l'aurez compris, à Milan, les riches demeures ne manquent pas ! Cette fois-ci, allons plus au sud de la porta Venezia, vers le métro San Babila. Non loin de l'église baroque Santa Maria della Passione et du conservatoire Giuseppe Verdi, située au **n° 11** de la *via Vincenzo Bellini (zoom détachable, F4)*, la **casa Campanini** (1906), du nom de l'architecte, est un autre joyau. La pierre sculptée nous apparaît comme « dégoulinante » ; mais le must ici, c'est la porte d'entrée, où 2 grandes cariatides (statues féminines) vous attendent. Floraison et féminité semblent opérer sur le reste de la façade : visages et corps de femme se mêlent, avec grâce et mystère, aux éléments végétaux. Le plus emblématique, c'est la feuille de vigne, que l'on retrouve pendant aux balcons ou ornant le portillon en fer forgé de l'entrée principale, qui précède le hall. Ce dernier, d'ailleurs, vaut le coup d'œil : tapis rouge et carrelage coloré au sol, parement original aux murs (marbre noir et pierre rustique). À l'intérieur de ce petit palais, certaines pièces abritent encore des décors originaux (mobilier, fresques polychromes). Les partisans du style Liberty sont loin de négliger l'aménagement intérieur. Meubles et objets d'art sont traités avec la même importance, parfois pensés par l'architecte en personne. Carlo Zen, Eugenio Quarti (à l'origine du décor du *Camparino in Galleria*, le café mythique de la galerie Victor-Emmanuel II) ou Sommaruga en sont les parfaits exemples.

LE QUARTIER DES GARES : REPUBBLICA, GARIBALDI ET ISOLA

• À voir...........................97 • Casa-museo Boschi	Di Stefano • Cimitero monumentale	• Le quartier Isola : Bosco verticale di Stefano Boeri

Rassemblant à lui seul les 2 gares de la ville, malgré une impression générale de zone industrielle désaffectée, il faut aller au-delà des préjugés pour dénicher les joyaux de ce quartier très urbanisé. Au nord-ouest de la porta Garibaldi s'étend le grand cimetière de Milan, un lieu à l'âme singulière, surprenant par son côté clinquant, baroque et extravagant. Quant au quartier Isola, il a amorcé une belle reconversion depuis les années 2000, passant de sites industriels désaffectés à un quartier bobo et dynamique. Il n'est plus isolé comme l'avaient surnommé les Milanais autrefois puisqu'il était coupé du reste de la ville par les voies ferrées de la gare Garibaldi. Aujourd'hui souffle un vent frais et branché avec les immeubles végétaux de l'architecte Stefano Boeri, la piazza Gae Aulenti et l'auditorium. Une nouvelle énergie pour ce quartier en plein renouveau (immeubles écolos, espaces verts, zones piétonnes, bars et boutiques branchées).

Où dormir ?

Auberge de jeunesse

▲ *Ostello Bello Grande* (plan détachable, F2, 10) : via R. Lepetit, 33, 20124. ☎ 02-670-59-21. • info.lepetit@ostellobello.com • ostellobello.com • Ⓜ Centrale. À 100 m de la gare. Doubles 73-134 € ; dortoirs (4-6 pers) 35-45 €/jpers tt compris (petit déj, boissons, dîner...). Une aubaine pour nos *backpackers* qui n'ont pas toujours la possibilité dans cette ville de trouver chaussure à leur pied. Tout comme sa grande sœur, située près du Duomo, ici c'est vraiment un endroit accueillant et fédérateur. On discute, on fait la cuisine... Les chambres sont impeccables, ainsi que les dortoirs allant jusqu'à 6 personnes. Plein de petits détails qui font la différence : fruits frais et légumes à dispo, terrasse avec barbecue et même un petit potager, hamac pour flemmarder. Petite préférence pour la chambre n° 481 (avec sa terrasse). Accueil extra de Viviana et de toute son équipe. On recommande chaudement.

De bon marché à prix moyens

▲ *Hotel Paola* (plan détachable, G2, 22) : via N. A. Porpora, 16, 20131. ☎ 02-29-40-09-65. • prenotazioni@hotelpaola.it • hotelpaola.it • Ⓜ Loreto. Doubles 45-120 € ; petit déj en sus. Une petite structure hôtelière, une de plus, mais les chambres, sur 2 étages, sont lumineuses et bien équipées. Préférer quand même celles à l'arrière, plus calmes. De plus, elles donnent sur un très agréable pâté de maisons. Accueil routinier.

▲ *Hotel Arno* (plan détachable, F3, 23) : via Lazzaretto, 17, 20124. ☎ 02-670-55-09. • hotelarno@libero.it • hotelarno.com • Ⓜ Porta Venezia ou Repubblica. Double env 70 €, voire 100 € en très hte saison ; pas de petit déj. Au 4ᵉ étage d'un immeuble pourvu d'un ascenseur-cage à lapins (les claustros prendront plutôt les escaliers !). La via Lazzaretto est assez

OÙ MANGER ? | 93

bruyante (passage du tramway), mais les chambres à la déco toute simple sont toutes rénovées, avec salle de bains et TV, et équipées d'un excellent double vitrage. Accueil très aimable.

🏠 *Hotel Eva* (plan détachable, F3, **23**) : *via Lazzaretto, 17, 20124.* ☎ *02-670-60-93.* ● *info@hotelevamilano.com* ● *hotelevamilano.com* ● Ⓜ *Porta Venezia ou Repubblica. Dans le même immeuble et au même étage que l'Hotel Arno. Doubles 55-100 € ; pas de petit déj.* C'est une solution honorable avec des chambres sans salles de bains qui dépanneront bien les petits budgets. Également des triples. Comme dans le précédent, bon accueil.

De prix moyens à chic

🏠 *Bio City Hotel* (plan détachable, F1, **36**) : *via Edolo, 18, 20124.* ☎ *02-70-66-35-95.* ● *info@biocityhotel.it* ● *biocityhotel.it* ● Ⓜ *Sondrio. Situé juste derrière la gare centrale. Doubles 70-120 €. Parking payant sur résa (2 places). 10 % de réduc pour tte résa directe sur présentation de ce guide.* Comme son nom le présage, l'hôtel a fait la part belle à la nature, rien que dans les chambres aux noms évocateurs (« Vallée de la lune », « Désert du Sahara »). Elles ont été décorées avec de la peinture écolo, et chaque chambre dispose d'une douche avec chromothérapie. Rien que ça ! Ameublement simple mais de bon goût dans les tons naturels. Petit déj servi sur la terrasse avec, bien sûr, uniquement des produits bio !

🏠 *Echo Hotel* (plan détachable, F2, **31**) : *viale Andrea Doria, 4, 20124.* ☎ *02-67-891.* ● *starhotels.com* ● Ⓜ *Centrale F.S. ou Caiazzo. Doubles 108-200 €, voire beaucoup plus en période de foire ; consulter leur site pour les meilleurs tarifs.* Idéalement situé, à 2 pas de la gare Garibaldi. À 1ère vue, c'est un bâtiment moderne sans charme aucun. Et pourtant ! Il cache de nombreuses ressources, à commencer par sa démarche écologique. Panneaux solaires alimentant l'éclairage des parties communes, mobilier en bois provenant des forêts durables, sans compter les chambres à la déco « vive la nature » et l'agréable patio plein de verdure. Et question confort, c'est le top ! Accueil professionnel et magnifique petit déj, comme il se doit.

Où manger ?

De bon marché à prix moyens

🍴 *Sciatt à Porter* (plan détachable, D-E3, **43**) : *viale Monte Grappa, 18.* ☎ *02-63-47-05-24.* ● *info@sciattaporter.com* ● Ⓜ *Garibaldi F.S. Tlj 12h-minuit.* On aime bien cet endroit où végétaux et tabourets recouverts de mousse cadrent bien avec la déco épurée et les sols en béton ciré. À l'origine, « sciatt » désigne de petit beignet fourré au fromage qu'on trouve dans la région du Valtellina, dans le Piémont. Rassurez-vous, on trouve aussi de bons plateaux de charcuterie et de bonnes salades. Gardez de la place pour le dessert !

🍴 *Eataly Milano Smeraldo* (plan détachable, D3, **86**) : *piazza XXV Aprile, 10.* ☎ *02-49-49-73-01.* ● *eatalysmeraldo@eataly.it* ● Ⓜ *Garibaldi F.S. Tlj 8h30-minuit.* La célèbre épicerie fine italienne a pris la place du *teatro Smeraldo,* dans le quartier en vogue de Garibaldi. Sur 3 niveaux, c'est une incroyable profusion de victuailles triées sur le volet ! Également d'alléchants stands (pizzas, pâtes, viandes, poissons, pâtisserie, sandwichs, glaces, café...) entre les rayonnages. Impec' dès le petit déj, ou pour caler une vilaine faim à toute heure. Et pour ceux qui ont un peu plus de moyens, rendez-vous *(soir seulement)* chez *Alice,* le bon resto chic des lieux, jouissant d'un gentil panorama... Enfin, la maison a aussi installé un *kiosque* sur la piazza, avec son agréable terrasse aux beaux jours. Petite scène de jazz certains soirs. On aime !

🍴 *Bio.it* (plan détachable, E2, **53**) : *via F. Confalonieri, 8 (on peut aussi rentrer*

LE QUARTIER DES GARES

par la via de Castilla). ☎ 02-36-79-84-30. ● milano@bio.it ● Ⓜ Isola. Tlj midi et soir (en continu le w-e). Plats 9-13 €. Le thème écolo a le vent en poupe ici, et on opte pour un plat tout bio, tout bon. Chaque produit est conforme à la charte biologique. On vous explique même l'apport d'énergie et de vitamines pour chacun. Également la possibilité d'acheter une sélection de produits. À toute heure de la journée, on prend un café, on déguste un *panino* bio, on sirote un jus de fruits pressés... bref, une halte bien rafraîchissante, ma foi ! Superbe véranda au pied du *Bosco verticale*.

|●| ***Princi Café*** *(plan détachable, D3, 80)* : *piazza XXV, 5.* ☎ 02-29-06-08-32. ● princi@princi.it ● Ⓜ Garibaldi F.S. ou Moscova. Tlj 7h-23h. Après *Princi* près du Duomo, on retrouve ici tous les ingrédients qui ont fait le succès de l'enseigne. Pratique pour boire un café quand on fait ses courses dans le quartier. Terrasse accueillante et intéressant *aperitivo* avec pléthore d'amuse-gueules en accompagnement. Dommage que le service ait des coups de mou.

|●| ***Osteria del Treno*** *(plan détachable, E2, 62)* : *via San Gregorio, 46-48.* ☎ 02-670-04-79. ● info@osteriadeltreno.it ● Ⓜ Repubblica. ♿ *Ouv le midi lun-ven, plus le soir tlj sauf dim. Congés : août. Plats 8-16 €.* Estampillée *Slow Food*, cette belle *osteria* est l'une des bonnes tables du quartier. Le cercle des cheminots accueille ce resto où les retraités disputent de vives parties de *scopa* (jeu de cartes), sous l'œil parfois amusé des hommes d'affaires et des touristes (de plus en plus nombreux) qui arrivent ici. Juste 2 salles sympathiques, avec carrelage, tables en bois et photos du vieux Milan. Le midi, choix restreint qu'on commande directement à la cuisine. Le soir, l'*osteria* fonctionne comme un resto et, la carte, saisonnière, devient plus inventive. Ne ratez pas la *sfogliatella* à la ricotta et à l'orange : un régal !

|●| ***Guyot*** *(plan détachable, D2, 174)* : *via A. da Brescia, 3.* ☎ 02-87-23-71-03. ● info@tavernaguyot.com ● Ⓜ Monumentale ; Ⓣ nos 2, 4, 14 et 19. *Tlj sauf dim, le soir seulement. Résa conseillée. Plats 15-25 €.* En plein cœur d'Isola, quelques marches à descendre pour atteindre cet antre chaleureux, aux murs de brique couverts de râteliers à bouteilles. Dans l'assiette, de délicieux *risotti*, spécialité de la maison, aux saveurs renouvelées chaque semaine selon le marché et l'humeur du chef. Aussi d'autres plats simples, du genre carpaccio, polenta... On s'est régalés ! Accueil gentil.

|●| ***Lovster & Co*** *(plan détachable, E2, 59)* : *via Carretto, 4.* ☎ 02-91-67-67-47. ● caretto4@gmail.com ● Ⓜ Centrale F.S. Tlj sauf dim, midi et soir. Résa conseillée. Plats 13-25 €. Une adresse très prisée le midi par les nombreux employés du quartier, qui viennent se détendre dans une atmosphère chic décontractée. La spécialité maison est le homard, décliné ici sous toutes les formes : en sauce avec des pâtes, en salade ou tout simplement grillé. Sinon, beaucoup de fruits de mer, cuisinés à l'italienne. Délicieuses fritures. Un excellent rapport qualité-prix.

🍕|●| ***Pizzeria Fabbrica*** *(plan détachable, D2, 72)* : *viale Pasubio, 2.* ☎ 02-655-27-71. ● fabbricapizzeria@fastwebnet.it ● Ⓜ Garibaldi F.S. *Tlj. Pizze 5-13 €, plats 9-25 €.* À 2 pas du brouhaha de la gare, un cadre industriel et vintage chaleureux, aux multiples recoins (il y a même un patio) et aux murs parsemés de rayonnages de bouteilles de toutes les régions italiennes. La carte longue comme le bras ne laissera pas indifférents les amateurs de *focacce* et de pizzas, bonnes et copieusement garnies. Également des salades et des morceaux de viande arrangés avec soin, mais plus chers. Service rapide et addition correcte. Autre adresse dans le quartier des Navigli *(Alzaia Naviglio Grande, 70)*.

Chic

|●| ***Ratanà*** 🌿 *(plan détachable, E2, 87)* : *via de Castillia, 28.* ☎ 02-87-12-88-55. ● info@ratana.it ● Ⓜ Gioia ou Isola. *Tlj sauf lun-mar. Congés : 2 sem en août et pdt les fêtes de fin d'année. Formule déj en sem 19 € ; le soir, menu 50 €.* Installé dans une belle maison de ville, héritage industriel du siècle dernier, l'endroit tranche avec l'environnement futuriste. C'est une expérience

très agréable, celle de manger à la campagne dans ce quartier où les visiteurs hésitent encore à s'aventurer. La cuisine, si elle peut dérouter au 1er abord, s'avère vite rassurante par de grands classiques milanais revisités. Et que dire de la merveilleuse terrasse ? Une belle adresse avec un accueil aux petits soins.

|●| **Antica Trattoria della Pesa** *(plan détachable, D2, 66)* **:** *viale Pasubio, 10.* ☎ *02-655-57-41.* Ⓜ *Garibaldi F.S. Tlj sauf dim. Résa conseillée. Plats 13-30 €.* Cette institution datant de 1880, à la déco patinée de bois sombre, gravures et assiettes anciennes, diffuse une atmosphère feutrée de pension de famille. Cuisine milanaise bourgeoise à l'ancienne mais de bonne tenue, couverts en argent et serveurs aux allures de « petits pères tranquilles ». Petite curiosité : quand Hô Chi Minh émigra du Vietnam dans les années 1930, il séjourna quelque temps à Milan et travailla dans ce resto comme plongeur (voir la plaque à l'extérieur). Repaire des Milanais, souvent complet malgré des tarifs parfois élevés.

Où boire un café ? Où déguster un bon *panettone* ?

🍴 🍰 **Pavè** *(plan détachable, F3, 61)* **:** *via Carlo Felice Casati, 27.* ☎ *02-94-39-22-59.* ● *hello@pavemilano.com* ● Ⓜ *Porta Venezia ou Repubblica. Mar-ven 8h-20h, w-e 8h30-19h (horaires restreints en été). Congés : 15 j. en août.* Le royaume des becs sucrés, c'est ici ! On pourrait presque prendre des kilos rien qu'en admirant les pâtisseries du jour en vitrine ! Un endroit cool, à l'image des proprios trentenaires : meubles de récup, musique cool, petite mezzanine pour déguster son cappuccino, et une belle verrière sous laquelle nos talentueux pâtissiers nous régalent de leurs gourmandises. Pour info, le *panettone* est à tomber !

🍴 🍰 **Panettone Vergani** *(plan détachable, F2, 181)* **:** *via Mercandate, 17.* ☎ *02-45-49-76-06.* ● *info@panettonevergani.it* ● Ⓜ *Loretto. Lun-sam 7h-19h30, dim 8h-13h.* Les Milanais connaissent bien cette enseigne gourmande ouverte en 1944. On y savoure leurs *panettone* moelleux et déclinés en plusieurs versions. Et rien ne vous empêche aussi d'en déguster juste une tranche au comptoir accompagnée d'un *espresso* pour... 2,50 € !

Où boire un verre ?

🍸 🍺 **Mint Garden Café** *(plan détachable, F3, 122)* **:** *via Casati, 12.* ☎ *02-83-41-78-06.* ● *info@mintgardencafe.it* ● Ⓜ *Porta Venezia. Tlj 11h30 (8h30 w-e)-minuit env (1h30 ven-sam). Congés : 6-26 août. Brunch dim.* Un fleuriste qui fait aussi café (ou l'inverse...) et *tearoom*. De la verdure, dès la petite terrasse, à l'angle de 2 rues. Une ambiance à la cool dès le petit déj (gourmand), des gâteaux à s'en lécher les doigts pour le quatre-heures et un joli buffet (à base de bons produits) pour l'*aperitivo*. Attention parfois à la lenteur du service...

🍸 **Mono** *(plan détachable, F3, 121)* **:** *via Lecco, 6.* 📱 *339-481-02-64.* ● *reddave@libero.it* ● Ⓜ *Porta Venezia. Tlj sauf lun 18h30-1h (1h30 mer-jeu, 2h ven-sam)* ; *aperitivo tlj jusqu'à 21h30.* Comme son enseigne l'indique, la déco de ce tout petit bar (dont la bonne ambiance déborde donc régulièrement sur le trottoir) semble dater d'avant l'invention de la stéréo. Vintage, comme on dit aujourd'hui. Avec des papiers peints cinétiques qui peuvent donner mal à la tête (à moins que ce soit l'effet des cocktails maison...). Clientèle intello-*arty*.

🍸 **Bar Basso** *(plan détachable, G3, 117)* **:** *via Plinio, 39.* ☎ *02-29-40-05-80.* ● *barbassomilano@gmail.com* ● Ⓜ *Piola* ; *bus n° 92. Tlj sauf mar 9h-1h15.* Avec son cadre un peu Art déco, un café qui fait partie de l'histoire de la ville puisque c'est le 1er (si l'on oublie les très sélects bars des grands hôtels) à avoir proposé des cocktails à Milan, dès 1947. Les créations maison sont toujours à la carte, comme le *Negroni Sbagliato* ou le *Mangia e Bevi* à base de crème glacée. Point de ralliement des designers pendant le Salon du meuble.

⚑ 10 Corso Como Café *(plan détachable, D2, 111)* : *corso Como, 10. ☎ 02-29-01-35-81. ● cafe@10corsocomo.com ●* Ⓜ *Garibaldi F.S. Tlj midi et soir jusqu'à 23h30.* Dans une grande cour intérieure à la végétation luxuriante, un endroit classe et tranquille, où venir à toute heure... si l'on n'est pas à quelques euros près... Également une resto chic, une galerie d'art et une grande boutique hyper tendance à côté (voir « Où faire du shopping... ? » plus bas).

⚑ Café Gorille *(plan détachable, E2, 153)* : *via G. de Castillia, 20. ☎ 02-688-76-27. ● table@cafegorille.it ●* Ⓜ *Isola. Tlj sauf lun 8h-minuit (1h ven-sam). Congés : 2 sem en août. Pour tt repas, café offert sur présentation de ce guide.* Ce joli café, à la déco étudiée, se veut avant tout un lieu de convivialité et de socialisation. Tout est donc fait pour que l'on y passe agréablement le temps, et l'on y trouve à boire, à manger, à lire, à écouter... Un havre de paix au cœur de ce quartier en pleine fièvre bâtisseuse.

⚑ Deus Café *(plan détachable, D1, 129)* : *via G. Thaondi Revel, 3. ☎ 02-83-43-92-30. ● info@deuscafe.it ●* Ⓜ *Zara. Tlj 9h30-1h (2h ven-sam). Aperitivo 18h-21h.* Dans le nouveau quartier branché d'Isola, ce bar se taille une belle réputation avec son excellent *aperitivo*. Charmant patio parsemé de plantes vertes. Service jeune et dynamique pour cet endroit animé, rendez-vous des bikers chic, attirés aussi par les magasins de motos bricolées qui enserrent le bar. Une belle adresse !

Où écouter de la musique ? Où danser ?

Autour de la stazione Garibaldi, ambiance plutôt huppée avec quelques boîtes de nuit fréquentées par les milieux de la mode et du sport venus se montrer (et en bonne compagnie !). Dès le début de soirée, une foule de bistrots et de restos assurent l'animation au long du corso Como, une voie piétonne. Clientèle plus cool et plus mélangée (cette poignée de rues est clairement *gay friendly* dans une ville qui ne l'est pas tant que ça) autour du métro Porta Venezia, dans un quartier qui vit aussi le jour avec ses commerces tenus par la diaspora africaine : épiceries, salons de coiffure ou petits restos.

♪ ⚑ **Alcatraz** *(plan détachable, D1, 139)* : *via Valtellina, 25. ☎ 02-69-01-63-52. ● alcatrazmilano.it ●* Ⓜ *Maciachini. Ouv ven-sam pour la partie discothèque et les soirs de concerts et autres événements (voir leur site). Congés : juil-août. Entrée payante.* Vaste endroit aménagé dans un ancien entrepôt des années 1940. 2 salles, l'une pour des concerts de musiques actuelles (avec de grands noms ou des découvertes), l'autre pour le *dancefloor* (1 800 m² quand même !). Ambiance à la fête le week-end avec une clientèle plutôt jeune qui vient ici avant tout pour s'amuser.

♪ ⚑ **Tunnel** *(plan détachable, F1, 170)* : *via G. B. Sammartini, 30.* 🚋 *339-403-2-7-02. ● tunnel-milano.it ●* Ⓜ *Soundrio;* Ⓣ *n° 5. Ouv seulement pour les soirées et concerts (voir leur site). Entrée payante (en fonction de l'affiche du soir).* Un club underground dans tous les sens du terme puisqu'il est, comme son nom l'indique, installé dans un ancien tunnel désaffecté de la gare centrale. Déco forcément postindustrielle avec murs de brique et gros tuyaux métalliques pour une programmation aussi intéressante qu'exigeante, avec groupes pointus en semaine et DJ internationaux le week-end.

⚑ **Hollywood Rythmoteque** *(plan détachable, D2, 171)* : *corso Como, 15.* 🚋 *338-505-5-7-61. ● discoteca hollywood.com ●* Ⓜ *Garibaldi F.S. Tlj sauf lun 22h30-5h. Entrée : 15-25 €.* Vous n'y croiserez pas nécessairement autant de top models que certains

Milanais pourraient vous le laisser espérer, mais cette boîte – au final très classique dans sa déco comme dans sa musique – reste un des passages obligés du Milan de la mode, du foot ou de la télévision (avec une zone VIP, évidemment).

Où faire le plein de victuailles ?

🕮 |●| 🍷 *Eataly Milano Smeraldo (plan détachable, D3, 86)* : *piazza XXV Aprile, 10.* ☎ *02-49-49-73-01.* ● *eatalysmeraldo@eataly.it* ● Ⓜ *Garibaldi F.S. Tlj 8h30-minuit.* Adepte du bien-manger et du kilomètre 0, le lieu attire beaucoup de monde. Et pour cause ! Plus qu'un marché, un concept original, affilié au mouvement *Slow Food,* qui fait son petit bout de chemin... Pas question de parler d'alimentation industrielle, de fruits et légumes qui poussent avec les insecticides. Ici, on achète frais, bio et sain, en privilégiant les produits régionaux italiens. Difficile de ne pas craquer... vous aurez bien du mal à repartir les mains vides ! Plusieurs restos et cafés sur place (voir plus haut).

Où faire du shopping en mêlant l'utile à l'agréable ?

🕮 *10 Corso Como (plan détachable, D2, 111)* : *corso Como, 10.* ☎ *02-29-00-26-74.* Ⓜ *Garibaldi F.S. Traverser la terrasse du café, c'est sur la gauche. Tlj 10h30-19h30 (21h mer-jeu).* Un magasin de créateurs hyper tendance et très cher dans un grand espace mêlant béton, métal, verre et plantes vertes. Pompes et fringues évidemment hors de prix, mais il y a aussi des objets pour la maison, des accessoires, des parfums. Également, à l'étage, une librairie couvrant le design, l'architecture et la photo, ainsi qu'une minuscule galerie présentant de petites expos temporaires (de photos). Et bien sûr (pour ceux qui n'ont pas encore parcouru la rubrique « Où boire un verre ? »), un café-resto on ne peut plus chic.

🕮 *High Tech (plan détachable, D2, 143)* : *piazza XXV Aprile, 12.* ☎ *02-624-11-01.* Ⓜ *Garibaldi F.S. Tlj 10h30 (13h30 lun)-19h30.* Sur 3 étages, un *concept store* qu'affectionnent tout particulièrement les Milanais. On y retrouve pêle-mêle éléments de déco, de cuisine, vêtements, un rayon librairie, le tout joliment présenté dans des recoins insoupçonnés : un vrai labyrinthe. Et même des meubles au 1er étage ! C'est tellement grand qu'on peut y passer facilement une demi-journée à musarder !

Où faire de bonnes affaires ?

🕮 *Magazzini 10 Corso Como (plan détachable, D2, 157)* : *via Tazzoli, 3.* ☎ *02-29-01-51-30.* Ⓜ *Garibaldi F.S. Derrière la gare Garibaldi. Tlj 11h-19h.* Le stock dégriffé du *10 Corso Como,* avec des réductions d'environ 50 %, voire plus. Attention, on part de haut, les prix restent élevés, mais vous pouvez y trouver de beaux modèles couture et des accessoires de grandes marques à prix cassés...

À voir

🎭 *Casa-museo Boschi Di Stefano (plan détachable, F3)* : *via Giorgio Jan, 15.* ☎ *02-88-46-37-36.* ● *fondazioneboschidistefano.it* ● Ⓜ *Lima* ; 🚋 *n° 33* ; *bus n° 60. Tlj sauf lun et certains j. fériés 10h-18h.* GRATUIT.
Extraordinaire collection privée d'art moderne, du début du XXe s à la fin des années 1970. Antonio Boschi et sa compagne Marieda Di Stefano, couple féru

d'art italien, possédaient une collection de près de 2 000 œuvres ! En 1974, leurs biens passent aux mains de la Ville de Milan. Depuis 2003, ces chefs-d'œuvre peuvent être visibles de tous, puisque exposés au sein de cet appartement-musée situé dans un petit *palazzo* construit dans les années 1930. Dès le hall de l'immeuble, on respire le style Art déco à plein nez ! Quant à l'intérieur, tout vous séduira par son design naturel : mobilier en bois, parquets, miroirs, porte-fenêtre...
Classées par ordre chronologique et thématique, près de 300 œuvres sont réparties dans 11 salles qui correspondent à une pièce bien particulière d'un appartement normal (salle de bains, salon, salle à manger, chambre à coucher). Le couloir du rez-de-chaussée donne le ton avec Umberto Boccioni et Gino Severini, pionniers du mouvement futuriste. Rejoignez de ce pas la **salle du Novecento italiano** (salle 4) aux nombreux artistes (Funi et sa *Baigneuse* nue aux couleurs vives, Montanari et son *Pescatore*, Marussig, Tozzi, Carrà et Casorati). Puis accédez à la **salle Sironi** (salle 5), entièrement dédiée à l'artiste et à ses sombres peintures mystérieuses, telles *Le Songe* (1931), *Apparition* (1930) ou encore un lugubre château *(Castello)*. La **salle 6,** baptisée « *Corrente* », abrite les œuvres de Morandi et Filippo De Pisis, dont, parmi elles, des paysages brumeux et des vues abstraites de Venise. **Salle 7,** place aux maîtres italiens du surréalisme, influencés par l'école de Paris : pas mal de tableaux de De Chirico, dont les *Faiseurs de trophées,* et la saisissante *Annonciation* (1932) de Savinio, fascinante réinterprétation du thème classique, qui, par sa fenêtre bancale (peut-être ?), génère cet on-ne-sait-quoi d'angoissant... Les dernières salles, explorant des thèmes abstraits ultramodernes (l'espace, le nucléaire, l'informel) qu'on ne comprend pas toujours, pauvres mortels que nous sommes, sont consacrées aux partisans du postcubisme. La **salle 9** est dédiée à Lucio Fontana, avec une vingtaine de tableaux au total, toujours sur ses étranges idées de spatialité des années 1950.

🌟🌟🌟 *Cimitero monumentale (plan détachable, C-D2) : piazzale Cimitero Monumentale.* ☎ *02-88-46-56-00.* • *comune.milano.it* • Ⓜ *Monumentale ;* Ⓣ *n° 3. Au nord de la ville, à l'ouest de la Stazione Centrale. Tlj sauf lun 8h-18h (dernière entrée 17h30) ; ferme à 13h certains j. fériés. Visites guidées gratuites (durée 1h30), en italien, aux horaires d'ouverture habituels ; résa env 1 sem à l'avance au* ☎ *02-88-44-12-74 ou* • *dsc.visiteguidatemonumentale@comune.milano.it* • *Infopoint sur place où retirer un plan (précieux) mar-dim 9h30-17h.*
En 1837, afin de remplacer les nombreux cimetières en périphérie, la Ville de Milan souhaite bénéficier d'un cimetière unique, assez grand pour tous les citoyens. Le projet de Carlo Maciachini, architecte lombard célèbre, est validé en 1860. 5 ans plus tard, une fois le projet abouti, l'ensemble se divise en 3 zones : à gauche les non-catholiques, à droite les israélites, et dans la partie centrale (la plus spacieuse) les catholiques.
Voici un cimetière pas comme les autres et qui ne manque pas d'allure : on le dit le plus fou, le plus baroque et le plus lyrique d'Europe ! Un peu comme notre Père-Lachaise mais avec faste et démesure, à l'italienne quoi ! À lui seul, c'est un vrai dictionnaire des fantasmes, caprices, lubies... des grandes familles de la bourgeoisie milanaise. Si l'on rêve de se faire enterrer à l'ombre des cyprès, il vous en coûtera seulement (ou à vos héritiers) quelques milliers d'euros !
Ici, pléthore d'artistes italiens (architectes, écrivains, peintres, musiciens, sculpteurs) viennent trouver le repos, comme un prolongement de l'art dans l'éternité... Parmi les plus célèbres, on peut citer : l'architecte Beltrami, le chef d'orchestre Toscanini, le philosophe Cattaneo, les poètes Manzoni et Quasimodo, et le peintre Francesco Hayez, à qui l'on doit *Le Baiser* (1859), qui représente un troubadour embrassant furtivement sa belle dans l'escalier en pierre d'une sombre demeure... Ce chef-d'œuvre du romantisme est conservé à Milan même, à la pinacothèque de Brera. Mais revenons à nos personnalités. Manzoni a su faire parler de lui ! En 1960, son tombeau a été ouvert, et là... surprise, sa dépouille était parfaitement conservée. Miracle divin ou maîtrise parfaite de l'art de l'embaumement ? On penchera pour la 2de option. Dans l'allée centrale (en ayant l'ossuaire dans l'axe)

repose le dernier descendant de Mozart. Plus contemporain, le sociologue Filippo Turati, la féministe Anna Kuliscioff et (thématique plus sportive) la famille Ascari et ses 2 grands champions de formule 1.

Le lieu, emblématique du Tout-Milan du XIXe s, est aussi un extraordinaire musée de sculpture à ciel ouvert, inauguré en 1866. Pour mieux accompagner les visiteurs dans ce dédale de tombeaux (d'une superficie de 250 000 m²) où les chats sont rois, des visites guidées sont proposées par la paisible maison. Procurez-vous le plan à l'entrée et enfilez de bonnes chaussures !

Imposantes, les tombes sont de véritables œuvres d'art, conçues dans un large éventail stylistique : allant du classique (antique, byzantin) au contemporain (symbolisme, Liberty, Art déco des années 1930) en passant par les plus spécifiques (roman lombard ou gothique pisan)... Loin de s'arrêter là, avec l'éclectisme, les sépultures se parent de formes extravagantes : chapelles baroques, stèles antiques, temples grecs, pyramides et obélisques égyptiens, colonne de Trajan ou pseudo-tour de Pise sculptée retraçant les différentes étapes du chemin de croix du Christ... À l'image du cimetière, l'édifice le plus monumental (sans mauvais jeu de mots) est sans nul doute le *Famedio, dit « temple de la Renommée »*. Faute d'abriter des tombeaux, il accueille de nombreuses plaques commémoratives destinées à célébrer la gloire des grands hommes (Garibaldi, Cavour) de la nation. Avec son décor bichrome (blanc et rouge) et son style néomédiéval, l'édifice prend des airs d'église romane. À l'intérieur, les décors valent le coup d'œil : marbre, céramiques, coupole à mosaïques, colonnes torsadées... Parmi les autres monuments incontournables, la *chapelle Palanti*, qui rend hommage aux 800 Milanais morts pendant la Seconde Guerre mondiale dans les camps de concentration nazis.

Côté sculpture, l'originalité est de mise. Ne manquez pas l'étonnante faucheuse ailée et barbue, qui, malgré sa beauté artistique, fait froid dans le dos ! Mais ce n'est rien à côté de tous les crânes empilés à l'intérieur de l'*ossuaire de San Bernardino*. Cela dit, il en ressort presque un certain esthétisme morbide ! Et l'on y prend goût. Entre 2 allées, un pleureur encapuchonné, épée à la main, adopte une pose hiératique. Parfois, c'est une procession tout entière. Dans la tradition des gisants, une jeune femme nue, à la chevelure végétale, repose profondément sur son lit de bronze. Votre œil désormais aiguisé ne passera pas à côté des œuvres les plus colossales, à commencer par ce groupe en bronze massif, un paysan labourant sur un roc de béton rouge en compagnie de ses 2 énormes bœufs, et cette représentation sculptée de la Cène grandeur nature (tout simplement !), ce qui vous laisse imaginer la personnalité extravagante de l'occupant des lieux (Gaspare Campari, le fondateur du célèbre apéritif)... Au détour d'un tombeau, vous pourrez peut-être voir les 2 anges (parmi les nombreux représentés) amoureux, qui, dans une union parfaite, s'embrassent sur la bouche.

Notre promenade au cœur du monumental s'achève donc. Loin d'être sinistre, cette balade dans ce lieu singulier où le temps semble suspendu s'avère en réalité très apaisante... à mi-chemin entre méditation philosophique et contemplation artistique.

Le quartier Isola

Pendant longtemps, le quartier Isola a été le repaire des petits malfrats fricotant avec la mafia locale. La plupart des immeubles ont été construits entre 1860 et 1920. Ils étaient conçus pour accueillir la population ouvrière du sud de l'Italie venue apporter du renfort aux usines en plein rendement. C'est ici aussi que sont nées les 1res coopératives et par là même la conscience ouvrière.

Isola est aujourd'hui en pleine transformation urbaine et sociologique. Il accueille désormais artistes, étudiants et bobos de divers horizons, tout en conservant son caractère populaire et coloré. Isolé par les rails des gares Garibaldi et Centrale (d'où son nom), le quartier est toutefois bien desservi par la ligne M2

(Garibaldi F.S., Gioia, Centrale F.S.), la ligne M3 (Centrale F.S., Sondrio) et la ligne M5 (Garibaldi F.S., Gioia, Zara). Il est délimité au nord par la viale Zara et la viale Marche, à l'ouest par la via Farini, à l'est par la via Melchiorre Gioia et au sud par la gare centrale, ce qui en fait finalement une petite enclave.

Outre la *chiesa santa Maria della Fontana,* vestige du XVe s, très bien conservée (avec son magnifique cloître), et ses habitations ouvrières, le quartier n'a pas vraiment d'attrait culturel (hormis la politique de *street art* voulue par la ville au début des années 2000). Ce sont les constructions de gratte-ciel qui ont explosé ces dernières années ; l'Expo universelle de 2015 a depuis accéléré le processus, transformant singulièrement la *skyline* de l'Isola. L'une des 1res tours fut construite en 1955-1960 par l'architecte Gio Ponti. Cette tour *Pirelli,* culminant à 127 m, était à l'époque l'une des plus hautes d'Europe. Son design élancé est toujours une référence (elle fut restaurée en 2002 après le crash d'un avion de tourisme). Vue panoramique depuis le 31e étage. On est à mille lieues du centre historique avec les petites rues pavées du quartier Brera, ses beaux immeubles cossus, ses pinacothèques et son Duomo !

De grandes industries technologiques y ont installé leur siège (Google Italie par exemple). On y trouve aussi des centres administratifs comme le *palazzo Lombardia*, siège de la Région Lombardie, une tour de plus de 161 m construite par l'architecte sino-américain Pei. Sans oublier l'impressionnante flèche de l'*Unicredit Tower,* haute de 80 m ; avec une hauteur totale de 231 m, c'est le plus haut gratte-ciel d'Italie, œuvre « durable » de l'architecte argentin Cesar Pelli. Ou encore le *Bosco verticale* (voir ci-dessous), qui incarne à lui seul le nouveau quartier Isola. Outre l'explosion de l'apparition de tours qui a transformé le quartier en un centre d'affaires, se niche une flopée de petits restos, de bars branchés et de boutiques vintage. Un musée et une *Città della moda* (qui tardent à émerger) devraient enrichir encore ce quartier en pleine mutation.

🎬 *Bosco verticale de Stefano Boeri (plan détachable, E2) :* une idée originale de l'architecte Stefano Boeri, qui a envisagé l'ambitieux projet d'un « Milan bio », à commencer par la construction d'immeubles végétaux. « Utopique », diront certains ; « futuriste », diront d'autres... 2 immeubles de 27 étages à proximité de la stazione Garibaldi, visibles de très loin, avec des appartements compris entre 80 et 110 m². Plus de 900 arbres (parfois de 6 m de haut), 5 000 arbustes et 11 000 plantes ont envahi les étages de ce *Bosco verticale,* avec des conifères sur les balcons nord et des plantations méditerranéennes côté sud. Ces végétaux ont été rigoureusement choisis en fonction de leur capacité à absorber le CO_2 et à réguler la température intérieure. À cela s'ajoute un système d'eaux usées réutilisées pour l'arrosage de ces arbustes. Le 1er prix des appartements, destinés à des habitants aisés, commence à 660 000 €. Pas donné !

LE QUARTIER DE BRERA

• À voir 104	• Basilica San Simpliciano
• Pinacoteca di Brera	• Chiesa San Marco

Qu'il fait bon flâner dans les ruelles piétonnes de Brera ! Il y règne une ambiance à la fois pittoresque et branchée, une douceur de vivre. Repaire d'étudiants, d'artistes, de chineurs et de brocanteurs en tout genre, c'est ici qu'ils viennent respirer un peu de bohème. À 2 pas du bouillonnant quartier du Duomo, on y vient pour dîner dans une *trattoria* typique ou pour prendre un *aperitivo* dans l'un des nombreux bars branchés. Et question musées, ne ratez pas celui qui a donné son nom au quartier, la *pinacoteca di Brera,* qui est aussi le siège de l'Académie des beaux-arts et du *palazzo di Brera* (ancien collège jésuite).

Où dormir ?

Auberge de jeunesse

🏠 **Urban Brera** (plan détachable, **E3, 34**) : via R. Bertoni, 3, 20121. ☎ 02-65-56-02-01. ● urbanb.mi@tngh.it ● newgenerationhostel.it ● Ⓜ Turati. Dortoirs 2-8 lits 19-45 €. Draps compris (mais apporter ses serviettes de toilette). Pas mal situé, dans une rue tranquille, à l'orée de Brera, non loin du Duomo. Et installé dans une aile de l'imposant bâtiment de brique d'un couvent franciscain (mais cette AJ privée n'a rien à voir avec les moines !). Chambres et dortoirs propres et nets avec, pour certains, vue sur le joli jardin central. Clim (un peu bruyante) et salles de bains privatives.

Où manger ?

Sur le pouce

🥖 **Bab** (plan détachable, **D-E3, 75**) : via San Marco, 34. ☎ 02-83-42-23-56. ● bab.milano@gmail.com ● Ⓜ Moscova. Lun-ven midi et soir. Compter 9-12 €. Une petite indigestion de pâtes ? Cette adresse grande comme un mouchoir de poche accueille une cuisine coréenne aux saveurs subtiles. On vient y savourer une soupe ou des *kimbap* (sortes de petits rouleaux aux algues fourrés au riz) à la pause déjeuner. Quelques tables pour s'asseoir (attention, les places sont chères !). Accueil souriant.

Prix moyens

🍽 **Sette Cucina Urbana** (zoom détachable, **D4, 76**) : via dell'Orso, 2. ☎ 02-89-09-26-60. ● settecucinaurbana@gmail.com ● Ⓜ Montenapoleone. Tlj sauf dim, dès 7h pour le petit déj ; brunch sam 11h-15h. Compter 15-20 € le midi, le double le soir. Avec des horaires larges et des prix doux pour le quartier, ce resto a tout pour plaire, à commencer par de bonnes spécialités milanaises, dont la fameuse « oreille d'éléphant », tellement grande qu'elle déborde de l'assiette... Qu'on se rassure, il ne s'agit que du surnom de l'escalope milanaise ! Le chef est un excellent pâtissier, alors gardez une place pour le dessert. Accueil vraiment adorable qui suffit à réchauffer l'atmosphère de cet ancien réfectoire, à la déco immaculée.

🍽 **Take Away Bistrot** (plan détachable, **D3, 78**) : via San Marco, 33. ☎ 02-655-22-04. ● info@takeawaybistrot.it ● Ⓜ Moscova. Tlj 9h-2h. Plats 10-22 €.

Bien que le nom puisse faire fuir un lecteur en quête absolue de cuisine italienne, cette adresse est bien dans son jus, avec une carte succincte aux accents bien italiens : risotto, *zuppa*, carpaccio. On y passe un bon moment, encore meilleur quand on a la joie de décrocher une table sur la terrasse verdoyante !

|●| **Fioraio Bianchi Caffè** *(plan détachable, D-E3, 88)* : *via Montebello, 7. ☎ 02-29-01-43-90. ● info@fioraiobianchicaffe.it ● Ⓜ Moscova ou Turati. Tlj sauf dim 8h-minuit ; aperitivo 18h-20h.* Un adorable café à l'ancienne comme on les aime, vieux carrelage, meubles bistrot et déco... très fleurie ! Ce fleuriste à l'origine (c'était il y a plus de 40 ans) s'est transformé petit à petit en un endroit cosy pour prendre un verre ou manger un plat. Le proprio propose toujours un service de décos florales, d'où l'endroit insolite. Pensez à réserver si vous voulez y dîner.

|●| **Parma & Co** *(zoom détachable, D3, 60)* : *via Delio Tessa, 2 (à l'angle du corso Garibaldi). ☎ 02-89-09-67-20. ● milano@parmaeco.it ● Ⓜ Moscova. Tlj sauf dim et lun soir ; brunch-buffet dim 12h-16h. Formule déj en sem 15 € ; plats 10-15 €, charcuterie 10-22 €.* On aime cet endroit où les alignements de jambons suspendus nous font de l'œil dès le seuil franchi. Dans l'assiette, on retrouve les charcuteries classiques, mais aussi d'excellentes pâtes fraîches. Bon rapport qualité-prix. C'est aussi un lieu de vente de charcutailles. N'hésitez pas, elles sont fameuses.

|●| **Salsamenteria di Parma** *(zoom détachable, D4, 98)* : *via Ponte Vetero, 11. ☎ 02-72-09-43-97. Ⓜ Lanza ou Cairoli Castello. Tlj 12h-23h. Plats 8,50-16 €.* Surtout, ne confondez pas l'adresse avec une *salumeria* (charcuterie). On a donné au lieu le nom de l'une des nombreuses spécialités de la ville de Parme, à savoir un plat de pâtes... au potiron. Également de grandes assiettes de charcuterie qu'il vous faudra accompagner d'une bolée de vin (non, non, ce n'est pas du cidre), encore une spécialité (de la région toute proche : l'Émilie-Romagne).

|●| **Slow Sud** *(plan détachable, D3, 70)* : *corso Garibaldi, 34. ☎ 02-36-68-07-98. Ⓜ Duomo. Tlj midi et soir,* *jusqu'à 1h ven-sam. Tapas 5-7 €, plats 9-18 €.* Si vous n'avez rien contre le fait de manger assis sur une balançoire ou perché sur un haut tabouret, vous prendrez plaisir à déguster ces petites bouchées méditerranéennes, des tartines garnies ou des miniportions sur le principe des tapas, que l'on peut partager (ou pas) et enchaîner à l'envi. Également quelques plats plus consistants à la carte, entre terre et mer.

Chic

|●| **Pisacco** *(plan détachable, D3, 49)* : *via Solferino, 48. ☎ 02-91-76-54-72. ● info@pisacco.it ● Ⓜ Moscova. Tlj sauf lun. Résa plus que conseillée. Plats 12-20 €.* Le chef Andrea Berton, l'un des grands chefs milanais, a eu le nez creux en installant ici un bistrot qui fait courir toute la ville. Grandes tablées ou petites tables en amoureux, c'est selon. Le sous-sol n'est pas mal non plus, très joli avec ses lumières tamisées et son jardin. Dans l'assiette, c'est une cuisine étonnante aux influences espagnoles, tout en finesse et légèreté, comme ce tiramisù dont on a raclé le fond du pot ! Accueil très gentil.

|●| **Ristorante Convivium** *(zoom détachable, D4, 175)* : *via Ponte Vetero, 21. ☎ 02-86-46-37-08. ● info@conviviumristorante.it ● Ⓜ Lanza ou Cairoli Castello. Tlj midi et soir. Plats 12-26 €, pizzas 8-16 € ; repas 35-42 €.* Atmosphère raffinée pour ceux qui voudront savourer en toute tranquillité un risotto maison ou un bon verre de vin lombard pioché dans la longue carte des vins. Accueil affable et un brin chic. Et pourtant, niveau prix, ce n'est pas le coup de bambou !

|●| **La Latteria** *(plan détachable, D3, 63)* : *via San Marco, 24. ☎ 02-659-76-53. Ⓜ Moscova ou Turati. Lun-ven midi et soir. Repas complet 40-45 €.* Une petite *trattoria* qui fait le plein midi et soir, d'abord parce que les fins « bistronomes » se sont passé le mot, ensuite parce qu'elle se trouve juste en face du *Corriere della Sera* et que les journaleux du quartier aiment venir y refaire le monde ! Alors mieux vaut réserver sa place, car ça vaut le coup. Ici, on travaille en famille et on sert des

OÙ PRENDRE L'*APERITIVO* ?

produits frais, cultivés maison ! Cuisine exclusivement locale, à base de *pasta*, légumes de saison et délicieuses salaisons. Ambiance animée et service gentil comme tout.

|●| *La Vecchia Lira* (plan détachable, D3, **64**) : largo La Foppa, 5. ☎ 02-659-91-36. ● info@osteriavecchialira.it ● Ⓜ Moscova. Tlj sauf sam midi et dim. Résa conseillée. Compter 35-40 €. Une *osteria* classique à la cuisine méditerranéenne fort bien ficelée et, quand bien même les portions sont parfois chiches, les saveurs sont au rendez-vous. Spécialités de viandes et pâtes fraîches. Belle carte des vins, à prix convenables pour une fois.

Très chic

|●| *La Libera* (plan détachable, D3, **65**) : via Palermo, 21. ☎ 02-805-36-03. Ⓜ Moscova. ⚒. Tlj, le soir seulement. Congés : quelques j. autour du 15 août. Résa conseillée. Compter 35-45 €. Pas de signe extérieur pour cette brasserie bien connue des Milanais. Petite musique jazzy... et dans l'assiette ? Des plats typiquement locaux comme l'osso buco, le risotto et tutti quanti... et aussi salades du chef et petits pâtés de légumes pour la ligne. Une cuisine qui chante et réchauffe les cœurs. Seul bémol, la carte des boissons est hors de prix. Service efficace et courtois.

Où déguster une glace ?

♀ *Lato G* (plan détachable, D3, **96**) : corso Garibaldi, 117. ● info@latog.com ● Ⓜ Moscova. Tlj 11h30-22h. Un glacier qui n'hésite pas, à l'occasion, à aller chercher ses ingrédients à l'autre bout du monde : confiture de lait d'Argentine, menthe de Marrakech, fruit de la Passion des Antilles ou encore cannelle du Sri Lanka. D'autres adresses à Milan.

♀ *Gelateria Toldo* (zoom détachable, D4, **94**) : via Ponte Vetero, 9. Ⓜ Cairoli ou Lanza. Tlj sauf dim 7h-20h30. Au cœur du quartier de Brera. Un grand choix de glaces maison aux parfums aussi savoureux qu'originaux : pruneau-cannelle, orange-Cointreau... En été, 4 sortes de glaces au chocolat différentes (celle au rhum est divine !). Également de nombreux sorbets aux fruits, des glaces à base de soja, et même, pour les routards soucieux de leur ligne, des glaces *hypocaloria* !

Où boire un cocktail en mangeant une succulente pizza ?

🍸 🍕 *Dry, Cocktails & Pizzas* (plan détachable, D3, **104**) : via Solferino, 33. ☎ 02-63-79-34-14. Ⓜ Moscova. Tlj 19h-1h30. Pizzas 5-16 €. Vu l'affluence, mieux vaut réserver pour avoir la chance de poser une fesse dans cet endroit très prisé par les locaux. Les cocktails, servis dans des verres de récup, sont fameux (ce sont parmi les meilleurs de la ville, paraît-il) et, si vous réussissez ensuite à attraper une table et à n'en plus bouger pour avaler une pizza fondante réalisée dans les règles de l'art, alors là... vous aurez atteint le Graal ! Bruyant, forcément, mais bon...

Où prendre l'*aperitivo* ?

🍸 *Bar Brera* (zoom détachable, D3, **108**) : via Brera, 23 (à l'angle de la rue Fiori Chiari). ☎ 02-87-70-91. Ⓜ Lanza. Tlj sauf dim jusqu'à 2h. Grande terrasse (chauffée en hiver) à l'angle de 2 rues piétonnes pour ce petit bar de quartier qui propose, avec le sourire, un très chouette buffet pour l'*aperitivo* : grand choix de charcuteries et de salades pour boire son cocktail tranquillou. Rien de bien gourmand mais très populaire, très convivial.

🍸 ♪ *El Tombon de San Marc* (plan détachable, D3, **115**) : via San Marco, 20. ☎ 02-659-95-07. Ⓜ Turati. Tlj sauf dim 10h-2h ; aperitivo à partir de

18h30. Un café historique (boiseries et lustres à pendeloques) qui propose une gentille cuisine lombarde. Mais on a préféré y boire un verre de vin ou un café en compagnie de ses poutres séculaires et de son magnifique comptoir. Musique live, parfois, en fin de semaine.

Où faire son shopping ?

Angela Caputi *(zoom détachable, D4, 140) : via Madonnina, 11.* ☎ *055-21-29-72.* • *angelacaputi@giuggiu.it* • Ⓜ *Lanza. Mar-sam 10h-13h, 14h30-19h30.* La créatrice Angela Caputi fabrique des bijoux en perles de résine colorée du plus bel effet : colliers, broches, boucles d'oreilles... Une petite fantaisie à s'offrir (pas donné quand même). Adresse très prisée des Milanaises.

Fabriano Boutique *(zoom détachable, D4, 141) : via Ponte Vetero, 17.* ☎ *02-76-31-87-54.* • *faboutique01@fabriano.com* • Ⓜ *Lanza. Lun-sam 10h-19h30, dim 11h-19h.* À l'origine, fabrique de papier dans les Marches, principal centre européen de papier depuis le XIIe s ! Les boutiques *Fabriano* offrent depuis les années 2000 un éventail original et varié de papeterie aux couleurs flashy, alliant savoir-faire et modernité. Une belle idée de cadeau !

Mario Luca Giusti *(zoom détachable, D3, 176) : corso Garibaldi, 12.* ☎ *02-72-08-02-70.* • *mariolucagiusti.it* • Ⓜ *Lanza. Tlj 10h (11h dim)-19h30.* Ce designer a eu la bonne idée de faire du verre précieux des répliques en... plastique. Un concept original qui fait son chemin depuis 10 ans. Inspiré par ses voyages, Mario Luca Giusti a su créer des objets du quotidien (assiettes, verres à pied, candélabres, pichets) déclinés dans des couleurs toniques qui font sacrément de l'effet. Ses collections ont largement dépassé les frontières de la Botte. Prix encore raisonnables.

Cavalli e Nastri *(zoom détachable, D4, 166) : via Brera, 2.* ☎ *02-72-00-04-49.* • Ⓜ *Montenapoleone. Tlj 10h30 (12h dim)-19h30.* Jolie boutique de vêtements de 2de main, vintage et griffés.

Il Segno del Tempo *(zoom détachable, D3, 165) : via Fiori Chiari, 20.* ☎ *02-72-09-36-61.* • *ilsegnodeltempo.com* • Ⓜ *Lanza. Tlj sauf dim 10h-19h30.* Parmi les nombreux antiquaires de la rue, on craque particulièrement pour celui-ci, à l'univers fantastique et onirique. Faire d'un « simple bibelot » exotique ou scientifique un objet de culte, c'est tout l'art du cabinet de curiosités ! La boutique vaut assurément le coup d'œil.

Il Cirmolo *(zoom détachable, D3, 108) : via Fiori Chiari, 3.* ☎ *02-805-28-85.* • *ilcirmoloantiquariato.it* • Ⓜ *Lanza. En face du précédent. Tlj sauf dim 10h-19h.* Grande boutique spécialisée dans le rétro et le vintage ; drôle et éclectique.

À voir

Pinacoteca di Brera *(zoom détachable, D3) : via Brera, 28.* ☎ *02-72-26-31.* • *pinacotecabrera.org* • Ⓜ *Lanza.* ♿ *Tlj sauf lun 8h30-19h15 (dernière admission 18h40). Fermé 1er janv, 1er mai et 25 déc. Entrée : 10 € (majorée selon expo temporaire) ; réduc ; gratuit moins de 18 ans et pour ts le 1er dim du mois. Audioguide en français : 5 €.*

À POIL, NAPOLÉON !

Dans la cour intérieure du palais de Brera, une statue de Napoléon tout nu (visez la taille de la feuille de vigne !) rappelle que la création de cette pinacothèque lui revient. De même, les œuvres d'art qui y sont exposées proviennent essentiellement des vols opérés par les grognards de l'Empereur dans les collections privées d'Italie du Nord et les églises...

On ne peut passer à Milan sans visiter ce musée logé dans un ancien couvent fondé par l'ordre des Humiliés au XIVe s, devenu ensuite une école de jésuites, et qui renferme aujourd'hui une exceptionnelle collection de peintures. Comptez au moins 1h30 de visite, mais, pour les plus pressés, un fascicule distribué au guichet présente les œuvres majeures et permet de faire la visite au pas de charge. La plupart des œuvres, d'abord perçues comme des sujets d'étude de l'Académie, sont des peintures religieuses.

Il y a 38 salles en tout. Dans la salle IV, *Le Couronnement de la Vierge* de Nicolò di Pietro, un polyptyque aux détails délicats, aux couleurs et drapés étonnants. Dans la salle VI, remarquable *Christ mort* de Mantegna, qui met en valeur le visage de Jésus grâce à un procédé de perspective inversée ; on s'arrêtera aussi devant l'émouvante *Pietà* de Bellini. Salle VII, 3 œuvres de Carpaccio aux rouges incomparables. Admirable perspective du *Miracolo di San Marco* du Tintoret (salle IX) et du très moderne *Christ mort* de Campi. Dans la salle XVIII, le visiteur peut voir le travail de restauration des tableaux dans une grande cage en verre. Ensuite, on arrive aux œuvres extraordinaires de Carlo Crivelli (salle XXII), peintre de la Renaissance : le triptyque en provenance du Duomo de Camerino et *Le Couronnement de la Vierge* au style très personnel. N'oublions pas, dans la salle XXIV, le très réaliste *Christ à la colonne,* œuvre attribuée à l'architecte Bramante, peint en 1490 pour l'abbaye de Chiaravalle (notez la corde serrant son bras gauche et les larmes sur ses joues), ainsi que l'exquis *Sposalizio della Virgine* (ou *Mariage de la Vierge*) du non moins exquis Raphaël (notez la ligne de fuite très appuyée). Salle XXVIII, superbe *Cène à Emmaüs* du Caravage (début du XVIIe s), qui joue avec les ombres et la lumière en mettant en évidence les détails les plus crus des visages. Salle XXXI, autre *Cène* de Rubens (1632), aux regards éloquents ; autant de chefs-d'œuvre témoignant du grand sens du détail et du relief de ces maîtres italiens qui influencèrent longtemps le monde de la peinture. Pour finir, dans la salle XXXVII, une mention spéciale pour *Le Baiser* de Hayez, tendrement goulu... Ce baiser serait une allégorie des liens unissant la France et l'Italie ! Un peu à part mais à signaler tout de même, les salles X et XII sont consacrées à la peinture moderne et exposent des œuvres provenant des donation Jesi et Vitali : Modigliani, Picasso, Braque, Bonnard et quelques cubistes italiens...

Derrière le bâtiment, un ravissant jardin botanique *(tlj sauf dim 10h-18h avr-oct, 9h30-16h nov-mars ; entrée libre).*

🧗 Basilica San Simpliciano *(zoom détachable, D3)* : *piazza San Simpliciano, 7.* ☎ *02-86-22-74.* ● *sansimpliciano.it* ● Ⓜ *Lanza. Lun-sam 7h30-12h, 15h-19h ; dim 16h-19h.*

Il y a de l'art roman dans l'air... avec San Simpliciano. Élevée en 385 sur l'ordre de l'évêque de Milan (saint Ambroise), la basilique ne peut renier ses influences paléochrétiennes. Lors d'un face-à-face, elle nous dévoile sa façade couleur brique (rehaussée de blanc ici et là), ponctuée par 3 portails en pierre (dont un plus imposant au centre), eux-mêmes surmontés de petites croix blanches. À l'extérieur, l'architecture romane prédomine, dans un idéal de simplicité et d'authenticité. Le décor se fait rare et discret, à l'exception de quelques céramiques venant « remplir » les tympans. À intervalle régulier, des bandes lombardes (frises d'arcatures arrondies creusées dans le mur) ornent la façade. Le nom n'a rien d'étonnant, car l'art roman est d'abord originaire de Lombardie, avant de franchir les Alpes pour atterrir en France méridionale.

Et à l'intérieur ? Murs en brique, large nef, grande hauteur de plafond... et un même dénuement décoratif. À l'exception des chapelles latérales et de l'abside du chœur, qui abritent des mosaïques et fresques très colorées (un arc-en-ciel de couleurs primaires !). Observez les anges, qui chantent la gloire de la Trinité ici représentée : soit Dieu le Père, le Fils (Jésus-Christ) et le Saint-Esprit (colombe). S'il appelle au recueillement, le lieu, loin d'être austère, est propice à la musique – d'ailleurs, d'excellents concerts y sont organisés.

Chiesa San Marco *(zoom détachable, D3)* : piazza San Marco, 2. ☎ 02-29-00-25-98. Ⓜ *Turati. Lun-ven 7h-12h, 16h-19h ; w-e 9h30-19h30. Concerts réguliers.* Ce joyau discret du quartier de Brera, dédié à saint Marc (patron protecteur de Venise), étonne par sa façade néogothique de la fin du XIXe s. L'église, à l'origine un monastère, a subi plusieurs phases de construction : aux XIIIe, XVIe (nombreux remaniements baroques) et XIXe s. Elle se singularise par son campanile. Le portail en pierre blanche (et son tympan décoré de mosaïques) contraste avec le reste de la façade. Notez la curieuse rosace, qui dans un effet « cathédrale » vient sublimer l'ensemble. Plusieurs anecdotes méritent d'être racontées. On dit qu'en 1770 Mozart y aurait séjourné 3 mois. Et en 1874, l'anniversaire de la mort du poète Manzoni y est célébré, avec en prime le *Requiem* de Verdi joué pour la 1re fois ! Enfin, ne ratez pas la fresque noir et blanc de l'école de Léonard de Vinci, l'un des trésors de San Marco, découvert en 1975.

LE QUARTIER DE CASTELLO E CORSO SEMPIONE

• À voir............................110 • Castello Sforzesco • Museo d'Arte e Scienza • Triennale	Design Museum • Fondazione Achille Castiglioni • Acquario civico	• Via Paolo Sarpi • Un peu plus loin : Stadio Giuseppe Meazza, dit San Siro

Le château des Sforza abrite derrière ses murs épais plusieurs musées importants. Le fameux *Triennal Design Museum* se trouve, quant à lui, dans le vaste *parco Sempione,* véritable poumon du centre-ville. Dès les beaux jours, les Milanais jouent au foot sur les pelouses, ou trottinent au long des allées sinueuses... Non loin de là, autour de la *via Paolo Sarpi,* c'est le dépaysement assuré en plein Chinatown milanais ! À moins que vous ne préfériez prendre l'*aperitivo* dans l'un des nombreux bars à l'orée du corso Sempione ? Là, au milieu de la piazza Sempione – en rotonde –, trône le monumental *arco della Pace,* construit en 1807 à la demande de Napoléon Bonaparte. Depuis cet arc de triomphe, le *corso Sempione,* bordé d'élégants immeubles résidentiels, file tout droit vers *City Life,* quartier en devenir où se dressent les 1ers gratte-ciel de l'un des plus ambitieux chantiers urbanistiques du Milan d'aujourd'hui. Et plus loin vers l'ouest s'étend le verdoyant *quartier de San Siro,* dont tous les fans de football connaissent le célèbre stade.

Où dormir ?

De prix moyens à chic

Hotel Losanna (plan détachable, B2, 16) : via P. della Francesca, 39. ☎ 02-31-62-72. • info@hotellosanna.com • hotellosanna.com • Ⓜ Gerusalemme ; Ⓣ nos 1, 10 et 19. Doubles 65-170 €. Bordé par une gentille rue commerçante mais tranquille, c'est un petit hôtel d'une grosse vingtaine de chambres fonctionnelles, bien équipées et aménagées sur une note contemporaine discrète. Éviter celles du rez-de-chaussée, trop proches de la porte et de la réception. Accueil tout sourire. Une bonne adresse.

Hotel 38 (plan détachable, C3, 17) : via L. Canonica, 38. ☎ 02-331-47-51. • info@hotel38.it • hotel38.it • Ⓜ Monumentale ; Ⓣ nos 1, 2, 4, 10, 12 et 14. Doubles 80-170 €. Garage sur place. Curieuse architecture pour ce bâtiment tout rouge, abritant une quarantaine de chambres pratiques et bien dotées. Mobilier moderne aux couleurs pimpantes. Le *lobby* et les parties communes sont eux aussi égayés par des tableaux contemporains chamarrés. Inattendu jardin spacieux à l'arrière. Accueil pro et dynamique.

Lancaster Hotel (plan détachable, C3, 18) : via A. Sangiorgio, 16. ☎ 02-331-47-51. • info@lancasterhotel.it • lancasterhotel.it • Ⓜ Domodossola ; Ⓣ nos 1, 10 et 19. Doubles 110-145 €. Ce vénérable palais Liberty livre une trentaine de chambres confortables, mais à la déco standardisée de style très classique. Du fonctionnel pour ronfler et *basta* ! Les plus petites sont les moins chères. Accueil sympa et pro. Somme toute, une bonne adresse.

Très chic

Hotel Viu Milan (plan détachable, C-D2, 20) : via A. Fioravanti, 6.

☎ 02-80-01-09-10. ● info@hotelviumilan.com ● hotelviumilan.com ● Ⓜ Monumentale ; Ⓣ n°s 2, 4 et 10. Doubles dès 240 €. Garage sur place. En plein cœur d'un quartier ancien aux constructions basses, ce haut bâtiment design aux murs végétaux détonne ! Puis l'immense lobby chaleureux reste bien dans le ton. Tout comme les 130 belles chambres ultra-confort, d'allure sobre et classe. En choisir une dans les étages pour jouir de la gentille vue panoramique. Jolie petite piscine sur le toit, avec sundeck et rooftop bar. Resto de chef sur place. Accueil aux petits soins.

Un peu plus loin

Camping

🗶 **Camping Città di Milano** (hors plan détachable par A4, 30) : via G. Airaghi, 61. ☎ 02-48-20-70-17. ● info@campingmilano.com ● campingmilano.com ● ♿ De la Stazione Centrale, prendre le métro ligne M2, direction Famagosta ; puis changer à Cadorna pour la ligne M1, direction Bisceglie, et descendre à l'arrêt De Angeli ; ensuite, sauter dans le bus n° 72 en direction de Molino Dorino ou Figino et descendre à l'arrêt Di Vittorio ; le camping est à 400 m. Env 1h de trajet. Plus rapide en voiture : prendre la direction du célébrissime stade Meazza, poursuivre sur la via Novara et, au 1er carrefour après un pont Ikea, tourner à gauche ; ensuite, au carrefour suivant, tourner à droite, puis suivre les indications pour le camping. Réception 8h30-20h. Selon saison, 28,50-31,50 € pour 2 avec une petite tente et voiture ; loc de bungalows 48-90 € pour 2. Un camping de près de 250 places posé à côté d'un parc aquatique en plein air (réduc à ce dernier pour les campeurs). Vaste pelouse plantée d'arbres (donc ombragée) avec, d'un côté, des enclos renfermant des chèvres, des moutons, des ânes et des volatiles. Sympa pour les mômes (d'autant qu'on laisse parfois les animaux gambader librement dans le camping !), moins au niveau de l'éventuelle odeur en été... Petite plaine de jeux aussi, ping-pong. Sanitaires corrects. Bar, pizzeria. Un peu bruyant à cause des voies express situées pas loin. Les prix sont élevés, mais bon, c'est le camping le plus proche de Milan.

Où manger ?

De très bon marché à bon marché

|●| **La Ravioleria Sarpi** (plan détachable, C2-3, 67) : via P. Sarpi, 27. 📱 331-887-05-96. ● amministrazione@zetaquadro.com ● Ⓜ Monumentale ; Ⓣ n°s 2, 4, 12 et 14. Tlj 10h-15h, 16h-21h30. Portion env 3 €. En plein cœur du quartier chinois, c'est un petit comptoir vitré sur rue, laissant voir une cuisine proprette et fumante. Là, plusieurs Chinoises mitonnent de succulents raviolis fourrés au bœuf, au porc ou végé. À dévorer sur le pouce en explorant le quartier, ou lors d'un pique-nique au parco Sempione.

🍕 **Pizzium** (plan détachable, C2, 69) : via G. C. Procaccini, 30. ☎ 02-33-60-76-23. ● info@pizzium.com ● Ⓜ Gerusalemme ; Ⓣ n°s 10 et 19. Tlj 12h30-15h, 17h-minuit. Résa conseillée. Pizze 7-11 €. À l'entrée, le four à bois ronronne farouchement et débite en continu de belles pizzas généreusement garnies. À accompagner d'une bière ou d'un verre de vin. Le tout servi dans une jolie petite salle proprette et avenante, avec briques apparentes, vieux carrelages et mobilier indus'. Une adresse assez branchée en soirée. Accueil dynamique et sympa.

Prix moyens

|●| **Faccio Cose Vedo Gente** (plan détachable, B2, 89) : via G. B. Fauchè, 35. ☎ 02-49-66-76-41. ● info@facciocosevedogente.com ● Ⓜ Gerusalemme ; Ⓣ n°s 1, 14 et 19. Tlj 18h30-23h, plus 12h30-15h w-e. Résa obligatoire. Plats 8-16 €. Jolie petite salle cosy et soignée, à la déco discrètement orientée rock. Et le fond sonore aussi ! À la

OÙ BOIRE UN VERRE ? OÙ DANSER ? | 109

carte, spécialités de tartares de bœuf, de poisson ou végé ; délicieux et étonnants mélanges de saveurs. Voir aussi l'ardoise du jour et ses bons petits plats pas chers (pâtes, salades...), et autres desserts. Service *veloce*. Une excellente adresse pour ne pas se ruiner.

Chic

|●| *Il Santo Bevitore* (plan détachable, C2, 91) : *via A. Aleardi, 22 (angle via Bertini).* ☎ 02-331-33-50. ● santobevitore.mi@gmail.com ● Ⓜ Gerusalemme ; Ⓣ *n°s 10 et 19. Tlj sauf sam midi et dim. Résa obligatoire. Plats 13-26 €.* Petit resto de quartier chaleureux, élégant et cosy, où l'on pousse les murs pour accueillir les habitués jusqu'en mezzanine. Dans l'assiette, cuisine de saison savoureuse et originale, qui puise son inspiration dans le terroir lombard. Service décontract' mais pro. On s'est régalés !

Où boire un café ? Où déguster une pâtisserie ou une glace ?

🍮 *Pasticceria Martesana* (plan détachable, C2-3, 93) : *via P. Sarpi, 62.* ☎ 02-99-26-50-69. ● sarpi@martesanamilano.com ● Ⓜ Gerusalemme ; Ⓣ *n°s 1, 10 et 19. Tlj 7h30-20h.* Depuis plus de 50 ans, un rendez-vous des gens du quartier à toute heure. Petits chocolats, viennoiseries, gâteaux, etc., pour accompagner un bon *cappuccino*. À côté du comptoir, quelques tables pour se poser. Bien aussi pour le petit déj.

🍮 *Torrefazione Hodeidah* (plan détachable, C2, 95) : *via P. della Francesca, 8.* ☎ 02-34-24-72. ● info@hodeidah.it ● Ⓜ Gerusalemme ; Ⓣ *n°s 1, 10 et 19. Tlj sauf dim 7h-19h30.* On aime bien ce café historique ouvert en 1946 et conservé dans son jus. Ici, la douce odeur ne trompe pas : on torréfie des cafés du monde. À déguster – comme les habitués du coin – debout au comptoir, en grignotant quelques bricoles sucrées.

🍦 *Il Massimo del Gelato* (plan détachable, B2, 105) : *via L. Castelvetro, 18.* ● info@ilmassimodelgelato.it ● Ⓜ Gerusalemme ; Ⓣ *n°s 1 et 19. Tlj sauf lun 12h-minuit.* De succulentes glaces aux parfums crémeux classiques, avec une belle variété de chocolats bien goûteux, miam ! Et d'excellents sorbets aux fruits de saison. Une adresse qui mérite le déplacement. On aime !

Où boire un verre ? Où danser ?

🍷 *Cantine Isola* (plan détachable, C2, 118) : *via P. Sarpi, 30.* ☎ 02-331-52-49. ● cantineisola@gmail.com ● Ⓜ Monumentale ; Ⓣ *n°s 2, 4, 12 et 14. Tlj sauf lun 10h-22h. Congés : mai.* Un caviste-bar à vins à l'ancienne, en plein cœur du quartier chinois. Petit local tout en longueur avec des rayonnages garnis de bonnes bouteilles jusqu'au plafond. Et un petit comptoir où boire une jolie sélection de vins italiens au verre, en dévorant d'alléchants petits trucs recouvrant tout le zinc. Accueil gentil et petite terrasse pour profiter de l'ambiance plus que dépaysante de la rue. On aime !

🍷 🍴 *Fifty Five* (plan détachable, B2, 112) : *via P. della Francesca, 55.* ☎ 02-34-93-66-16. ● info@55milano.com ● Ⓜ Gerusalemme ; Ⓣ *n°s 1, 14 et 19. Tlj 18h-3h.* Installé sous le plafond voûté d'un ancien atelier de carrosserie automobile, un bar, évidemment de bonne taille, avec des canapés et des rayonnages un peu partout, chargés de revues de déco, de mode et de design... C'est presque toujours plein et pour cause : on y sert un *aperitivo* monstre ! Terrasse sur le toit aux beaux jours.

🍷 🍴 *Il Gattopardo Café* (plan détachable, B2, 113) : *via P. della Francesca, 47.* ☎ 02-34-53-76-99. ● info@ilgattopardocafe.com ● Ⓜ Gerusalemme ; Ⓣ *n°s 1, 14 et 19. Tlj sauf lun 18h-5h.* Ce temple de l'apéro vaut le

CASTELLO E CORSO SEMPIONE

détour, ne serait-ce que pour son décor grandiose : poussez donc les portes de cette ancienne église et vous verrez ! Pour accompagner les cocktails, le buffet est d'une extrême fraîcheur : crudités, charcuterie, quiches, pâtes, pizzas, etc. Après 22h, on danse sur des vieux tubes, mais il faut réserver pour rester... Et presque en face, le patron a aussi ouvert le resto-bar-club chic **La Bullona** *(plan détachable, B2, 177 ; via P. della Francesca, 64 ;* ☎ *02-33-60-76-00 ;* ● *info@bullona.com* ● *; tlj sauf dim-lun 19h-5h)* dans une ancienne gare des *Ferrovie Nord Milano ;* et ça bouge bien !

🍷 **Les bars du corso Sempione** *(plan détachable, C3) :* entre la piazza Sempione et la via F. Melzi d'Eril. Ⓜ *Cadorna* ou *Gerusalemme ;* Ⓣ *nᵒˢ 1 et 10.* Dans cette petite portion du corso – à proximité du parco Sempione –, on débusque de nombreux bars animés, proposant un copieux *aperitivo.* Parmi ceux-ci, le **Bhangra-Bar** *(plan détachable, C3, 119 ; corso Sempione, 1 ;* ☎ *02-34-93-44-69 ;* ● *info@bhangrabar.it* ● *; tlj 18h-2h, plus 12h-15h dim)* affiche une ambiance indienne décalée. Également le **Jazz Caffè** *(plan détachable, C3, 178 ; corso Sempione, 8 ;* ☎ *02-33-60-40-39 ;* ● *booking@jazzcafe.it* ● *; tlj 8h-3h)* et son cadre assez intimiste qui plaît aux quadras. Sans oublier le classique **Duomo dal 1952** *(plan détachable, C3, 119 ; piazza Sempione, 5 ;* ☎ *02-48-01-72-24 ;* ● *prenotazioni@duomodal1952.com* ● *; tlj 8h-23h)* qui concentre aussi pas mal de suffrages. Sinon, allez-y à l'instinct !

🍷 🕺 **Old Fashion Club** *(zoom détachable, C3, 133) :* via Alemagna, 6. ☎ *02-805-62-31.* ● *info@oldfashion.it* ● Ⓜ *Cadorna ;* Ⓣ *nᵒˢ 1 et 19. À l'entrée du parc, sur le flanc gauche du Triennale Design Museum. Tlj sauf mar minuit-5h.* Agréablement située dans le parc Sempione, une boîte qui tourne depuis 1933 et qui ne désemplit pas ! Elle a même été déclarée lieu d'importance historique par la commune. Vaut surtout pour son grand jardin *(ouv mai-sept),* où l'on danse en plein air sur de la musique électro, hip-hop ou 90's... Quelques stars se cachent parfois dans la foule, à vous de les débusquer !

Où faire de bonnes affaires ?

❀ **Emporio Isola** *(plan détachable, C3, 154) :* via G. Prina, 11. ☎ *02-349-10-40.* Ⓜ *Gerusalemme ;* Ⓣ *nᵒˢ 1 et 10. Lun-sam 10h (15h lun)-19h30, dim 11h-19h.* En fond de cour, dans un ancien entrepôt avec verrière et mezzanine, on trouve une petite centaine de marques de prêt-à-porter pour hommes et femmes (dont *Dolce & Gabbana, Gucci, Max Mara, Armani, Prada...*) ; dégriffées mais pas données !

À voir

🏰🏰🏰 **Castello Sforzesco** *(zoom détachable, D4) :* piazza Castello. ☎ *02-88-46-37-03.* ● *milanocastello.it* ● *comune.milano.it/cultura/* ● Ⓜ *Cairoli, Cadorna ou Lanza ;* Ⓣ *nᵒˢ 1, 2, 4, 12 et 14. Tlj 7h-19h30. GRATUIT. Pour les musées : tlj sauf lun 9h-17h30 (dernière admission 17h). Entrée (valable 1 j.) : 5 € ; réduc ; gratuit moins de 18 ans et pour ts après 16h30 (14h mar) et le 1ᵉʳ dim du mois.* Tourist Museum Card acceptée. Audioguide en français (malheureusement incomplet : intro sur le castello et visite du Museo d'Arte Antica seulement ; 45 mn) 5 €. **Visites guidées des passages secrets du château** avec *l'association Ad Artem (infos et résas :* ☎ *02-659-77-28 ;* ● *adartem.it* ● *; tarif : 15 €, réduc ; durée : 1h30 ; en italien et en anglais seulement) :* celle des Merlate (créneaux) permet l'accès aux toits, et celle de la Ghirlanda suit les passages souterrains...

À VOIR | 111

Forteresse militaire au XIVe s sous les Visconti, partiellement démoli durant la république ambrosienne (1447-1450), le château prend sa forme définitive vers 1450 avec l'arrivée des Sforza, ducs de Milan, qui en font leur résidence. Du XVIe au XIXe s, le *castello* devient une caserne où s'installent les troupes d'occupation successives. Il est finalement rendu aux Milanais à la fin du XIXe s à l'occasion de l'unification de l'Italie. Ce quadrilatère en brique de 200 m de côté, limité à chaque extrémité de sa façade par 2 tours cylindriques, abrite aujourd'hui plusieurs musées que l'on peut parcourir d'une traite. Si vous voulez tout voir, réservez une belle plage horaire dans votre programme : les musées présentent de belles collections et une multitude de salles à traverser !

À BAS LE *CASTELLO* !

Lors de l'occupation napoléonienne, Bonaparte envisagea de se construire un immense complexe en son honneur : un palais entouré de nombreux bâtiments administratifs, de thermes, d'un théâtre, d'un musée, d'un panthéon... Pour cela, il avait besoin de place. Il demanda donc la destruction totale du castello Sforzesco. Heureusement, le projet ne vit jamais le jour, et seuls les murs du bastion ont disparu. La rue entourant le castello a toutefois pris le nom de foro Buonaparte, juste pour satisfaire son ego !

– **Museo d'Arte Antica** (musée d'Art ancien) : présente une riche collection de sculptures datant de l'Antiquité tardive à la Renaissance. Près de 2 000 œuvres qui en font le plus important recueil du genre en Lombardie. On passe d'abord sous l'***arco della Pusterla dei Fabbri***, ancienne porte médiévale de la ville, avant de contempler le **monument funéraire de Bernardo Visconti** : un élégant sarcophage sur colonnettes, sculpté de bas-reliefs et surmonté d'un cavalier (XIVe s). Aussi de nombreux éléments architecturaux provenant d'églises milanaises et lombardes. Le tout sous des plafonds grandioses décorés de fresques à l'époque de Sforza. D'ailleurs, levez bien haut votre museau dans la ***sala delle Asse***, la plus importante du château. Ce décor de forêt touffue du plafond est l'œuvre de Léonard de Vinci. On rappelle que le Maestro fut « l'homme à tout faire » du castello Sforzesco pendant 18 ans, sous Ludovic Sforza.

– **Armeria** (armurerie) : belle collection d'armes datant du Moyen Âge tardif au XVIIIe s : armures, pistolets, mousquets, épées, lances, casques...

– **Museo dei Mobili e delle Sculture Lignee** (musée des Meubles et des Sculptures en bois) : regroupe 6 siècles d'histoire du meuble du XVe au XXe s. Superbes cabinets marquetés, secrétaires sculptés, commodes ciselées et coffres rustiques. Le tout parsemé d'objets d'art : statues religieuses, calice, mappemonde, assiettes, et ce curieux automate en bois à tête de diable, brrrrr !

– **Pinacoteca** (pinacothèque) : rassemble près de 1 500 chefs-d'œuvre de l'art lombard du Moyen Âge au XVIIIe s. Bergognone, Bramantin, Bernardino Luini (élégant *Hercule et Atlas* en bichromie, *salle 21*), Vincenzo Foppa (étonnante *Vierge au livre*, *salle 21*), Marco d'Oggiono (curieuses *Noces de Cana* en arc de cercle, où les convives boivent dans des gobelets presque en plastique, *salle 21*), Giovanni

« JEUNE FILLE OBSCÈNE »

Le musée d'Art ancien livre un bas-relief du XIIe s représentant une jeune fille qui se rase le pubis. Provenant d'une porte de la ville, il s'agirait de la femme de Barberousse (qui assiéga la ville en 1162), ainsi ridiculisée par les Milanais en lui donnant la posture d'une prostituée. Les autorités exigeant alors ce rasage pour l'hygiène. Au XVIe s, l'archevêque de Milan ordonna le retrait de cette « sconcia fanciulla » (jeune fille obscène) de la Porta Tosa *(en patois milanais, « Tosa » signifiant « jeune fille » et « Tonsa » voulant dire « rasé »), qui devint la glorieuse* Porta Vittoria *au XIXe s.*

CASTELLO E CORSO SEMPIONE

Bellini (inhabituelle *Vierge à l'Enfant* portant un citron, *salle 22*) Giulio Cesare Procaccini, Andrea Mantegna (*Vierge à l'Enfant,* dont Jésus – pâlot – semble ausculté par sa mère, *salle 22*), Corrège, Tintoret (belle *Tête virile, salle 25*), Titien, Pietro Belotti (un *Gai Buveur* avec sa pipe coincée dans son chapeau, pour rigoler un peu, *salle 26*) et Giambattista Tiepolo sont quelques grands noms parmi d'autres. Et pour ceux qui ne sont pas encore allés à Venise, voici 2 grands tableaux de Canaletto en offrant un bel avant-goût ! Également quelques sculptures, dont la belle *Madonna Taccioli* de Bambaia *(salle 21).*

– ***Museo delle Arti Decorative*** *(musée des Arts décoratifs) :* c'est le plus important d'Italie ! Il rassemble une vaste section de céramiques, de faïences, de verrerie et de petits bronzes, mais aussi des ivoires, des tapisseries, des objets liturgiques et autres pièces d'art modernes.

– ***Museo degli Strumenti Musicali*** *(musée des Instruments de musique) :* évoque d'abord le travail de lutherie, dont Crémone et Milan demeurent les villes emblématiques. Puis une foule de mandolines, de guitares, de violons, de flûtes et de pianos. Voir notamment la célèbre viole incrustée de nacre du luthier milanais Giovanni Grancino. Également une riche collection d'instruments du monde.

– ***Museo Archeologico*** *(Musée archéologique) :* présente – au sous-sol – les principales cultures qui se sont succédé en Lombardie, du Néolithique à la romanisation, à travers de beaux objets mis au jour dans des nécropoles. Superbe vase rituel en forme de 3 canards (VIe s av. J.-C.), casques et protections de guerrier en bronze, épées en fer... Aussi une **section égyptienne** montrant statuettes funéraires, sarcophages, momies humaines et animales, amulettes, hiéroglyphes, etc.

– ***Museo Pietà Rondanini*** *:* le saint des saints du *castello* ! Là, dans une aile ouverte sur la grande place d'arme *(cortille delle Armi),* est exposée la magnifique sculpture de Michel-Ange, sa dernière œuvre restée inachevée. Le travail laisse à la pierre une épaisseur rugueuse et, en regardant attentivement, on se rend compte que la disposition initiale a été modifiée afin de rendre l'œuvre encore plus émouvante. On dit que Michel-Ange y travaillait encore 4 jours avant sa mort !

– Le castello Sforzesco renferme encore la ***Biblioteca Trivulziana*** *(lun-ven 9h-12h),* qui recèle de précieux volumes comme le *libretto di appunti* de Léonard de Vinci. Sans oublier la ***collection de Gravures « Achilles Bertarelli »*** *(lun-ven 9h-15h sur rdv seulement),* les ***Archives photographiques*** *(lun-ven 9h-12h sur rdv seulement),* la ***Bibliothèque archéologique et numismatique*** *(lun-ven sur rdv seulement),* la ***bibliothèque d'Art*** *(lun-ven 9h15-12h30, 13h30-16h30)* et la ***collection Vinciana*** *(mar-jeu 8h-16h30 sur rdv seulement).* Ouf, vous voilà arrivé au bout !

🎭 🚶 ***Museo d'Arte e Scienza*** *(zoom détachable, D4) : via Q. Sella, 4.* ☎ *02-72-02-24-88.* • *museoartescienza.com* • Ⓜ *Cairoli ou Lanza ;* Ⓣ *nos 1, 2, 4, 12 et 14. Lun-ven (plus dernier sam du mois) 10h-18h. Entrée : 5 € ; réduc. Audioguide en français inclus. Livret-guide en français pour les enfants (dès 9-10 ans) qui veulent jouer au détective de l'art.* Construit autour d'un laboratoire privé d'expertise d'œuvres d'art *(visite sur rdv),* ce musée instructif et sympa propose 3 parcours, au carrefour de l'art et de la science. La *1re section* présente 2 petites expos dédiées à Léonard de Vinci : l'une montrant ce qu'il réalisa au cours de son séjour à Milan (ses plans de machines de guerre cruelles, notamment !), l'autre portant sur son fameux *Traité de la peinture,* qui eut une grande influence sur la manière de peindre aux siècles suivants. Au sous-sol, le *2e parcours* est dédié aux techniques permettant de distinguer les œuvres d'art authentiques des copies. Comment savoir si un vase antique, une peinture du Moyen Âge ou un meuble de la Renaissance sont vrais ? Réponses dans les « stations interactives », pour voir, toucher, sentir, utiliser certains outils (loupe, microscope, lumière de Wood...) et finalement différencier les vrais objets des contrefaçons. Enfin, la *3e section* abrite une collection d'objets bouddhiques et africains...

🎭 ***Triennale Design Museum*** *(zoom détachable, C3) : viale Alemagna, 6.* ☎ *02-72-43-41.* • *triennale.it* • Ⓜ *Cadorna ;* Ⓣ *nos 1, 10 et 19.* 🍴 *Au bord du* parco Sempione. Tlj sauf lun 10h30-20h30 (dernière admission 19h30). Entrée : 12 € (ttes expos) ou 9 € (pour chaque expo) ; réduc. Programmation du moment sur le site internet. Conçu par l'architecte Giovanni Muzio, ce lieu dédié au design italien accueille de nombreuses expos temporaires, au roulement fréquent... Et côté parc, admirez aussi les *Bagni Misteriosi* (« Baigneurs mystérieux ») de Giorgio De Chirico : des statues grandeur nature à moitié immergées dans la fontaine face au musée ; c'est saisissant de réalisme ! Librairie-boutique sur place.

Triennale Design Café : *au rdc (côté parc) du Triennale Design Museum.* C'est une gentille adresse qui vaut beaucoup pour sa charmante terrasse sur le parco Sempione. Le lieu idéal pour boire un café et grignoter, sans que ce soit le coup de bambou.

Fondazione Achille Castiglioni *(zoom détachable, C-D4) : piazza Castello, 27. ☎ 02-805-36-06. Résas en ligne : • info@achillecastiglioni.it • fondazioneachillecastiglioni.it • Ⓜ Cadorna ; Ⓣ nos 1 et 4. Visite guidée (1h) parfois en français sur rdv mar-ven à 10h, 11h et 12h, plus jeu à 18h30, 19h30 et 20h30. Entrée : 10 € ; réduc.*
Né en 1918, Achille Castiglioni a d'abord formé avec ses frères Livio et Pier Giacomo un cabinet d'architectes du côté de s l'insuffisance de projets architecturaux conduit les frangins Castiglioni à développer des objets design pour des fabricants italiens soucieux de relancer leur activité après guerre. En 1952, restent Achille et Pier Giacomo, Livio ayant choisi de faire cavalier seul. Et à la mort prématurée de Pier Giacomo en 1968, Achille reste seul aux commandes du cabinet ; collaborant à la fabrication des objets avec les grands industriels du secteur, comme *Flos* (• flos.com •), *Zanotta* (• zanotta.it •) et *Alessi* (• alessi.com •). Il a travaillé dans cet atelier de 1962 jusqu'à sa mort en 2002. Le lieu est aujourd'hui le siège d'une fondation indépendante créée en 2011 par ses héritiers. Ce créateur, réputé pour sa drôlerie et son bon sens, créa des objets du quotidien non seulement design, mais aussi pratiques, à l'inverse de ses nombreux confrères. Connaissez-vous la célèbre **lampe Arco,** créée en 1962 ? C'est lui ! Fabriquée encore aujourd'hui par *Flos* et très souvent imitée, cette lampe affiche toujours un franc succès dans de nombreuses salles à manger. Quand au fameux **cendrier spirale,** réalisé en 1971 avec du fil de fer par *Alessi,* c'est lui aussi ! Et vous avez certainement déjà croisé aussi son **tabouret Mezzadro** (1957), inspiré d'un siège de tracteur agricole et toujours produit par *Zanotta*...
Parfois en français, la visite guidée est très instructive. En parcourant les 4 pièces de l'atelier, on découvre les 1ers prototypes d'Achille, ses modèles, ses planches à dessin, son mur à idées... Vivement conseillé !

Acquario civico *(plan détachable, D3) : viale Gerolamo Gadio, 2. ☎ 02-88-46-57-50. • acquariocivicomilano.eu • Ⓜ Lanza ; Ⓣ nos 2, 4, 12 et 14. Au bord du parco Sempione. Tlj sauf lun 9h-17h30 (dernière admission 17h). Entrée : 5 € ; réduc ; gratuit à partir de 16h30 (14h mar) et 1er dim du mois. Tourist Museum Card acceptée.* Le 3e plus vieil aquarium d'Europe, construit pour l'Exposition internationale de Milan en 1906. Il s'articule en rotonde et présente des bassins où l'on découvre faune et flore méditerranéennes, puis des lacs et fleuves nationaux, après une escale colorée en mer Rouge. Petit jardin avec tortues et poissons rouges. Bref, une visite rapide à coupler avec la visite du beau *parco Sempione (tlj 6h30-21h – 22h mai, 23h30 juin-sept)...* pour finir de défouler les gosses !

Via Paolo Sarpi *(plan détachable, C-D2-3) :* longue d'un petit kilomètre, cette rue piétonne est la colonne vertébrale du Chinatown de Milan. Si ce quartier a accueilli des immigrés de la province de Zhejiang dès les années 1920, cela ne fait qu'une quinzaine d'années qu'il est à presque 100 % chinois... jusqu'aux enseignes des boutiques en sinogrammes ! Ambiance dépaysante et animée.

Un peu plus loin

🏃 **Stadio Giuseppe Maezza, dit San Siro** *(hors plan détachable par A3)* **:** *piazzale A. Moratti.* ☎ *02-404-24-32.* ● *sansiro. net* ● *À 6 km à l'ouest de Milan.* Ⓜ *S. Siro Stadio. Visites (porte n° 8) tlj 9h30-18h (17h oct-mars) ; sous réserve de variation les jours de match ou d'événement ; dernière admission 30 mn avt.*

TIFOSI

Les supporters de football en Italie portent ce nom d'autant plus bizarre qu'il signifie « malade du typhus » ! On comprend mieux quand on sait que les symptômes sont : grosse fièvre, accélération du pouls et... forte soif !

Entrée : 17 € ; réduc. Attention : certaines parties du stade sont parfois fermées à la visite – sans sommation – en cas d'événement ; dans ce cas le prix du billet est trop élevé ! Construit en 1926 et agrandi à l'occasion du Mondial 90 pour accueillir 90 000 personnes, ce temple du football, cher à l'*Inter Milan* et au *Milan AC*, est une grande fierté de l'Italie. La visite débute par le **Museo di Inter e Milan,** retraçant la vie des 2 clubs à travers une foule de maillots de joueurs célèbres, mais aussi quelques reliques : coupures de presse, objets divers... Ensuite, direction les **vestiaires** (aujourd'hui, ça ne sent plus le fauve !), où les jeunes Italiennes ne peuvent s'empêcher de toucher le maillot de leur joueur fétiche, en versant une petite larme ! Puis, on emprunte le **tunnel** permettant l'accès au **terrain,** histoire de fouler un petit bout de cette pelouse mythique ! Là, sur le banc de touche, on est saisi par les mensurations énormes de l'édifice ; un peu comme des *Playmobil* dans un évier ! L'émotion s'achève par la visite des **tribunes** aux sièges colorés, qui vibrent d'effervescence les jours de match ! Enfin, sortie par la **boutique...** Et pour nos routards « footeux » désirant assister à un match : programme et achat des billets (une place au stadium, ça vaut de l'or !) sur les sites des 2 équipes : ● *inter.it* ● et ● *acmilan.com* ●

LE QUARTIER MAGENTA

- À voir............................117
  - Chiesa Santa Maria delle Grazie • Casa degli Atellani – la Vigna di Leonardo • Chiesa di San Maurizio al Monastero Maggiore • Museo civico archeologico
  - Museo nazionale Scienza e Tecnologia Leonardo Da Vinci
  - Basilica di Sant'Ambrogio

Dans ce quartier résidentiel tranquille et plutôt chic, vous croiserez surtout des Milanais qui, au hasard, sacrifient au rite du shopping le long du corso Vercelli. Et aussi quelques touristes – le nez dans leur plan – à la recherche de la fameuse *chiesa Santa Maria delle Grazie,* qui abrite la célébrissime *Cène* de Léonard de Vinci. Balade agréable dans les petites rues qui entourent la sublime *basilica di Sant'Ambrogio,* un gentil petit coin du Milan ancien que rajeunissent les étudiants de l'université du coin.

Où dormir ?

Prix moyens

🏠 *Dreams Hotel – Residenza Corso Magenta (zoom détachable, C4, 29) :* corso Magenta, 54. ☎ 02-643-20-37. • magenta@dreamshotel.it • dreams hotel.it • Ⓜ Cadorna ; 🚋 n° 16. Apparts (2-10 pers) 70-450 €. Au fin fond de cet immeuble colossal, une bonne trentaine d'appartements nickel et confortables (cuisine...), avec balcon pour certains. Aménagements contemporains discrets et plaisants. Bon rapport qualité-prix-accueil.

🏠 *B & B Hotel Milano (zoom détachable, C4, 33) :* via degli Olivetani, 4. ☎ 02-48-10-10-89. • mi.santam brogio@hotelbb.com • hotelbb.com • Ⓜ S. Ambrogio ; 🚋 n° 16. Doubles 75-115 €. Certes, c'est un hôtel de chaîne, mais il est bien placé et pratique des tarifs raisonnables. Plus de 90 chambres fonctionnelles et bien équipées. Déco standardisée dans un style contemporain simple, efficace et sympa, avec marbre au sol et une grande photo noir et blanc au-dessus du lit. Bon accueil.

De chic à très chic

🏠 *Antica Locanda Leonardo (zoom détachable, C4, 15) :* corso Magenta, 78. ☎ 02-48-01-41-97. • info@antica locandaleonardo.com • anticalocan daleonardo.com • Ⓜ Conciliazione ou Cadorna ; 🚋 n° 16. Doubles 75-380 €. Proche de la célèbre *Cène* de Léonard de Vinci, c'est un petit hôtel cosy installé dans un vieil immeuble de caractère, au fond d'un paisible *cortile.* Joli salon où flottent des notes de musique, avec des fenêtres à la française laissant apercevoir un beau jardinet. Une petite vingtaine de chambres confortables, soignées et affichant un style très classique : de-ci, de-là du vieux parquet, des meubles patinés, parfois une terrasse ou un balcon sur le jardin ou le patio... Accueil charmant et pro.

Où manger ?

Bon marché

🍽 |●| *Zibo (zoom détachable, C5, 110) :* via Caminadella, 21. ☎ 02-35-99-94-63. • info@zibocuochi.com • Ⓜ S. Ambrogio. *Tlj. Résa obligatoire. Sandwichs et plats 7-12 €.* Jolie petite salle cosy, mobilier dépareillé et ambiance vintage sous des éclairages indus' tamisés. Dans l'assiette, c'est une dînette simple mais super goûteuse, mitonnée avec des produits de qualité, « km 0 ». Surtout des sandwichs gourmets et des raviolis maison, déclinés aussi en formule veg'. À arroser d'une bière ou d'un verre de vin. On s'est régalé !

🥖 |●| *Panini Durini* (*zoom détachable, C4, 87*) : *corso Magenta, 31 (angle largo P. d'Ancona).* ☎ *02-89-09-40-56.* ● *info@paninidurini.it* ● Ⓜ *Cadorna ;* Ⓣ *n⁰ˢ 16 et 19. Tlj 7h-20h30. Panini et plats 5-13 €.* Une adresse plébiscitée pour ses *panini*, concoctés avec de bons produits frais de qualité. Aussi des *tramezzini*, des salades et quelques petits plats de saison simples. À dévorer dans une grande salle moderne, aérée et séduisante. Une adresse qui s'est multipliée dans Milan comme les petits pains qu'elle propose !

🥖 *Da Zero* (*zoom détachable, D4, 114*) : *via B. Luini, 9.* ☎ *02-83-52-91-89.* ● *info@cominciadazero.com* ● Ⓜ *Cairoli ;* Ⓣ *n⁰ˢ 16 et 19. Tlj 12h-15h, 19h-23h. Résa obligatoire. Pizze 4-15 €.* De belles pizzas aux bords rebondis, et garnies d'ingrédients de qualité puisés dans le terroir milanais. Le tout cuit au feu de bois par une armada de pizzaiolos déchaînés. Gentil cadre moderne discret, mais on n'est pas là pour ça ! Service efficace. Une adresse qui ne désemplit pas.

Chic

|●| *Boccondivino* (*zoom détachable, C4, 71*) : *via Carducci, 17.* ☎ *02-86-60-40.* ● *info@boccondivino.com* ● Ⓜ *Cadorna ou S. Ambrogio ;* Ⓣ *n⁰ˢ 16 et 19. Tlj sauf sam midi et dim. Résa obligatoire. Plats 8-15 € ; menus 45-60 €.* Une *trattoria* qui a pignon sur rue depuis 1976. D'ailleurs, de nombreux Milanais en ont fait leur cantine. À la carte, plats goûteux dans la pure tradition milanaise, mijotés avec des ingrédients de qualité sélectionnés dans le terroir local. Très bon plat du jour servi à midi uniquement. Le soir, en revanche, c'est beaucoup plus cher. Belle carte des vins. Service stylé.

Où boire un café ? Où déguster une pâtisserie ou une glace ?

☕ 🍰 *Caffetteria Leonardo* (*zoom détachable, C4, 128*) : *via A. Saffi, 7.* ☎ *02-439-03-02.* Ⓜ *Cadorna ;* Ⓣ *n⁰ˢ 1 et 19. Tlj 7h30 (8h w-e)-20h30.* Gentil petit café tout cosy, rendez-vous des habitants du quartier au long de la journée. Délicieuses pâtisseries maison, à accompagner d'un bon café. Bien au petit déj, et pour une pause gourmande entre 2 visites. Également quelques salades et autres bonnes bricoles salées à dévorer à midi. Accueil sympa.

🍰 ☕ *Pasticceria di Lillo* (*plan détachable, C4, 130*) : *via V. Monti, 47.* ☎ *02-481-32-33.* ● *pasticceriadilillo@gmail.com* ● Ⓜ *Conciliazione ;* Ⓣ *n⁰ˢ 1 et 19. Tlj 7h30-19h30 (12h dim).* Derrière sa déco boisée et ses sourires bienveillants, c'est une bonne petite pâtisserie de quartier. Le lieu idéal pour bien commencer la journée avec un *caffè-cornetto* au comptoir, au coude à coude avec les habitués. Aussi des en-cas salés à manger à midi. Terrasse sur rue pour poser une fesse.

🍦 *Gelato Fatto con Amore* (*zoom détachable, C-D4, 131*) : *corso Magenta, 30.* ● *sms.corsomagenta@gmail.com* ● Ⓜ *Cadorna ;* Ⓣ *n⁰ˢ 16 et 19. Tlj sauf dim 12h-23h.* Peu de parfums, mais des saveurs absolument renversantes ! Classiques glaces crémeuses et sorbets de saison concoctés avec des produits de haute qualité, triés sur le volet. On aime !

🍫 🍦 *Chocolat* (*zoom détachable, C4, 90*) : *via Boccaccio, 9.* ☎ *02-48-10-05-97.* ● *info@chocolatmilano.it* ● Ⓜ *Cadorna ;* Ⓣ *n⁰ˢ 1 et 19. Tlj 7h30 (8h sam, 10h dim)-1h.* Le royaume du chocolat et son palais des glaces ! Il y en a pour tous les goûts : chocolat fondant, au rhum, à l'orange... En hiver, on sirote un délicieux *cioccolata calda* accompagné d'une pâtisserie... au chocolat ! Agréable petite mezzanine au-dessus du comptoir. Une valeur sûre.

Où boire un verre ? Où sortir ?

Bar Magenta (zoom détachable, C4, **103**) : via Carducci, 13. ☎ 02-805-38-08. ● info@barmagenta.it ● Ⓜ Cadorna ; Ⓣ n°s 16 et 19. Tlj 8h-1h. Ouvert en 1907, cet étonnant café a conservé son décor Liberty d'origine : boiseries, lustres Tiffany, superbe horloge suspendue... Si le décor en jette, l'ambiance détendue est celle d'un bistrot de quartier, avec sa clientèle qui change selon l'heure. Buffet pantagruélique à l'*aperitivo* et du monde jusque tard qui sirote des verres en papotant sur le trottoir. Une bonne adresse, mais dont on évite le resto...

Où acheter de jolies robes ?

Labitino Easy Chic (zoom détachable, C4, **190**) : corso Magenta, 27. ☎ 02-89-01-12-38. Ⓜ Cadorna ; Ⓣ n°s 16 et 19. Tlj sauf dim 10h-14h30, 15h30-19h. Petit local pimpant pour de belles robes élégantes, bien taillées et colorées. Le tout confectionné par une petite créatrice de mode, et vendu à prix assez raisonnable, « de 59 à 129 € ». D'autres adresses à Milan.

À voir

Chiesa Santa Maria delle Grazie (zoom détachable, C4) : piazza Santa Maria delle Grazie, 2. ☎ 02-92-80-03-60. ● cenacolovinciano.net ● Ⓜ Cadorna ; Ⓣ n° 16. *Église :* lun-sam 10h-13h, 15h-18h ; dim 15h30-18h. GRATUIT. La Cène de Léonard de Vinci : tlj sauf lun 8h15-19h (dernière admission 18h45). **Attention, résa du ticket obligatoire – 2-3 semaines à l'avance (2-3 mois en été et à Noël) – par tél ou sur le site internet.** Malgré tt, il est parfois difficile d'obtenir des places, surtout en hte saison, car les agences raflent tt pour leurs groupes dès l'ouverture des résas. Si vous ne parvenez pas à réserver par tél ou sur le site internet, présentez-vous à la billetterie (tlj sauf lun 8h-18h45) – dès l'ouverture – pour connaître les créneaux horaires des désistements du jour (ça marche !) ; ou en demandant directement aux groupes qui attendent leur tour de visite sur le parvis (les billets étant achetés longtemps à l'avance, il n'est pas rare qu'une ou plusieurs pers du groupe ne viennent pas !). Entrée : 12 € (10 € + 2 € pour la résa) ; réduc ; gratuit moins de 18 ans (mais toujours 2 € de résa).

Temps d'admiration limité à 15 mn et 30 pers max. Audioguide en français : 3,50 €. **Important : à l'heure où nous bouclons ce guide, un changement de la société qui gère les visites de la célèbre Cène est prévu. Ainsi, les horaires, prix et procédure de résa pourraient être modifiés (se renseigner).**

Construite au XVe s, l'église se distingue par son dôme Renaissance à 16 pans entouré d'une galerie et soutenu par des arcs monumentaux. Bramante est l'auteur de cette petite merveille de finesse et d'équilibre, et aussi

> ### LÉONARD DILETTANTE ?
>
> *De Vinci était doué, si doué qu'il toucha à tout, sans aucune cohérence entre ses œuvres. Au total, il n'acheva qu'une dizaine de tableaux et encore moins de statues. Il dessina plein de plans sans ériger un seul bâtiment. Il conçut de nombreuses machines géniales sans en construire une seule. François Ier lui demanda de dessiner une nouvelle capitale pour la France, Romorantin... mais il mourut après 2 ans de travail. À la fin de sa vie, il dit : « J'ai perdu mon temps. »*

de l'harmonieux cloître que vous ne manquerez pas de visiter. Cette église et la célèbre **Cène** *(Cenacolo Vinciano)* de Léonard de Vinci sont classées au Patrimoine de l'Unesco depuis 1980. Cette dernière fut peinte dans le réfectoire de l'ancien couvent dominicain qui jouxte l'église et dont l'entrée demeure à gauche de la façade. Cette grande fresque (9 m x 5 m environ) est l'œuvre la plus illustre du Maestro après *La Joconde. La Cène* de Léonard de Vinci est pour l'histoire de la peinture de la Renaissance aussi importante que la chapelle Sixtine de Michel-Ange ou les chambres du Vatican de Raphaël : elle a tout de suite bouleversé des peintres, qui s'en inspirèrent largement. *La Cène* est considérée comme le chef-d'œuvre de Léonard de Vinci. Malheureusement, tout génie a ses faiblesses, et la technique qu'il utilisa pour peindre la fresque, en partie par des retouches à sec, s'est révélée un tel échec que, 20 ans après sa réalisation, les observateurs constataient déjà les dégradations !

Réalisée à la fin du XVe s, *La Cène* se montre d'une modernité déconcertante. Tout d'abord, Judas est installé au milieu des autres apôtres et non en bout de table, comme souvent à l'époque. Les apôtres sont groupés par 3 avec le Christ au centre et à sa droite un trio d'exception : Jean, le disciple préféré ; Judas, par qui le malheur arrive ; et Pierre, le bâtisseur de l'Église. Contrairement à l'habitude où la Cène représente le moment où Jésus désigne Judas comme le futur traître, Léonard de Vinci a choisi de représenter un instant bien précis : celui où Jésus annonce qu'il va être trahi. À ce moment, Pierre, qui porte un couteau – symbolisant certainement son ambiguïté qui l'amènera à renier Jésus avant de bâtir son Église –, se penche inquiet vers Jean pour lui demander d'interroger Jésus sur l'identité du traître. C'est pourquoi Jean est nettement séparé de Jésus.

Admirez l'importance des mouvements des mains et les expressions des visages qui illustrent toutes les émotions possibles. Comme si la parole du Christ touchait les apôtres les uns après les autres, comme l'onde qu'un caillou crée à la surface de l'eau. La tête du Christ est plus petite que celle de tous les apôtres, même si elle figure dans le même plan ; ce qui donne cet effet d'arrondi. Derrière lui, 3 fenêtres illustrant

LA VENGEANCE DE LÉONARD

Il commença son chef-d'œuvre en 1494. Le prieur n'arrêtait pas de houspiller l'artiste. D'ailleurs, en 1497, la fresque n'était toujours pas achevée. Harcelé sans cesse, Léonard emprunta le visage dudit prieur pour peindre… Judas ! Voilà pourquoi le clergé respecta si peu l'œuvre.

certainement la Sainte-Trinité. Mais tout est fait pour concentrer l'énergie sur le Christ au centre de la table. Regardez bien, il semble en fait au centre d'un arc de cercle formé par les apôtres alors que la table est droite ! Les couleurs, les volumes, les émotions, le réalisme, la mise en scène font de cette fresque une œuvre d'exception, en avance sur son temps, souvent copiée mais jamais égalée. Un chef-d'œuvre qui a traversé les siècles et dont on peut ressentir l'impact encore aujourd'hui.

🍴 **Casa degli Atellani – la Vigna di Leonardo** *(maison des Atellani – vigne de Léonard de Vinci ; zoom détachable, C4)* **:** *corso Magenta, 65.* ☎ *02-481-61-50.* ● *vignadileonardo.com* ● Ⓜ *Cadorna ;* 🚋 *n° 16. Face à la chiesa Santa Maria delle Grazie. Tlj 9h-18h (dernière admission 17h30). Entrée : 10 € ; réduc. Audioguide en français inclus (30 mn).* Cette maison – l'une des plus prestigieuses de son époque – a été construite à la fin du XVe s sur ordre de Ludovico Sforza, duc de Milan. Il voulait ainsi récompenser les Atellani, fidèle famille de courtisans et de diplomates, originaire de la Basilicate. En tout, 4 familles se sont succédées dans cette demeure, dont le dernier proprio fut le grand industriel Ettore Conti, bien connu pour avoir tenu tête à Mussolini. Quand il rachète la maison en 1919, sa femme la juge sévèrement : « c'est un taudis ! » La restauration est alors confiée à Piero Portaluppi, célèbre architecte milanais, qui en fait un « palais ».

Aussi, plusieurs époques architecturales s'inscrivent-elles dans le style et la déco intérieure de cette demeure. Une fois traversé le superbe *patio (cortile)*, on entre par la **salle des Zodiaques,** décorée de fresques et dont les lunettes des voûtes recèlent les signes du zodiaque. Le sol demeure une référence de l'art de la mosaïque. Puis on passe dans la **salle des portraits,** livrant 14 portraits en médaillon d'illustres membres de la famille Sforza, croqués par le célèbre peintre de la Renaissance Bernardino Luini. Là, le sol est semé de lettres P, probablement l'initiale de Portaluppi. La visite se poursuit dans le **salon d'Ettore Conti** *(studio),* aux murs recouverts de boiseries. Féru d'art, d'architecture et d'histoire, Conti finança en 1946 une partie des travaux de réfection du Duomo de Milan, partiellement détruit pendant la guerre. L'homme d'affaires est d'ailleurs enterré dans l'une de ses chapelles... aux côtés de la famille Atellani ! Ensuite, jetez donc un œil aux majestueux **escaliers,** créés en 1922 par Portaluppi, et qui desservent les pièces du 1er étage (non visitables). Là, dans cette salle, admirez les vestiges des fresques florales du peintre Francesco di Giorgio Martini, qui se trouvaient à l'origine sur la façade extérieure de la maison... Enfin, on se promène dans le joli **jardin des Délices** *(giardino delle Delizie),* au fond duquel s'épanouissent quelques pieds de la fameuse **vigne de Léonard de Vinci,** qui s'étendait à l'origine sur plus de 8 000 m². Le Maestro y tenait beaucoup. Portée sur son testament, il la légua à son plus fidèle serviteur. Au fil du temps, la vigne fut rognée par les constructions voisines. L'architecte Portaluppi en préserva quelques ceps, qui malheureusement partirent en fumée lors de l'incendie de l'atelier de Léonard de Vinci dans les années 1930. Mais c'était sans compter la pugnacité d'un groupe de scientifiques-admirateurs du Maître, qui reconstituèrent l'ADN de cette vigne, pour en replanter ici quelques pieds en 2015 !

Chiesa di San Maurizio al Monastero Maggiore *(zoom détachable, D4)* **:** *corso Magenta, 13.* ☎ *02-86-45-00-11.* • *touringclub.it* • Ⓜ *Cadorna ;* Ⓣ *n°s 16 et 19. Tlj sauf lun 9h30-19h30. GRATUIT. Vespri musicali certains sam à 18h30 (se renseigner).*

Érigée en 1509 par Gian Giacomo Dolcebuono sur un ancien site carolingien, cette église, autrefois couvent de bénédictines, a tout pour plaire ! Ne vous arrêtez pas à la **façade,** austère et tristounette, car ce secret milanais renferme bien des trésors...

À l'intérieur, la profusion décorative est au rendez-vous ! Ici prime le mélange des genres, et le style néomédiéval (voyez la voûte et ses croisées d'ogives) va puiser dans le répertoire classique (stucs dorés, colonnettes en marbre). Un mur divise l'église en deux, séparant ainsi la partie réservée aux fidèles avec l'autel, de l'autre destinée aux religieuses avec ses chaires en bois. Murs et plafonds sont recouverts de fresques aussi superbes qu'émouvantes, véritables témoignages de l'école lombarde du XVIe s. Peintes pour l'essentiel par Luini et ses fils, elles étonnent par leur douceur, d'un naturel à couper le souffle. Les drapés, les gestes, la pose des personnages, la fraîcheur des visages, l'intensité des regards... tout ici est sujet à l'admiration ! Les chapelles latérales, dont certaines sont consacrées à des familles de la noblesse milanaise, montrent des paysages ou des thèmes bibliques : Arche de Noé, Ecce Homo, Descente de croix, Résurrection... Et n'oubliez pas de jeter un œil aux magnifiques orgues d'époque.

Museo civico archeologico *(zoom détachable, D4)* **:** *corso Magenta, 15.* ☎ *02-88-44-52-08.* • *comune.milano.it/cultura/* • Ⓜ *Cadorna ;* Ⓣ *n°s 16 et 19. Bâtiment voisin de la chiesa di San Maurizio. Tlj sauf lun 9h-17h30 (dernière admission 17h). Entrée : 5 € ; réduc ; gratuit à partir de 16h30 (14h mar) et 1er dim du mois. Tourist Museum Card acceptée.*

Cet intéressant musée occupe l'ancien couvent San Maurizio, qui jouxte sa fameuse église (voir plus haut). Également un bâtiment moderne que l'on atteint en traversant le jardin-cloître flanqué d'une tour carrée (le campanile de l'église) de l'ancien cirque romain et d'une autre, octogonale, appartenant à l'enceinte médiévale... Présentation moderne et didactique de magnifiques objets archéologiques découverts lors de fouilles à Milan et dans la région.

Dans le bâtiment ancien
– Au **rez-de-chaussée,** superbe collection de fragments de statures provenant de la *Mediolanum* romaine (voir la maquette de la ville à cette époque), dont une tête de Jupiter colossale et massive, un Hercule exagérément musclé et vêtu d'une feuille de vigne... maousse ! Également une foule de beaux objets du quotidien : aiguilles en os, lampes en terre cuite, vaisselle en bronze, bouteilles en verre, bijoux, matériel rituel découvert dans des tombes... Étonnant plat cultuel en argent de Parabiago dont la déco montre Cybèle, la déesse mère gréco-romaine (IVe s). Et puis encore des stèles, de jolis petits bronzes votifs...
– Le **sous-sol** abrite une petite collection d'objets bouddhistes inattendue, évoquant les relations jadis entre l'Orient et l'Occident... Aussi des expos temporaires.

Dans le bâtiment moderne
– Au **rez-de-chaussée,** belle petite section consacrée à la colonie romaine de *Caesarea Maritima* (en Israël) et à sa nécropole cosmopolite : verres, urnes funéraires, bijoux en or, curieuses grosses lampes à huile, étonnant petits miroirs en forme d'étoile et cerclés de terre cuite, sarcophage en plomb...
– Le **1er étage** est consacré au haut Moyen Âge (VIe-XIe s), période qui succède à l'Antiquité. Là, superbes bijoux et autres parements d'habits en or et en argent, fragments de boucliers, épées... Aussi un ossuaire, source d'étude des maladies humaines : rhumatismes, tuberculose, goutte, syphilis...
– Au **2e étage,** la section étrusque livre de très beaux objets en bronze : vases, cruches, bijoux, épingles à cheveux, ex-voto... Aussi des urnes funéraires en *terracotta* et de jolis vases en céramique provenant de nécropoles.
– Au **3e étage,** en pleine section grecque, on est frappé par les traits simples de cette statuette de femme (2400-2100 av. J.-C.) en marbre des Cyclades, à la signification inconnue ! Superbe collection de vases attiques (Ve s av. J.-C.) de toutes formes et aux décors variés (mythologie, scènes de guerre...), élégantes statuettes de femmes en terre cuite, dont certaines articulées comme des pantins, bijoux en or et en pâte de verre, petites céramiques fines utilisées pour la toilette, curieux masques de théâtre, magnifiques casques en bronze...

Museo nazionale Scienza e Tecnologia Leonardo Da Vinci *(zoom détachable, C4-5)* **:** via San Vittore, 21. ☎ 02-48-55-51. ● museoscienza.org ● Ⓜ Sant'Ambrogio. *Tlj sauf lun 10h-18h (18h30 w-e et j. fériés) ; dernière admission 30 mn avt. Entrée : 10 € (4,50 € l'heure précédant la fermeture) ; réduc.*
Cet ancien monastère du XVIe s compte 3 niveaux consacrés aux sciences et techniques qui ont façonné notre culture occidentale, évoquées à travers de riches collections d'objets. C'est le plus grand musée du genre en Italie. À l'étage, la **galleria Leonardo da Vinci** rassemble maintes copies de documents sur les recherches du maître, et de nombreuses maquettes de machines – souvent pittoresques – construites d'après ses plans : canons à plusieurs gueules, grues de levage, presses d'imprimerie à bras, roues à aubes, et la fameuse machine volante... qui ne vola jamais ! Ensuite, la très belle section consacrée à l'**espace** *(Spazio)* montre de vieux télescopes, des globes terrestres du XVIIe s et du matériel spatial étonnant comme ces combinaisons de vol... Puis on enchaîne sur les **télécommunications** : du télégraphe optique à la télévision, en passant par la radio, le téléphone, etc., évoqués par une foule d'objets souvent étranges. Le soussol, dédale de couloirs parsemés d'incroyables machines – véritables monstres d'acier –, est dédié à la **métallurgie** et aux **énergies.** À l'extérieur, voir la reconstitution de la **vieille gare** abritant des locomotives à vapeur et leurs wagons. Et ne ratez pas non plus la visite du **sous-marin Enrico Toti,** en service dans la marine italienne dès 1967. Enfin, l'immense **pavillon aéronaval** est construit autour d'un navire en bois de 52 m de long, le brigantin *Ebe,* lancé en 1921. Juste à côté,

À VOIR | 121

impressionnante reconstitution de la timonerie du paquebot transatlantique *Conte Biancamano* (1925). Sans oublier la jolie collection d'avions anciens à l'étage et le catamaran hydrofoil *Prada* conçu pour disputer l'America's Cup dès 2013...

🎭 ***Basilica di Sant'Ambrogio*** *(zoom détachable, C4-5) :* piazza Sant'Ambrogio, 15. ☎ 02-86-45-08-95. ● basilicasantambrogio. it ● Ⓜ S. Ambrogio. Lun-sam 10h-12h, 14h30-18h ; dim et j. fériés 15h-17h. GRATUIT.

L'un des chefs-d'œuvre de l'art roman lombard et milanais en particulier. D'abord dédiée aux martyrs chrétiens Gervais et Protais, puis au très populaire saint Ambroise dès sa mort en 397. Gaulois de naissance, saint Ambroise fut envoyé à Milan par Rome en tant que gouverneur afin d'apaiser les tensions entre Milanais « ariens » et Milanais « catholiques » à la mort de leur évêque. En deux mots, les ariens considéraient que Jésus n'était qu'un homme à travers lequel Dieu s'était exprimé, tandis que les catholiques s'attachaient à la notion de Sainte-Trinité (Père, Fils et Saint-Esprit). Le charisme de cet ardent défenseur de l'orthodoxie trinitaire fut tel que la population fit de lui son nouvel évêque. De l'église originelle construite à partir de 379, il ne reste que très peu de choses, et la structure actuelle de cette basilique – en brique rouge – est essentiellement romane (XIIe s). Et une partie des pierres provient des murs de l'enceinte romaine et du cirque.

À l'extérieur
Ce qui frappe d'abord, c'est cet immense et magnifique **atrium** roman à colonnades qui précède l'entrée de l'église, elle aussi très originale car formée d'un narthex surmonté d'une galerie, et tous deux surmontés de 3 arcs superposés, avec une très belle vue sur les 2 clochers. Admirez donc les magnifiques chapiteaux des colonnes de l'atrium, représentant des animaux domestiques et des créatures fantastiques et monstrueuses. À voir aussi : l'imposante porte en bois sculpté avec ses 2 belles têtes de lions en guise de poignées.

À l'intérieur
– Structure à **3 nefs** soutenues par 2 volées de colonnes avec de très beaux chapiteaux ; le tout soutenant des voûtes en brique. Sur le 2e pilier à gauche, beau fragment de fresque du XIIIe s avec un portrait de saint Ambroise. Voir aussi cette curieuse colonne antique détachée dans la nef centrale et surmontée d'un serpent de bronze noir qui aurait été forgé par Moïse lui-même ! Belle *chaire* sculptée, chef-d'œuvre de l'art roman lombard (XIIe s) qui intègre un sarcophage romain du IVe s ciselé de bas-reliefs ; le tout surmonté d'un aigle d'or.
– **Les chapelles** *(nef de droite) :* elles sont toutes jolies et intéressantes, mais on notera particulièrement la première en entrant avec une magnifique fresque représentant une Déposition du XVIe s (attribuée à Gaudenzio Ferrari, l'un des peintres milanais les plus en vue de l'époque) et une très belle représentation maniériste de saint Ambroise interdisant l'entrée de la basilique à l'empereur Théodose. Dans la 2e chapelle, superbes peintures de Tiepolo (XVIIIe s).
– **Le chœur :** magnifique autel plaqué d'or ouvragé dit « de Volvinius », chef-d'œuvre de l'art carolingien, entouré de 4 colonnes d'origine, elles-mêmes surmontées de magnifiques stucs du IXe s. Le tout formant un ciborium monumental de toute beauté qui, dans sa partie haute, met en scène saint Ambroise recevant l'hommage des évêques Gervais et Protais. Au fond de l'abside centrale, grandiose mosaïque datant des VIe et VIIIe s mais largement remaniée aux XVIIIe-XIXe s, représentant le Christ entouré de saints et de martyrs milanais.
– La **crypte** contiendrait les squelettes de saint Ambroise, Gervais et Protais, dans une châsse en argent et cristal du XIXe s. Surtout, ne pas rater le ***musée du Trésor*** *(au fond de la nef de droite ; entrée : 2 €) :* mosaïques originales du IVe s dans la petite chapelle San Vittore, dont la 1re représentation de saint Ambroise sur la gauche. Également un triptyque de Bernadino Zenale avec saint Jérôme, saint Ambroise et la Vierge à l'Enfant. Et un fragment de mosaïque et pâte de verre de

LE QUARTIER MAGENTA

la même époque représentant l'agneau mystique, une fresque du XVe s de Bergognone, peintre milanais, illustrant le petit Jésus parmi les docteurs, et de beaux fragments de fresques du XIIIe s.
– **Les chapelles** *(nef de gauche)* **:** dans la 1re chapelle gauche en entrant, magnifiques fonts baptismaux du XIXe s du sculpteur Lombardi, belle fresque du XVe s de Bergognone représentant le Christ, et illustration baroque (XVIIe s) du paradis dans la coupole du plafond.

Sur la place, en sortant de la basilique, à droite, vous ne manquerez pas... la **colonne du diable,** reconnaissable aux 2 trous qu'elle présente dans sa partie basse. La légende veut que le diable, tentant de transpercer saint Ambroise et le manquant, ait troué la colonne de marbre en 2 endroits, qui correspondent à ses 2 cornes. Il se serait ensuite transformé en soufre, une odeur que nos chanceux lecteurs à l'imagination fertile pourront sentir en approchant leur nez des trous !

LE QUARTIER PORTA TICINESE E NAVIGLI

- À voir. À faire 128
  - Basilica di San Lorenzo Maggiore • Basilica di Sant'Eustorgio • Cappella Portinari – Museo della Basilica di Sant'Eustorgio • Museo diocesano • Porta Ticinese medievale • Navigli • Balade en bateau sur les bateaux • Chiesa Santa Maria dei Miracoli presso San Celso • Du côté de la porta Genova : Armani / Silos, MUDEC – Museo delle Culture, Laboratori Scala Ansaldo

Si ce vieux quartier populaire traînait, jusque dans les années 1990, une réputation peu flatteuse, il est aujourd'hui devenu l'un des épicentres de la « *movida* » milanaise. Au long du corso di Porta Ticinese s'alignent les petites boutiques branchées. De l'autre côté des voies ferrées de la porta Genova, d'anciennes usines accueillent désormais les grands noms du Milan de la mode (si vous vous baladez par là, jetez un coup d'œil au futuriste Armani Teatro, via Bergognone). Et c'est peut-être bien ici que, d'*aperitivo* en club électro, Milan vit le plus la nuit, notamment sur les berges des Navigli, derniers canaux d'un réseau autrefois beaucoup plus important. Dans la journée, les amateurs de *street art* s'useront les yeux sur les murs de ce quartier qui a, malgré tout, su conserver sa fibre popu, sinon un brin militante.

Où dormir ?

De prix moyens à chic

🏠 **Cocoon B & B** (*plan détachable, C5, 27*) : via Voghera, 7. ☎ 349-860-60-14. ● miabuzzi@yahoo.com ● cocoonbb.com ● Ⓜ Porta Genova F.S. ; Ⓣ n° 9. Doubles 95-115 €. Dans une rue calme et pourtant tout près de l'animation nocturne du quartier des Navigli. Derrière la façade rouge de sa jolie maison, un ancien bâtiment industriel de la fin du XIXe s, Mia – architecte francophone – a aménagé plusieurs belles chambres. Confortables, soignées et décorées avec goût et une petite pointe de charme. Petit déj servi dans une salle ouverte sur le joli jardin. Bon rapport qualité-prix-accueil pour cet exquis B & B. On recommande !

🏠 **Art Hotel Navigli** (*plan détachable, C6, 28*) : via A. Fumagalli, 4. ☎ 02-894-38. ● info@arthotelnavigli.com ● arthotelnavigli.com ● Ⓜ Porta Genova F.S. ; Ⓣ n° 2. Doubles 85-205 €. Si la façade de cet hôtel moderne est peu avenante, son intérieur est plus sympa, parsemé de peintures et d'œuvres colorées d'artistes contemporains. Une centaine de chambres spacieuses, lumineuses et confortables. Certaines avec petite terrasse privée. Agréable toit-terrasse avec spa et espace bien-être. Canal et animation proche. Service accueillant et efficace.

🏠 **Hotel Milano Navigli** (*zoom détachable, D5, 37*) : piazza S. Eustorgio, 2. ☎ 02-36-55-37-51. ● info@hotelmilanonavigli.it ● hotelmilanonavigli.it ● Ⓜ Porta Genova F.S. ; Ⓣ n°s 3 et 9. Doubles 110-170 €. Tout proche de l'effervescence des Navigli et pas loin de l'hyper-centre historique, c'est un hôtel moderne aux chambres tout confort et nickel. Déco contemporaine sobre, égaillée par quelques pointes de couleurs. Les plus chères sont dotées d'un balcon sur la place de la basilique Sant'Eustorgio. Bon accueil.

De chic à très chic

🏠 **Maison Borella** (*zoom détachable, C6, 32*) : alzaia Naviglio Grande, 8. ☎ 02-58-10-91-14. ● mail@

hotelmaisonborella.com ● hotelmaisonborella.com ● Ⓜ *Porta Genova F.S.* ; 🚃 *n°s 3 et 9. Doubles 160-255 €.* Le temps semble s'être arrêté dans ce boutique-hôtel installé dans une pittoresque maison du XVIIIe s, posée au bord du canal animé (excellente insonorisation). Une trentaine de belles chambres élégantes, au confort douillet. Vue sur le canal pour certaines. Accueil pro.

Où manger ?

Sur le pouce

🍴 **Il Kiosko** (zoom détachable, D6, 45) : *piazza XXIV Maggio.* ☎ *02-89-40-22-24.* ● *ilkiosko.24maggio@gmail.com* ● Ⓜ *Porta Genova F.S.* ; 🚃 *n°s 3 et 9. Tlj 7h-20h. Moins de 10 €.* À l'angle sud-ouest de la place, un bel étalage de poissons frais. On sert aussi – dans des cornets en papier – des poissons frits sur demande qu'on va manger sur les quais de la Darsena, en contrebas. Également des *fishburgers* et des sushis. Un vrai régal d'une grande fraîcheur et sans se ruiner !

De très bon marché à bon marché

🍴 **Betto** (zoom détachable, D5, 132) : *corso di Porta Ticinese, 58.* ☎ *02-39-81-08-98.* Ⓜ *S. Ambrogio* ; 🚃 *n° 3. Tlj 7h30-21h (minuit sam). Moins de 10 €.* On vient ici retrouver un petit air de Sicile avec de délicieuses pâtisseries comme les *cannoli*, ces petits tubes fourrés d'un mélange de ricotta et de poire, de pistache... Et pour ceux qui veulent avaler du salé : lasagnes, *parmigiana* et de bons *arancini* siciliens. Le lieu idéal pour se faire une dînette toute simple et à petits prix ; les étudiants du coin l'ont bien compris ! Service stylé et pro.

🍴 **Pizzeria del Ticinese** (zoom détachable, D5, 54) : *corso di Porta Ticinese, 65.* ☎ *02-89-40-29-70.* Ⓜ *S. Ambrogio* ; 🚃 *n° 3. Tlj sauf lun (ven-dim 12h-minuit en continu). Pizze 7-12 €.* Avec sa bonne odeur de feu de bois, on se sent attiré par ce petit resto qui utilise de la farine intégrale sans gluten et de l'eau filtrée pour préparer/concocter ses *pizze* fines, à garnitures copieuses et de qualité *ottima* ! Aussi quelques bons petits plats du jour pour varier un peu, du genre lasagnes, *melanzane, cotoletta alla milanese*... À dévorer sans compter sur des tables en marbre vert. Clientèle d'habitués et accueil charmant.

🍴 **Trattoria Madonnina** (plan détachable, D6, 81) : *via Gentilino, 6.* ☎ *02-89-40-90-89.* ● *locbaloc@gmail.com.* ● Ⓜ *Porta Genova F.S.* ; 🚃 *n°s 3, 9 et 15. Tlj sauf lun-mar soir et dim. Résa conseillée. Plats 6-14 €.* Bien connue des Milanais, c'est une authentique *trattoria* affichant une déco dans son jus : affiches d'autrefois, nappes à carreaux et bibelots sur le vieux buffet de bois. À la carte, renouvelée quotidiennement, une poignée de plats tout simples, frais, bons et pas chers. Quelques tables sur l'arrière, sous la treille de la terrasse. Accueil gentil. On aime !

De bon marché à prix moyens

🍴 **Trattoria della Gloria** (plan détachable, C6, 82) : *via Mario Pichi, 5 (angle via Borsi).* ☎ *02-47-47-10.* ● *trattoriadelagloria@fastwebnet.it* ● Ⓜ *Porta Genova F.S.* ; 🚃 *n° 3. Tlj sauf sam midi et dim-lun. Résa conseillée. Plats 9-19 €.* Une belle adresse familiale, dont la petite salle vibre souvent aux sons des conversations des habitués. Au menu, de bons petits plats maison qui suivent le fil des saisons, tout en se baladant du nord au sud de l'Italie. Bref, un régal de l'accueil à l'assiette !

🍴 **A Casa** (zoom détachable, D5, 145) : *via Conca del Naviglio, 37.* ☎ *02-36-74-33-50.* ● *info.acasaeatery@gmail.com* ● Ⓜ *Porta Genova F.S.* ; 🚃 *n°s 2, 3 et 14. Tlj. Résa conseillée. Plats 13-21 €* ; *formules déj 8-12 €.* Derrière cette façade sans charme, une salle de resto chaleureuse et sympa, au mobilier vintage à dominante formica. Au menu, élégante cuisine de saison aux saveurs inédites, inspirée par le Sud de l'Italie. Rapport qualité-prix correct. Service gentil et efficace.

|●| **Drogheria Milanese** (zoom détachable, D5, 183) **:** via Conca del Naviglio, 7. ☎ 02-58-11-48-43. ● info@sevengroup.it ● Ⓜ S. Ambrogio ; 🚊 n°s 2 et 14. Tlj 12h-15h, 18h-minuit. Résa obligatoire. Plats 12-21 €. Un endroit charmant et chaleureux, où la jeunesse dorée milanaise aime se retrouver autour de grandes tablées braillardes ! Jolie déco à mi-chemin entre l'épicerie fine et la cantoche, à grand renfort de mobilier vintage. Les ingrédients sont frais et les plats bien tournés : bonnes viandes, burgers, tartares, mezze... Service rodé et avenant. Une adresse plutôt branchée.

|●| **Cantina della Vetra** (zoom détachable, D5, 56) **:** via Pio IV, 3 (angle piazza Vetra). ☎ 02-89-40-38-43. ● bistrot@cantinadellavetra.it ● Ⓜ S. Ambrogio ou Missori ; 🚊 n° 3. ♿ Tlj sauf lun midi. Résa conseillée. Plats 12-25 €. Sur le flanc gauche de l'église San Lorenzo, un resto avec vue sur un petit parc où jouent les gamins du quartier. Cadre boisé à l'ancienne pour une ambiance animée autour des grandes tables en bois ou sur la mezzanine qui les surplombe. Appétissants *antipasti* et petit choix de succulentes spécialités du Nord de l'Italie. On peut aussi y venir pour le brunch du dimanche. Une excellente adresse.

De prix moyens à chic

|●| **Erba Brusca** (hors plan détachable par C6, 146) **:** Alzaia Naviglio Pavese, 286. ☎ 02-87-38-07-11. ● info@erbabrusca.it ● Ⓜ Abbiategrasso, puis 10-15 mn à pied. Tlj sauf lun-mar. Résa obligatoire. Plats 12-20 € ; menus 24 € le midi sauf dim, 35-42 € le soir. Cette petite maison en bord de canal livre, à l'arrière, une charmante terrasse en bois, ouverte sur le potager. Ici, les produits maison – frais et de saison – sont à l'honneur, sans compter ceux choisis avec soin chez les petits producteurs locaux. Telle est la genèse de cette formidable cuisine, aux saveurs aussi originales qu'inattendues. Comme dans le menu « carte blanche » dont la chef talentueuse garde le secret des plats jusqu'à votre table. C'est sûr, on reviendra.

|●| **Joe Cipolla** (zoom détachable, C5, 57) **:** via Vigevano, 33. ☎ 02-58-11-43-63. ● info@joecipolla.it ● Ⓜ Porta Genova F.S. ; 🚊 n° 10. Tlj sauf dim 19h-minuit. Résa conseillée. Plats 19-29 € ; menus 39-52 €. Cadre rustique et chaleureux : nappes à carreaux, murs couverts de bois, parsemés de photos noir et blanc... Si vous aimez la viande, vous voilà servi : entrecôte argentine, contre-filet de bison, *ribeye* de Nouvelle-Zélande, côtes de sanglier... Le tout débité et grillé en salle, puis présenté avec soin et servi en grosses quantités, avec de délicieux vins. Petits appétits s'abstenir. On s'est régalés comme des ogres !

|●| **El Brellin** (zoom détachable, C6, 58) **:** alzaia Naviglio Grande, 14 (angle vic. dei Lavandai). ☎ 02-58-10-13-51. ● info@brellin.com ● Ⓜ Porta Genova F.S. ; 🚊 n°s 9, 10. Tlj 12h30-15h, 18h30-1h. Plats 15-29 €. *Jazz live mer soir.* Ceux qui aiment les lieux chargés d'histoire apprécieront autant le raffinement de la savoureuse cuisine lombarde revisitée, que le cachet indéniable du lieu : vieilles poutres et lumière tamisée des salles ; le tout jouxtant un authentique lavoir d'antan (les lavandières venaient dans cette maison pour s'approvisionner en eau chaude et en savon). Terrasse au bord du canal aux beaux jours, vite prise d'assaut. Accueil quelconque, dommage.

Où boire un café ?
Où déguster une pâtisserie ou une glace ?

🍰 ☕ **Pasticceria Gattullo** (zoom détachable, D6, 147) **:** piazzale di Porta Lodovica, 2. ☎ 02-58-31-04-97. ● info@gattullo.it ● Ⓜ Porta Genova F.S. ; 🚊 n° 9. Tlj sauf lun 7h-21h. On recommande ce grand bar-pâtisserie, largement fréquenté par les gens du quartier à toute heure pour des pauses gourmandes. Et jusqu'au buffet copieux de l'*aperitivo*. Bref, une excellente adresse à dimension variable. Accueil aux petits soins. On aime !

Pasticceria Viscontea (zoom détachable, C5, **185**) : *via E. de Amicis, 39*. ☎ 02-39-43-00-81. ● info@visconteamilano.it ● Ⓜ S. Ambrogio ; Ⓣ nos 2 et 14. Tlj 7h-21h. Pâtisserie traditionnelle au cadre élégant, bien connue des becs sucrés du coin pour ses fameuses *torte*. On grignote le matin au comptoir un *cornetto* tout chaud, accompagné d'un *cappuccino*. Rien de tel pour attaquer la journée ! Une adresse alléchante.

Gusto 17 (plan détachable, C5, **148**) : *via Savona, 17*. ● info@gusto17.com ● Ⓜ Porta Genova F.S. ; Ⓣ no 9. Tlj 12h-23h30 (minuit ven-sam). Les meilleures glaces de tout Milan ! Artisanales, succulentes et aux parfums aussi originaux qu'étonnants. Et si l'idée d'un mélange de saveurs vous effleurait, discutez-en avec le patron ; il y a fort à parier qu'il le réalisera quelques jours après... Quel bonheur !

Gelateria Le Colonne (zoom détachable, D5, **92**) : *corso di Porta Ticinese, 75*. ● meno18amministrazione@gmail.it ● Ⓜ S. Ambrogio ; Ⓣ no 3. Tlj 13h-1h (2h ven-sam). Cette *gelateria* propose d'excellentes glaces artisanales aux parfums très classiques. Également de belles crêpes, notamment celles au Nutella qui font un malheur auprès des jeunes gens du quartier, miam !

Où boire un verre ?

Les bistrots

Mag Café (plan détachable, C6, **120**) : *ripa di Porta Ticinese, 43*. ☎ 02-39-56-28-75. Ⓜ Porta Genova F.S. ; Ⓣ no 9. Tlj 7h30-1h30. Réputé pour ses cocktails d'anthologie, un adorable petit bar prolongé de sa grande terrasse sympa sur le canal, toujours bondée de jeunes gens. Aussi de bons petits trucs à manger, histoire de mettre un peu de solide dans le liquide. On recommande !

Rita (plan détachable, C6, **179**) : *via A. Fumagalli, 1*. ☎ 02-837-28-65. Ⓜ Porta Genova F.S. ; Ⓣ no 2. Tlj 18h30-2h. Comptoir en U, mobilier moderne en bois clair, bouteilles partout et musique électro pour cet excellent bar à cocktails, dont la préparation est théâtralisée par des *barmen* expansifs. Terrasse sur rue à 2 pas du canal. Quel succès !

La Vineria (zoom détachable, C6, **184**) : *via Casale, 4*. ☎ 02-83-24-24-40. Ⓜ Porta Genova F.S. ; Ⓣ no 2. Tlj 15h30-1h (2h ven-sam). Curieux petit local où s'alignent plusieurs cuves en inox, que le patron rubicond ponctionne généreusement pour remplir ses ballons. À accompagner de *taglieri* de charcuterie et de fromage, *bruschette*... Terrasse dans la rue piétonne pour poser une fesse et siroter paisible. Une bonne adresse pas chère.

La Darsena (zoom détachable, C5-6, **123**) : *via Vigevano, 1*. ☎ 02-832-12-93. Ⓜ Porta Genova F.S. ; Ⓣ nos 3 et 9. Tlj 10h-2h. Tout petit bar-tabac dans son jus, mais de l'*espresso* du matin jusqu'au verre du cœur de la nuit, c'est le défilé des gens du quartier ! Pour l'ambiance qu'y installe le patron, Peppuccio, quand il fait son numéro aux clientes qui achètent des cigarettes. Et pour le fond sonore jazzy choisi par cet ancien musicien.

L'aperitivo

Fonderie Milanesi (plan détachable, D6, **186**) : *via Giovenale, 7*. ☎ 02-36-52-79-13. ● info@fonderiemilanesi.it ● Ⓜ Porta Genova F.S. ; Ⓣ nos 9 et 15. Tlj sauf lun 19h-1h (2h ven-sam) ; aperitivo 19h-21h. Résa obligatoire ou venir à l'ouverture. Au fin fond d'une friche industrielle, cette ancienne fonderie abrite désormais un formidable bar-resto à la déco indus' et vintage en diable ! Plusieurs salles flanquées d'un gentil jardinet-terrasse où il fait bon siroter des canons en picorant allègrement dans le copieux buffet. Un *aperitivo* d'anthologie, c'est sûr !

ACHATS | **127**

🍸 🍴 **Tongs** (zoom détachable, C5, **102**) : via Vigevano, 19. ☎ 02-45-49-56-81. ● tongsmilano@gmail.com ● Ⓜ Porta Genova F.S. ; 🚊 n° 10. Tlj 18h-2h (3h ven-sam, 1h dim-lun) ; aperitivo 18h-21h30. Un bar qui réussit la performance d'être à la fois d'une réjouissante simplicité et aussi hype, avec son mobilier dépareillé en formica, ses bouquins à partager sur les étagères et ses serveurs barbus. À l'heure de l'aperitivo, joli buffet et discussions animées. Un beau succès !

🍸 🍴 **Le Biciclette** (zoom détachable, C5, **124**) : via G. B. Torti, 2. ☎ 02-839-41-77. Ⓜ S. Ambrogio ; 🚊 nos 2 et 14. Lun-sam 18h-2h ; dim 12h-16h, 18h-minuit ; aperitivo 18h-21h. Résa conseillée. C'est un bar tendance, entre contreplaqué brut, luminaires indus' et coin salon, avec, évidemment, des vélos accrochés un peu partout aux côtés d'œuvres de jeunes artistes. Clientèle plutôt « bien comme il faut », qui fait le plein à l'aperitivo, tout comme au brunch du dimanche, d'ailleurs.

🍸 🍴 **Yguana Café** (zoom détachable, D5, **106**) : via Papa Gregorio XIV, 16 (angle piazza Vetra). ☎ 02-89-40-41-95. Ⓜ S. Ambrogio ou Missori ; 🚊 n° 3. Tlj 17h30-1h ; aperitivo 17h30-22h. Dans la grande salle à la déco tropicale ou en terrasse, on aime l'ambiance animée, agrémentée de musique électro. D'autant que le buffet est varié et bien fourni, occupant toute la longueur du comptoir.

🍸 🍴 **Foresta Wood Bar** (zoom détachable, D5, **116**) : via Celestino IV, 6. ☎ 02-91-76-42-17. ● book@forestawoodbar.com ● Ⓜ Missori ou S. Ambrogio ; 🚊 n° 3. Tlj 12h-16h, 18h-minuit (2h mer-sam) ; aperitivo 18h-22h. Un vaste bar qui porte bien son nom car on s'y sent presque... dans la forêt : du bois brut partout, jusqu'aux fauteuils et aux lustres, et quelques touches de vert chlorophylle... Ambiance plutôt tranquille et buffet classique pour l'aperitivo.

🍸 🍴 **Pasticceria Gattullo** (zoom détachable, D6, **147**) : voir plus haut « Où boire un café ? Où déguster une pâtisserie ou une glace ? ».

Où danser ?

Après l'aperitivo, peut-être nourri de rencontres inopinées, la nuit vous réserve encore bien des surprises dans le quartier des Navigli !

🍸 🕺 **Bobino Club** (plan détachable, B6, **137**) : alzaia Naviglio Grande, 116. ☎ 02-36-55-90-70. ● info@bobino.it ● Ⓜ Porta Genova F.S. ; 🚊 n° 2. Jeu-sam 19h-3h. Entrée gratuite. Étonnamment associé à une marque automobile française bien connue, un bar-boîte très classique : déco façon lounge, et DJ qui aligne les tubes d'hier et d'aujourd'hui. Immense mais noir de monde le week-end dès l'aperitivo (beau buffet).

🍸 🕺 **Rocket Club** (plan détachable, B6, **136**) : alzaia Naviglio Grande, 98. 📱 333-331-38-17. ● eventi@therocket.it ● Ⓜ Porta Genova F.S. ; 🚊 n° 2. Jeu-sam 23h-5h. Entrée : gratuite, ou 10-20 € selon soirée. Au cœur d'une zone d'entrepôts (et pas franchement bien indiqué...), c'est un bar-boîte à la déco plutôt classique, mais à la musique oscillant entre rock indie et électro.

Achats

🎁 **Salvatore + Marie** (zoom détachable, C5, **162**) : via Vigevano, 33. ☎ 02-89-42-21-52. Ⓜ Porta Genova F.S. ; 🚊 n° 10. Tlj sauf lun 10h30-13h, 15h30-19h30. Tenue par un Italien et une Irlandaise, cette boutique expose, dans un bel espace lumineux, les créations uniques du couple, et celles de jeunes designers italiens. Luminaires, mobilier, objets de déco et vêtements... Le tout très joyeux et coloré.

🎁 **Vitali** (plan détachable, D6, **191**) : corso San Gottardo, 7. ☎ 02-58-11-19-91. Ⓜ Porta Genova F.S. ; 🚊 nos 3 et 9. Tlj sauf lun mat et dim 9h30-13h, 15h30-19h30. Ce fabricant de chemises « made in Lombardia » pour hommes est bien connu en ville pour la qualité de ses tissus classiques, ses coupes amples ou ajustées et ses prix tenus. Le tout de qualité *ottima* ! D'autres boutiques à Milan.

À voir. À faire

🏛️ ***Basilica di San Lorenzo Maggiore*** *(zoom détachable, D5)* : *corso di Porta Ticinese, 35.* ☎ *02-89-40-41-29.* • *sanlorenzo maggiore.com* • Ⓜ *S. Ambrogio ou Missori ;* 🚋 *n° 3. Lun-sam 8h-18h30, dim 9h-19h. GRATUIT, sauf l'entrée de la cappella di Sant'Aquilino : 2 €.*

Édifiée au IVe s et plusieurs fois modifiée, elle a conservé son plan octogonal d'origine, un formidable dôme aux volumes magnifiques (le plus grand de Milan !) et 2 belles mosaïques paléochrétiennes. Pour admirer ces dernières, poussez donc – au fond à droite – la porte qui mène à la très sereine ***cappella di Sant'Aquilino*** (chapelle Saint-Aquilin). La mosaïque située dans la niche à droite du chœur représente Jésus sans barbe, comme c'était la coutume avant le VIe s, et les apôtres sous un ciel d'or qui symbolise la lumière divine. Au bas de cette scénette, un seau rempli de poissons, symbole des 1ers chrétiens. À l'opposé, sur la gauche du chœur, voici la 2e mosaïque, certes en moins bon état, mais intéressante à voir car on distingue le dessin préparatoire en dessous. Celle-ci représente un épisode bucolique de campagne avec moutons, une allégorie de Jésus bon berger... Les autres mosaïques, trop abîmées, ont été remplacées au XVe s par de jolies fresques de style lombard : rondeur des personnages, douceur ambiante. Là, au fond de la *cappella di Sant'Aquilino,* juste derrière l'autel où repose le sarcophage de saint Aquilin, un escalier mène aux **fondations romaines** de cette chapelle (IIe s). La plupart des pierres proviennent des anciennes arènes de Milan... En sortant, notez aussi la rangée de **16 colonnes corinthiennes** en marbre (ancien temple du IIe s) s'élevant devant la façade de la basilique, qui faisaient probablement partie des thermes construits par Maximien et furent transportées sur les *navigli* au IVe s. Sur le parvis, également la **statue de l'empereur Constantin** qui décréta à Milan la liberté du culte chrétien dans l'Emprire romain. Et puis les amateurs de photos insolites se réjouiront quand le tramway serpente entre les colonnes et la basilique San Lorenzo Maggiore, avant de s'engouffrer sous la ***porta Ticinese medievale...***

🏛️ ***Basilica di Sant'Eustorgio*** *(zoom détachable, D5) : piazza S. Eustorgio, 1.* ☎ *02-58-10-15-83.* • *santeustorgio.it* • Ⓜ *Porta Genova F.S. ;* 🚋 *n° 3. Tlj 7h30-12h (8h40-13h dim), 15h30-18h30. GRATUIT.*

Du nom du 1er évêque de Milan, c'est un superbe ensemble monumental qui succéda au XIIe s à l'une des toutes 1res églises de la ville, où auraient été baptisés dès l'an 51 les 1ers chrétiens de Milan, bien avant la légalisation de cette religion nouvelle. Elle est d'ailleurs construite sur un cimetière chrétien qui, à l'époque, était relégué à l'extérieur de la ville romaine... De style architectural hétéroclite en raison de ses différentes phases de construction et de remaniements, elle présente la particularité d'avoir le campanile (de style lombard) le plus haut de Milan. Un rescapé de la domination espagnole, qui considérait que tous les clochers proches du quartier général militaire devaient être rasés afin d'éviter... l'espionnage !

À l'intérieur, plan à 3 nefs, soutenues par des colonnes massives. Les chapelles latérales sont toutes d'époques différentes. Voir notamment la **chapelle Visconti** (4e à droite), dont la fresque de la lunette conte la légende de saint Georges à cheval, sauvant la princesse et piétinant le dragon (XIVe s). Au-dessus du chœur, ne pas manquer non plus la superbe ***croix suspendue*** de Bernardo Daddi (XIVe s), typique de l'iconographie toscane médiévale, où Jésus est représenté les yeux clos et la tête tombante. L'église contient aussi – au fond du transept de droite – un

À VOIR. À FAIRE | 129

énorme sarcophage romain, renfermant les reliques des Rois mages, offertes par Constantin. Chaque année, le jour de l'Épiphanie, l'évêque vient faire la messe, puis il prend la tête d'une grande procession...

En sortant de la basilique, un passage à droite mène à la **chapelle Portinari** et au **Musée diocésain** (voir plus bas). Et puis jetez aussi un œil au **cimetière paléochrétien** qui s'étend sous la basilique et la place... Le soir, les illuminations accentuent encore le charme imposant de l'édifice.

🗙🗙 *Cappella Portinari – Museo della Basilica di Sant'Eustorgio* (zoom détachable, D5) : *piazza S. Eustorgio, 3.* ☎ *02-89-40-26-71.* ● *chiostrisanteustorgio. it* ● Ⓜ *Porta Genova F.S. ;* Ⓣ *n° 3. Porte juste à gauche de la Basilica di Sant'Eustorgio. Tlj 10h-18h (dernière admission 17h30). Entrée : 6 € ; 10 € avec le Musée diocésain et le cimetière paléochrétien ; réduc ; gratuit moins de 18 ans. Feuille explicative en français.*

Jouxtant la basilique, cette chapelle fut achevée en 1468 par l'architecte florentin Micchelozzo à la demande du banquier Portinari, agent de la banque des Médicis à Milan. Sans doute voulait-il expier l'image pécheresse de celui qui manipule l'argent pour relier son nom à une œuvre pieuse. Toujours est-il que cette chapelle abrite aujourd'hui les reliques du moine dominicain saint Pierre de Vérone. Là, en son centre, voici donc ce magnifique **tombeau en marbre** reposant sur 8 colonnes, flanquées de statues allégoriques féminines des 7 vertus, posées sur des animaux. Remarquez la Charité qui allaite 2 bébés en même temps, la Prudence à 2 visages pour ne rien rater de ce qui se passe derrière, la Justice, la Foi, l'Espérance, la Force, la Tempérance... Mais quelle est donc la 8e ?! Une vertu ni théologale ni cardinale mais qui répond à la règle des dominicains : l'Obéissance (regardez la corde autour de son cou). Tout autour, également les superbes **fresques de Vincenzo Foppa,** illustrant la vie et les miracles du saint, finalement tué d'un coup de sabre sur le crâne (voir sa statue sur le parvis de la basilique). L'ensemble est dominé par une élégante **coupole** qui culmine à 30 m. La chapelle est aussi précédée d'une jolie **sacristie,** dont le simple mobilier en bois sert de vitrine d'exposition au trésor de la basilique : reliquaires, crucifix, calices...

🗙 *Museo diocesano* (Musée diocésain ; zoom détachable, D5) : *piazza S. Eustorgio, 3.* ☎ *02-89-42-00-19.* ● *chiostrisanteustorgio.it* ● Ⓜ *Porta Genova F.S. ;* Ⓣ *n° 3. Porte juste à gauche de la Basilica di Sant'Eustorgio. Tlj sauf lun 10h-18h (dernière admission 17h30). Entrée : 8 € ; 10 € avec la chapelle Portinari et le cimetière paléochrétien ; réduc ; gratuit moins de 18 ans.*

Dans un bâtiment résolument contemporain et qui épouse les vestiges de l'ancien cloître de la basilique, voici plus de 700 œuvres offertes par de riches collectionneurs privés, en particulier celles d'archevêques milanais qui avaient une nette préférence pour l'école vénitienne des XVe et XVIe s... N'y manquez pas la **collection Crespi,** montrant de nombreuses peintures sur bois sur fond d'or du XVe s, de toute beauté ! Voir aussi cet étonnant *San Giuseppe col Bambino* de **Guido Reni,** rare vision de Jésus dans les bras de son papa (XVIIe s)... Également des **objets de culte** : reliquaires, calices, crucifix et autres ostensoirs des siècles derniers. Et ne manquez pas non plus les œuvres du XXe s, dont la collection intéressante des esquisses préparatoires des portes de la cathédrale de Milan par l'artiste **Lucio Fontana.**

🗙🗙 *Porta Ticinese medievale* (zoom détachable, D5) : *corso di Porta Ticinese (angle via Molino delle Armi).* Ⓜ *Sant'Ambrogio ou Missori ;* Ⓣ *n° 3.* Construite au XIIe s à proximité de la basilica di San Lorenzo Maggiore et de sa colonnade antique, cette porte demeure l'un des derniers vestiges des fortifications médiévales de Milan. Les lieux sont photogéniques en diable !

🗙🗙 *Navigli* (zoom et plan détachables, C-D6) : Ⓜ *Porta Genova F.S. ;* Ⓣ *nos 2, 3, 9, 10 et 14.*

Au sud du *centro storico,* un ancien quartier populaire pittoresque et haut en couleur, très animé le soir au moment de l'*aperitivo.* Côté ouest de la vaste piazza

XXIV Maggio (arc de triomphe), le **bassin de la Darsena,** ancien port fluvial de Milan, s'ouvre sur le *naviglio Grande* (vers Abbiategrasso) et, au sud, sur le *naviglio Pavese* (vers Pavie). Construits à l'époque des Visconti, ces canaux avaient pour fonction d'acheminer les produits agricoles depuis la campagne pour nourrir les Milanais (naviglio Pavese) et aussi de porter des blocs de marbre pour la construction du Duomo, selon un système hydrographique conçu par Léonard de Vinci (naviglio Grande). À l'époque, le réseau complet faisait le tour des remparts et, bien que 2 canaux seulement aient subsisté, ils portent toujours le nom de *Cerchia dei Navigli*. Continuellement et intensément utilisés, les canaux ont pour la plupart été recouverts, petit à petit, à partir des années 1930, pour des raisons d'hygiène d'abord, puis pour des questions pratiques (installation des lignes de tramway...). On parle aujourd'hui d'en rouvrir certains...

Il faut se promener le long des quais, traverser les petites passerelles et pousser de lourdes portes – lorsque c'est encore possible à cause des codes – pour découvrir d'adorables cours traversantes verdoyantes, avec leur vie populaire intense. Si le naviglio Pavese a été fortement détruit durant la dernière guerre, le naviglio Grande est sans doute celui qui a le plus de charme : vous y verrez des maisons milanaises typiques avec leurs longs balcons extérieurs et leurs façades colorées. *Au n° 4*, très beau patio s'ouvrant sur des ateliers d'artistes. À la hauteur du *n° 16*, un insolite lavoir médiéval...

Aujourd'hui, le quartier des Navigli est réputé pour sa fameuse **brocante mensuelle** *(mercato dell'Antiquariato)*, ses ateliers d'artistes et ses quelques galeries d'antiquaires, souvent établis dans d'anciennes usines rénovées. Sans oublier ses restos, ses bars et sa vie nocturne intense. Au début du mois de juin, la fête locale, *festa del Naviglio*, transforme le quartier en un lieu de rassemblement où s'exprime la liesse populaire ; miniconcerts de jazz, marchés divers, compétitions et jeux aquatiques au rendez-vous.

Balade en bateau sur les canaux *(zoom détachable, C6)* **:** avec la compagnie de navigation **Navigli Lombardi** (infos et résas : ☎ 02-90-94-42-42 ; ● naviglilombardi.it ●). *L'Itinerario della Darsena* débute alzaia Naviglio Grande, 4. Avr-oct, lun-ven à 15h et 16h30 (plus 17h55 ven), w-e et fêtes à 11h30, 12h40, 14h40, 15h45, 16h50 et 17h55 ; nov-mars, w-e seulement à 12h40, 14h40, 15h45, 16h50 et 17h55. Tarif : 14 € ; réduc ; gratuit moins de 4 ans. Également d'autres itinéraires sur les voies navigables des environs de Milan...

Chiesa Santa Maria dei Miracoli presso San Celso *(zoom détachable, D5)* **:** corso Italia, 37. ☎ 02-58-31-31-87. ● santamariadeimiracoliesancelso.it ● Ⓜ *Missori ou Crocetta ;* Ⓣ *n° 15. Tlj 7h-12h, 16h-18h.* Construite dès la fin du XVe s, cette église est précédée d'un vaste atrium planté de colonnes, à la mode antique. Façade maniériste en marbre de Carrare du XVIe s, dont on détaille les statues et les bas-reliefs. À l'intérieur, il faut prendre le temps de découvrir toutes les toiles qu'abritent nefs, chœur et chapelles : un vrai petit musée de peintures italiennes de la Renaissance et du baroque, dont une *Sainte Famille* de Paris Bordone, une *Pietà* de Giulio Cesare Procaccini, un *Martyr de sainte Catherine* de Giovanni Battista Crespi, une *Madonna con Bambino e Santi* de Ambrogio Bergognone, une *Conversion de saint Paul* du Moretto...

Du côté de la porta Genova

Armani / Silos *(plan détachable, B-C6)* **:** via Bergognone, 40. ☎ 02-91-63-00-10. ● armanisilos.com ● Ⓜ *Porta Genova F.S. ;* Ⓣ *n° 14. Tlj sauf lun-mar 11h-19h (nocturne certains soirs aux beaux jours ; se renseigner). Entrée : 12 € ; réduc. Audioguide : 3 €.* Armani a installé son royaume dans un ancien silo industriel, qui recueillait autrefois des céréales pour Nestlé. Dans ce vaste espace de 4 500 m² répartis sur 4 niveaux, il a réuni plus de **600 vêtements et 200 accessoires** sur un parcours dont les thèmes varient régulièrement... On peut aussi compulser

À VOIR. À FAIRE | 131

les nombreuses *archives digitalisées* et se poser devant un intéressant *film documentaire* sur le génial créateur, son univers, ses défilés, ses pubs... Aussi des expos d'art temporaires. Boutique et café sur place.

🎬 *MUDEC – Museo delle Culture* (*musée des Cultures ; plan détachable, B6*) *: via Tortona, 56.* ☎ *02-54-917.* ● *mudec.it* ● Ⓜ *Porta Genova F.S. ;* Ⓣ *n° 14. Tlj 9h30 (14h30 lun)-19h30 (22h30 jeu et sam). GRATUIT, sauf expos temporaires : 13 € ; réduc.* Construit sur le site d'anciennes usines sidérurgiques, ce récent musée de 17 000 m^2 a pour vocation la rencontre des cultures, le dialogue entre artistes et monde extérieur... On aime aussi son architecture, notamment la place centrale couverte à l'étage, qui fait penser à un atrium romain version contemporaine. De là, on accède à la *collection permanente* comprenant plus de 200 œuvres et objets qui proviennent des fonds propres de la Ville de Milan, acquis depuis le XIXe s et dispatchés en 7 sections thématiques. La *salle 1* évoque le *cabinet de curiosités (camera delle meraviglie)*, ancêtre des musées actuels, regroupant des objets exotiques et/ou bizarres collectés par les classes supérieures du XIXe s : coquillages rares, crocodile et requin naturalisés, défense d'éléphant, automate à tête de diable, céramiques chinoises... Dans la *salle 2*, ces tissus africains, boomerang australien, chapeau asiatique, céramiques et pierres taillées sud-américaines furent collectés vers 1840-1880 par des explorateurs et des voyageurs milanais. Ceux-ci donnèrent naissance à l'ethnographie, en même temps qu'au musée d'Histoire naturelle de la ville. Avec ses lances, ses haches et son amas de bracelets utilisés comme bijoux et monnaie d'échange, la *salle 3* illustre la *colonisation de l'Afrique* et ses spoliations. Puis, la *salle 4* évoque le *commerce avec l'Asie*, à travers quelques belles chinoiseries rapportées par des marchands. Les 1res *Expositions universelles* (1850-1900) sont abordées *salle 5*, comme un moyen pour certaines nations – tel le Japon – de se faire connaître en Europe. Vite suivi par d'autres pays d'Asie, dont les productions inondèrent le marché des objets d'art et des antiquités : soieries, céramiques, calligraphies, armures de samouraï... La *salle 6* raconte la destruction partielle des collections ethnographiques lors des bombardements de la Seconde Guerre mondiale. Vite suivis – *salle 7* – d'un renouveau de la production artistique marquant de nouveaux échanges interculturels. À l'image de cette *Femme nue* aux influences ethniques, peinte par Picasso. Également de superbes objets africains, sud-américains...

🎬 *Laboratori Scala Ansaldo* (*plan détachable, B6*) *: via Bergognone, 34.* ☎ *02-43-35-35-21.* ● *servizi@civita.it* ● Ⓜ *Porta Genova F.S. ;* Ⓣ *n° 14. Sur résa seulement (s'y prendre bien à l'avance), visite guidée (1h15) parfois en français (sinon en italien ou en anglais). Tarif : 10 €.* C'est ici, dans cet immense atelier anciennement industriel, que sont construits tous les décors de l'illustre *teatro alla Scala*, occupant quotidiennement près de 150 personnes. La visite s'immisce au cœur du bâtiment, sur des passerelles suspendues, au plus près du sujet. Passées les maquettes d'opéras célèbrissimes – point de départ du travail des décorateurs –, on observe leur activité, découpée par spécialités : dessin, peinture, sculpture, menuiserie et ferronnerie. Il faut 3 à 4 mois pour construire le décor complet d'un spectacle et ceux qui naissent sous vos yeux sont dédiés à la saison en cours. Également un atelier pour la confection des costumes de scène et de leurs accessoires. Près de 40 000 vêtements sont conservés dans les dressings, et plusieurs vitrines montrent des costumes historiques portés par des artistes renommés... Une visite passionnante !

LE QUARTIER PORTA ROMANA

- À voir. À faire 135
  - QC Terme Milano
- Fondazione Prada
- Un peu plus loin

à l'est : Wow Spazio Fumetto

Autour de cette porte du XVIe s, vestige de la 2e enceinte fortifiée construite après la destruction de la ville par Frédéric Barberousse au XIIe s, s'étend un vaste quartier résidentiel – plutôt chic – auquel on peinera à trouver un vrai centre. On débusque néanmoins – çà et là – quelques hébergements abordables, de bonnes tables d'habitués et des bars sympas, à seulement 3 stations de métro du Duomo. Et puis la présence sur place de la formidable *Fondazione Prada* fait grimper en flèche l'intérêt pour ce quartier, qui compte aussi de superbes thermes construits sur des ruines archéologiques... pour se faire chouchouter !

Où dormir ?

Auberge de jeunesse

🏠 *Babila Hostel* (zoom détachable, F4, **35**) : via Conservatorio, 2A. ☎ 02-36-58-84-90. ● info@babilahostel.it ● babilahostel.it ● Ⓜ *San Babilla* ; Ⓣ n°s 9, 12 et 27. *Dortoirs (4-6 pers) 30-44 €/pers ; doubles 80-130 €.* Au cœur d'un quartier résidentiel paisible, c'est un vieil édifice pittoresque en brique. Selon vos moyens, chambres et dortoirs bien équipés et nickel. Déco sobre : parquet, murs blancs et quelques petites pointes de couleurs pour égayer l'ensemble. Resto-bar et terrasse panoramique pour rencontrer des routards du monde entier. Accueil sympa et pro.

Prix moyens

🏠 *Hotel XXII Marzo* (plan détachable, F4, **38**) : piazza S. Maria del Suffragio, 3 (angle via B. de la Riva). ☎ 02-70-10-70-64. ● info@hotel22marzo.com ● hotel22marzo.com ● Ⓜ *San Babilla* ; Ⓣ n°s 9, 12 et 27. *Doubles 70-95 €.* Au coin de la *piazza* et bien détaché du *corso*, petit hôtel d'une quinzaine de chambres fonctionnelles et de bon confort. Mobilier standard sans charme, mais une bonne adresse impeccable pour ronfler et *basta !* Accueil tout sourire. On recommande !

🏠 *Hotel Five* (plan détachable, F6, **39**) : corso Lodi, 4 (angle via Salmini). ☎ 02-58-31-33-31. ● info@hotelfive.it ● hotelfive.it ● Ⓜ *Porta Romana* ; Ⓣ n° 9. *Doubles 60-130 €.* Juste en retrait du *corso* et à 2 pas du métro, hôtel d'une vingtaine de chambres, petites certes, mais plutôt confortables et dotées d'une déco moderne un rien tapageuse. Accueil pro et sympa.

Chic

🏠 *Hotel Bianca Maria* (zoom détachable, F4, **40**) : viale Bianca Maria, 4. ☎ 02-83-42-75-00. ● booking@hotelbiancamariamilano.it ● hotelbiancamariamilano.it ● Ⓜ *San Babilla* ; Ⓣ n°s 9, 12 et 27. *Doubles 115-180 €.* Ce bâtiment moderne abrite près de 90 chambres confortables et à la déco actuelle. Tons discrets et classes du moment : gris, chocolat... Les chambres sur l'arrière sont plus agréables. Accueil pro.

🏠 *BB Hotels – Aparthotel Bocconi* (plan détachable, D6, **41**) : via P. Teilié, 7. ☎ 02-58-31-08-82. ● bocconi@bbhotels.it ● bbhotels.it ● Ⓜ *Porta Romana* ; Ⓣ n°s 9 et 15. *Apparts (2-5 pers) 100-200 €.* En retrait par

Où manger ?

De très bon marché à bon marché

|●| 🚃 🚇 Panificio Davide Longoni (plan détachable, F5, **83**) : *via Tiraboschi, 19.* ☎ *02-91-63-80-69.* ● *panificiolongonimonza@hotmail.com* ● Ⓜ *Porta Romana* ; Ⓣ *nos 9 et 16. Tlj 7h30 (8h sam, 8h30 dim)-22h (15h lun, 13h30 dim). Plats 7-12 €.* L'un des boulangers stars de Milan, qui a eu l'intelligente idée d'installer quelques tables dans sa boutique au design d'aujourd'hui, et surtout une gentille petite terrasse verdoyante. À dévorer : des petits plats simples et des salades, mais aussi des parts de pizza et de *focaccia* cuites de la même four que le pain. Sans oublier les bonnes pâtisseries.

🚃 Bar Quadronno (zoom détachable, E5, **79**) : *via Quadronno, 34.* ☎ *02-58-32-66-12.* ● *info@barquadronno.it* ● Ⓜ *Crocetta. Tlj 7h-2h. Panini 5-12 €.* Une « paninothèque » historique, ouverte depuis 1964. Le décor tout en bois donne l'impression qu'on est dans une barrique ! Un peu kitsch mais finalement plaisant. Juste quelques tables pour bâfrer un délicieux *panino* d'une liste longue comme le bras. Le tout dans une bonne ambiance de bistrot de quartier (c'est aussi un bar-tabac).

🚃 |●| Giannasi 1967 (plan détachable, F6, **149**) : *piazza B. Buozzi, 2.* ☎ *02-58-32-11-14.* ● *info@giannasi1967.it* ● Ⓜ *Porta Romana. Tlj 7h-20h. Moins de 10 €.* C'est un kiosque en brique planté sur une placette ; bien connu des gens du coin depuis des lustres pour ses poulets-frites et autres plats chauds ou froids, sandwichs... À engloutir sur les bancs alentour. Une adresse simple mais très correcte.

🚃 |●| Pizzeria Snuppi (plan détachable, F5, **160**) : *via Spartaco, 16.* ☎ *02-55-19-53-34.* Ⓜ *Porta Romana* ; Ⓣ *nos 9, 12, 16 et 27. Tlj sauf lun. Pizze 6-8 € ; plats 6-14 €.* Petite pizzeria de quartier, fréquentée par ses habitués toujours de bonne humeur. On s'y régale d'une pizza, bonne et pas chère. Aussi quelques petits plats du jour à l'ardoise, qui tiennent bien la route. Une adresse très couleur locale, simple et efficace.

Prix moyens

|●| Trattoria Trippa (zoom détachable, F6, **169**) : *via G. Vasari, 3.* 📱 *327-668-79-08.* ● *info@trippamilano.it* ● Ⓜ *Porta Romana* ; Ⓣ *n° 9. Tlj sauf dim, le soir seulement. Résa obligatoire. Plats 12-17 €.* Une belle salle chaleureuse aux accents vintage, avec vue sur les fourneaux et la brigade qui s'agite ! Dans l'assiette, savoureuse cuisine du cru *Slow Food*, qui revisite les standards lombards sans perdre le fil des saisons. Juste quelques plats à la carte, chaque jour renouvelés selon l'arrivage des produits frais et de belle qualité. Service attentif et sympa. C'est sûr, on reviendra !

|●| Osteria dell'Acquabella (plan détachable, E6, **84**) : *via San Rocco, 11.* ☎ *02-58-30-96-53.* ● *info@acquabella.it* ● Ⓜ *Porta Romana. Tlj sauf lun midi, sam midi et dim. Résa conseillée. Plats 8-16 €.* On a un gros faible pour cette petite *osteria* dotée d'une longue salle chaleureuse et joliment vintage, sans se la jouer. Dans l'assiette, cuisine milanaise rustique et goûteuse. De quoi bien régaler une clientèle locale exigeante. On est aussi séduits par le bon rapport qualité-prix. Foncez !

|●| La Bettola di Piero (zoom détachable, E5, **85**) : *via Orti, 17.* ☎ *02-55-18-49-47.* ● *bettoladipiero@gmail.com* ● Ⓜ *Porta Romana ou Crocetta. Tlj sauf sam midi et dim. Résa conseillée. Plats 12-24 €.* C'est une petite salle, coupée de la rue par des rideaux à carreaux rouges et blancs ; du même tissu qu'on retrouve sur les tables. Côté fourneaux, voici des spécialités typiques et soignées, aux bonnes saveurs du terroir lombard. Service souriant et plein d'attentions.

LE QUARTIER PORTA ROMANA

Où boire un café ? Où déguster une pâtisserie ou une glace ?

Pavè Break (zoom détachable, E5, **167**) : via della Commenda, 25. ☎ 02-83-63-00-74. • hello@pavemilano.com • Ⓜ Crocetta. Tlj sauf dim 7h30-19h (8h-16h sam). Dernière adresse en date de l'un de nos boulangers milanais préférés, c'est une grande salle bien dans l'air du temps : allure vintage tirant sur l'indus', avec mobilier dépareillé. Très bonnes pâtisseries qu'on accompagne d'un *espresso*. Aussi des *panini*, salades et plusieurs petits plats du jour tout simples. Une adresse impec' à toute heure !

Gelateria Artigianale n° 22 (plan détachable, F6, **173**) : corso Lodi, 22. Ⓜ Porta Romana. Tlj 11h30-0h30. On est séduits par les saveurs exquises des sorbets de saison et des glaces crémeuses aux parfums classiques. Foncez !

Pavè Gelati & Granite (zoom détachable, E4, **61**) : via C. Battisti, 21. • gelati@pavemilano.com • Ⓜ S. Babila ; Ⓣ n°s 12, 19 et 27. Tlj 12h-22h30. Après nous avoir régalés avec son pain et ses délicieuses pâtisseries, ce célèbre boulanger milanais propose ici – dans ce petit local néo-indus' – de délicieuses glaces bien crémeuses et autres sorbets de saison. Miam !

Où boire un verre ? Où danser ?

Mom Café (zoom détachable, F5, **125**) : viale Monte Nero, 51. ☎ 02-59-90-15-62. Ⓜ Porta Romana ; Ⓣ n° 9. Tlj sauf dim 18h-0h45. Ici, il y a foule, et jusque dans le jardin public voisin dès qu'il fait beau ! Déco vintage, mobilier en formica, et barils de pétrole en guise de tables sur le trottoir. Sans parler du buffet de l'*aperitivo* aussi riche que varié. Et, comme pas mal de trentenaires milanais qui nous en ont indiqué le chemin, on s'y sent tout simplement bien... Allez-y !

Enoteca Il Cavallante (zoom détachable, F6, **187**) : via L. Muratori, 3. ☎ 02-54-10-73-25. Ⓜ Porta Romana ; Ⓣ n° 9. Tlj sauf w-e 18h30-1h. Résa conseillée. Dans cette rue bien connue des noctambules, un chaleureux bar à vins aux murs couverts de casiers à bouteilles. Belle sélection de crus lombards et du pays, à accompagner de *taglieri* de charcuterie-fromage, d'un carpaccio de bœuf ou de poisson... Accueil tout sourire. Une excellente adresse comme on les aime !

Milano Amore Mio (zoom détachable, F6, **168**) : via L. Muratori, 7. Ⓜ Porta Romana ; Ⓣ n° 9. Tlj 9h-1h. Un gentil troquet de quartier à l'ambiance cosy à souhait : murs vieux rose faussement décrépits, luminaires et mobilier rétro... Un esprit « chine et brocante » assez *girly* et sympa pour siroter verres de vin et cocktails.

Plastic (hors plan détachable par E6, **138**) : via Gargano, 15. ☎ 02-54-10-01-61. Ⓜ Brenta ou Corvetto ; Ⓣ n° 24. Ouv ven-dim dès 23h. Entrée : 25 €. Ouverte depuis 1980, peut-être bien la plus connue des boîtes de la ville, fréquentée par toutes les stars de passage à Milan (« le meilleur club européen », estimait Andy Warhol, jamais en retard d'un superlatif !). Installé dans un ancien entrepôt avec une déco très travaillée, une programmation musicale à l'avenant et une sélection plus que rigoureuse à l'entrée...

Achats

Il Salvagente Fashion Outlet (plan détachable, G4, **192**) : via F. Bonzetti, 16. ☎ 02-76-11-03-28. Ⓜ San Babilla ; Ⓣ n°s 9, 12 et 27. Lun-sam 10h (15h lun)-19h30 ; dim et fêtes 11h-14h, 15h-19h. Boutique bien connue des Milanais coquets qui ne veulent pas se ruiner ! Vaste choix de vêtements, d'accessoires et de chaussures de marques italiennes et internationales, à prix cassés.

✺ *Penelope – Mercatino dell'Usato (plan détachable, F4, 193) :* via M. Melloni, 6. ☎ 02-39-68-05-88. Ⓜ *San Babila ;* 🚋 *n° 9. Tlj sauf lun 10h (15h dim)-19h30.* Une incroyable caverne d'Ali Baba dédiée aux arts décoratifs des années 1950-1960 : luminaires, meubles, fauteuils, petits objets du quotidien, bijoux fantaisie... Étonnant et pour toutes les bourses !

À voir. À faire

🎭 *QC Terme Milano (zoom détachable, E-F6) :* piazzale Madaglie d'Oro, 2. ☎ 02-55-19-93-67. • termemilano.com • Ⓜ *Porta Romana ;* 🚋 *n° 9. Tlj 9h30 (8h30 w-e et fêtes)-minuit (0h30 ven-sam). Entrée : 45-52 € ; soins en supplément.* Installé dans un vieux bastion des fortifications espagnoles, ce superbe bâtiment Liberty abrite piscine, sauna, hammam et tables de massages. Également des jacuzzis dans le beau jardin cerné par les murailles en brique et même un autre construit au cœur des ruines archéologiques ! Resto sur place. Bref, un endroit superbe et original pour se faire chouchouter.

🎭 *Fondazione Prada (plan détachable, F6) :* largo Isarco, 2. ☎ 02-56-66-26-11. • fondazioneprada.org • Ⓜ *Lodi T.I.B.B. ;* 🚋 *n° 24. Tlj sauf mar 10h-19h (20h ven-dim). Dernière admission 1h avt. Entrée : 10 € ; réduc ; gratuit moins 18 ans. Visites guidées gratuites en italien le w-e (résa min 48h avt).* Difficile de passer devant cette ancienne distillerie du début XXe s sans voir sa façade dorée et sa tour de verre. Ici, l'architecte Rem Koolhaas a imaginé avec Miuccia Prada, l'héritière de la maison, un espace résolument contemporain tout en conservant l'architecture originelle, comme un témoignage du riche passé industriel de la ville. Sur près de 20 000 m², l'espace est dédié aux collections privées d'art contemporain de la famille Prada. Pas vraiment de parcours précis, mais surtout une invitation à se promener au gré des expos temporaires et des envies de chacun. Et parmi tout ça, voici 2 espaces permanents, la salle 7 et son « Processus grotesque », et « La Maison hantée » (dans la tour dorée) abritant des œuvres de Robert Gober et Louise Bourgeois. Sur place, aussi un cinéma, des salles de conférence, un espace dédié aux enfants et un bar chic...

🍸 *Bar Luce :* tlj sauf mar 9h-19h (21h ven-dim). Avec ses meubles en formica et son carrelage rétro, l'architecte de la fondation a voulu récréer l'esprit des années 1950-1960. Et petit clin d'œil à Milan : ce plafond voûté se veut une réplique de la galleria Vittorio Emanuele II. Un endroit très réussi dans la tradition du cinéma néoréaliste italien voulu par l'architecte.

Un peu plus loin à l'est

🎭 *Wow Spazio Fumetto (plan détachable, G4) :* viale Campania, 12. ☎ 02-49-52-47-44. • museowow.it • 🚋 *n° 27 ; bus n° 73. Tlj sauf lun 15h-19h (20h w-e). Fermé en août. Entrée gratuite pour le rdc ; 5 € pour l'étage ; réduc.* Plus qu'un musée, c'est un lieu de promotion de la bande dessinée (*fumetto* en italien), mais aussi de l'illustration et du dessin animé. Au rez-de-chaussée, des expos temporaires et une grande bibliothèque avec une bonne dizaine de milliers de B.D. en consultation (en italien, quasi exclusivement, même si, en fouillant bien, on trouve quelques titres en français). À l'étage, des expos temporaires également, souvent passionnantes...

LES ENVIRONS DE MILAN

- Monza 136
- Museo Storico Alfa Romeo 137
- Crespi d'Adda 140
- Monastero di Chiaravalle 141
- Certosa di Pavia (chartreuse de Pavie) ..142

● Carte *p. 138-139*

MONZA
122 700 hab.　　　　　　　　IND. TÉL. : 039

Au XIXe s, la petite bourgade de Monza était le fief de l'industrie chapelière avec ses petites usines de confection florissantes. Et aujourd'hui ? L'attrait majeur de la ville est lié au sport automobile et au Grand Prix de Formule 1. Fan de F1 ou pas, la visite du circuit, surtout en période d'entraînement, est réellement impressionnante ! Mais attention aux oreilles...
Monza mérite aussi le détour pour son vieux centre piétonnier et ses places tranquilles. Il renferme quelques trésors d'architecture, comme le *Duomo* dont la façade gothique en marbre bicolore a été érigée à la fin des années 1300 par Matteo da Campione, ou encore l'*Arengario* (piazza Roma), ancien hôtel de ville. Bâti au XIIIe s, il est surmonté d'une tour et repose sur de grandes arches. On y aperçoit encore la tribune d'où étaient lus les décrets de la commune.

Où dormir ? Où manger ?

⚑ *Camping Autodromo Nazionale Monza :* via Santa Maria alle Selve, Biassono. ☎ 039-49-24-37. 🖷 339-445-85-73. ● info@monzacamping.it ● monzacamping.com ● *Env 20 km au nord-est de Milan. Accès : de la Stazione Centrale, métro ligne M1 jusqu'à l'arrêt Sesto 1° Maggio F.S. ; de là, bus n° Z221 direction Carate et se faire préciser l'arrêt de l'Autodrome par le chauffeur (attention, pas de bus dim). Ouv très restreinte : pdt les Grands Prix et 10 juin-10 sept. Téléphoner avt de s'y rendre. Selon période, compter 30-76 € pour 2 avec tente et voiture.* En semaine, ce camping plaira à tous ceux qui aiment se réveiller avec le chant des oiseaux. Soyez prudent le week-end, car le terrain jouxte le circuit automobile ! Pas de résas lors du Grand Prix : 1ers arrivés, 1ers servis. Piscine avec toboggan juste à côté.

🏠 |●| *Nine Hotel – Ristorante-pizzeria del Centro :* spalto Isolino, 9. ☎ 039-36-37-31. ● info@ninehotel.com ● ninehotel.com ● ♿ *Dans le centre de Monza. De la piazza Roma, descendre la via Vittorio Emanuele II, puis longer le canal à droite jusqu'à la passerella dei Mercati. Resto fermé mar midi. Doubles 90-130 €. Pizza env 10 € ; repas env 35 €.* Une affaire de famille où chaque membre a son resto sur le même lieu ! À l'origine, ce sont les parents qui se sont installés ici dans les années 1950. Aujourd'hui, la fille tient la *trattoria* et propose le midi un menu copieux et bien ficelé. Le fils, lui, propose des spécialités locales un peu plus chères dans son resto. L'hôtel offre des chambres confortables avec une déco originale. Une bonne adresse qui rime avec tradition familiale.

À voir

🎬🎬 *Autodromo nazionale – Monza Eni Circuit :* ☎ 039-248-21. ● monzanet.it ● *En voiture, de Monza, suivre la direction « Parco », puis « Autodromo », l'entrée principale étant située à Vedano/Lambro. Également une entrée pour piétons à quelques mètres seulement du camping Autodromo, mais attention, celle-ci est fermée en dehors des manifestations. Possibilité de visiter le parc tlj 7h-19h ou 20h30 avr-oct, horaires restreints le reste de l'année. Infopoint : lun-ven 10h-18h. Entrée gratuite lun-ven ; le w-e, le prix d'entrée peut changer selon événements sportifs. Plusieurs offres de visites guidées : 10 € pour la visite guidée du circuit (15 € avec la piste). On peut également faire une visite de 2-3h à vélo (20-30 €). Possibilité également de vivre une expérience de circuit à côté d'un pilote professionnel (non, non, on ne vous laisse pas le volant !). Plus de rens sur* ● info@tempiodellavelocita.it ● *ou au* ☎ 334-706-81-37. *Également la possibilité d'assister à une course mais les prix peuvent vite flamber : 50-1 300 € les j. de courses et de Grand Prix.* 3 pistes : la *gran premio F1* (5 793 m), la *junior* et la piste de vitesse où s'effectuent les essais. Les passionnés ressentiront un pur moment de bonheur, à condition bien sûr qu'il y ait des véhicules en action, sinon l'intérêt se limite à voir du bitume... Bref, choisissez un jour où il y a un entraînement pour vraiment apprécier. En partant, souvenez-vous quand même que la route n'est pas un circuit et que votre petite auto n'est pas une Formule 1...

MUSEO STORICO ALFA ROMEO

🎬🎬 *Viale Alfa Romeo, 20020* **Arese.** ● *02-44-42-55-11.* ● info@museoalfaromeo.com ● museoalfaromeo.com ● *À env 20 km au nord-ouest du centre-ville. En voiture, direction Varese, sortie Arese-Lainate puis à droite au 1er rond-point. En métro et bus : métro M1 jusqu'à la station Rho/Fiera (terminus), puis bus n° 561, qui s'arrête devant le musée. Tlj sauf mar 10h-18h. Entrée : 12 € ; réduc.*

À une petite vingtaine de kilomètres de Milan, ce passionnant musée retrace l'épopée d'*Alfa Romeo,* marque d'automobile italienne hissée à la hauteur de mythe. Créée vers 1910, elle fut l'un des pionniers de l'automobile sportive, inspirant des générations de pilotes et de constructeurs. Aujourd'hui, son riche palmarès parle pour elle ! Mais elle est aussi devenue, au fil des décennies, l'un des emblèmes du style et de l'art de vivre italiens.

La riche exposition, qui bénéficie d'une scénographie didactique et moderne, est structurée par 3 thèmes dominants : l'histoire de la marque (qui se confond avec celle de l'automobile), la beauté de ses formes et son obsession pour la vitesse.

Après avoir découvert quelques modèles emblématiques, permettant de mieux comprendre les grandes évolutions technologiques, le visiteur découvre les

> ### LA CROIX ET LE SERPENT
>
> *Depuis sa naissance, le logo d'Alfa Romeo rappelle les origines milanaises de la marque. La croix rouge sur fond blanc correspond aux couleurs de la capitale lombarde pendant que le dragon qui l'accompagne, en réalité une guivre, est l'emblème de la famille Visconti, maître de Milan du Moyen Âge à la Renaissance.*

différentes métamorphoses formelles de la marque à travers une fabuleuse collection de bolides de toutes époques. Les designers stars sont mis à l'honneur avec une présentation de concept cars et de modèles devenus de grands classiques : la *33 Spider Cuneo* ou la *Giulietta* de Pininfarina, l'incroyable *Carabo* de Bertone...

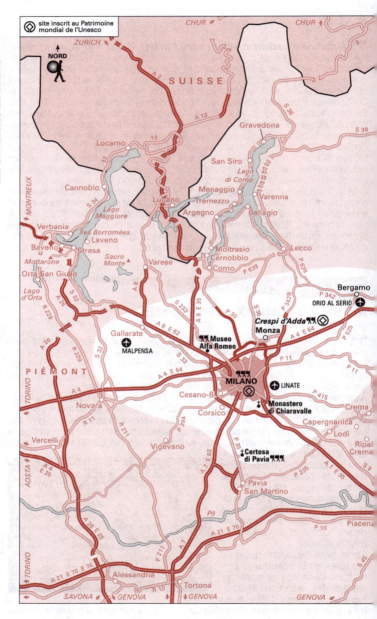

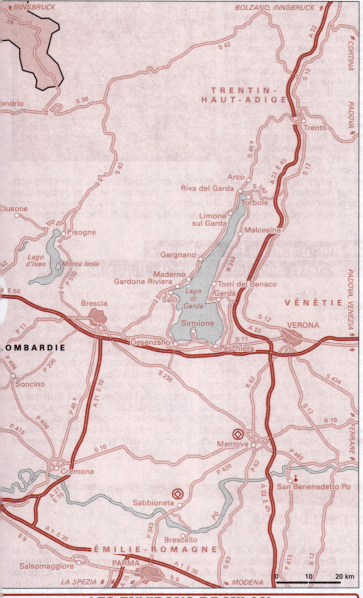

LES ENVIRONS DE MILAN

140 | LES ENVIRONS DE MILAN

Après cet itinéraire à la recherche du « style Alfa Romeo », place au sport ! Dès leurs origines, les voitures du constructeur milanais étaient destinées à concourir dans les plus grandes courses. En 1913 déjà, plusieurs de ses bolides se placent sur le podium de Parme-Poggio di Berceto. Le point de départ d'un palmarès unique au monde. Ses plus grandes victoires ? Celles dans la Targa Florio en Sicile (où Enzo Ferrari finit 2e en 1920), pendant les Mille Miglia, lors du Championnat du monde de Formule 1 de 1951 (avec un certain Fangio au volant) ou sur le mythique circuit de Monza. L'impressionnante et large collection de voitures de course, F1 ou rallye permet de se plonger dans cette riche histoire. Pour finir, joli film nostalgique sur les Alfa au cinéma (comme dans *Rocco et ses frères*) et simulation de course dans un cinéma dynamique 4D.

FERRARI, GLOIRE D'ALFA ROMEO ?

À l'origine pilote vedette pour Alfa Romeo, Enzo Ferrari commença sa carrière de constructeur au service de la firme milanaise. À partir de 1929, il est autorisé à créer sa propre scuderia, où il fait courir des Alfa Romeo. Il faudra attendre 1947 pour qu'il s'affranchisse totalement et crée sa propre firme, à l'emblème du cheval noir cabré sur fond jaune.

Où manger dans les environs ?
Où acheter de quoi se faire un pique-nique ?

L'Agricola : via Rho, 90, Lainate. ☎ 029-37-32-86. ● reservation@l-agricola.com ● À 3 km du musée Alfa Romeo. Épicerie : mar-jeu 9h-13h, 15h30-19h30 ; ven 9h-20h ; sam 8h30-19h30. Fermé dim-lun. Amburgheria : tlj 12h-23h ; plats 10-14 €, buffet midi 13 €. Resto : tlj midi et soir (sur résa uniquement dim soir) ; repas 20-30 €, copieux menu dégustation env 35 €. Cette exploitation agricole, qui produit fromages, viandes, charcuteries, pâtes fraîches et légumes, a créé une sorte de complexe gourmand autour de sa ferme. On y trouve tout d'abord, au rez-de-chaussée, une belle épicerie qui propose tous les produits fabriqués sur place ainsi que quelques autres, provenant de producteurs locaux. Il y a ensuite 2 restaurants, une *amburgheria* servant de juteux burgers, et un vaste resto à l'étage, où l'on déguste charcuterie maison, viande grillée, risotto au fromage ou aux légumes ou pâtes fraîches... Pour finir, dans une maisonnette, un petit café où l'on sert de bonnes glaces maison, au lait de vache, chèvre ou bufflonne provenant de la laiterie.

CRESPI D'ADDA

Construit à la fin du XIXe s, ce village ouvrier est né de la volonté de la famille Crespi, des industriels du tissage, de reconstituer un véritable exemple de « cité idéale ». La 2de partie du nom de la ville vient du fleuve Adda qui coule en contrebas. Le XXe s lui a toutefois fait connaître quelques tribulations (faillite des proprios dans les années 1920 et changement du contexte économique et social). L'activité de l'usine dans le secteur du textile a duré jusqu'en 2004. Depuis, elle a été parfaitement préservée et le lieu est encore habité !

MONASTERO DI CHIARAVALLE | 141

Depuis 1995, le village de Crespi d'Adda fait partie du Patrimoine mondial de l'humanité, reconnu par l'Unesco comme « exemple extraordinaire du phénomène des villages ouvriers ; le plus complet et le mieux préservé dans le sud de l'Europe ». C'est une ville avec une particularité troublante dont nous n'avons plus l'habitude : il n'y a pas d'affichage publicitaire dans les rues ! Et ça fait du bien !

Arriver – Quitter

➤ **En bus :** de Milan (env 35 km) *Gessate M2 – Trezzo* ; *Sesto S. G. – Trezzo* ; *Cologno Nord M2 – Trezzo*. Descendre à Trezzo : arrêt via Biffi. Puis 20 mn à pied en passant par Concesa et en franchissant la passerelle au-dessus de la rivière.

Adresse utile

🅘 ***Associazione culturale Villagio Crespi d'Adda :*** *piazzale Vittorio Veneto, 1.* ☎ *02-90-98-71-91.* ● *info@villagiocrespi.it* ● *villaggiocrespi.it* ● *Lun-ven 9h-12h30, w-e 10h-12h30 (juil-août et période de Noël, sur rdv).* Infos générales sur le village et visite guidée sur résa.

À voir

⊙ 🎭🎭 *Le village :* accessible tte l'année, évidemment. En zone piétonne (sauf permis d'accès voiture pour les résidents) avr-sept seulement, dim et j. fériés. *Pensez donc à garer la voiture à l'extérieur du village.* C'est une cité-usine idéale avec l'usine au cœur du village, comme pouvait l'être autrefois l'église. Le plan du village est tiré au cordeau et on reconnaît facilement la maison de l'ouvrier, celle du contremaître et celle du patron, appelée *villa padronale* (celle qui a des allures de château). On retrouve cet organigramme jusqu'au cimetière, où l'imposant monument funéraire de la famille Crespi étend encore son ombre bienveillante sur les modestes croix en béton des employés. Cette utopie paternaliste mérite plus qu'un coup d'œil. Rappelons que la volonté 1ère de la famille Crespi était de créer une harmonie et un bien-être pour ses salariés. Le plan prévoit une maison pour chaque employé, avec jardin potager, ainsi que tous les services indispensables : église, hôpital, école, théâtre, etc. Évidemment, seuls les employés qui travaillaient à l'usine ont pu être logés ici avec leur famille. Certains d'ailleurs y vivent toujours. Ne manquez pas de monter sur le petit belvédère qui permet de bien voir le plan au cordeau de la ville. À gauche avant d'entrer dans la ville.
– Le bon plan est de pique-niquer sur la grande pelouse en face de l'*Associazione culturale Villagio Crespi d'Adda* (ravitaillement possible au supermarché attenant). Plein de possibilités de balades à pied ou à vélo en remontant le long de l'Adda (le fleuve qui traverse la ville).

MONASTERO DI CHIARAVALLE

🎭🎭 *Via Sant'Arialdo, 102, 20139 Milan.* ☎ *02-84-93-04-32.* ● *infopoint@monasterochiaravalle.it* ● *monasterochiaravalle.it* ● À 6 km au sud-est du centre-ville. Compter 15 mn en bus (n° 77, direction « Cimitero di Chiaravalle ») à partir de la station de métro Porta Romana (ligne M3). En voiture, depuis la porta Romana, prendre le corso Lodi, et au piazzale Corvetto, tourner à droite (viale Martini) ; au croisement avec la via San Dionigi, suivre la direction du sud (à gauche) ; enfin, au bout, à droite, la via

LES ENVIRONS DE MILAN

Sant'Arialdo mène au monastère. Tlj sauf lun et dim mat 9h-12h, 15h-17h. Visites guidées gratuites de l'église et du cloître sam-dim à 15h et 16h. Visite de l'abbaye : 6 €. L'édifice en brique fut remanié plusieurs fois et possède aujourd'hui les caractéristiques des styles gothique et romano-lombard. L'intérêt de l'endroit est d'ailleurs essentiellement historique. Il est consacré à *san Bernardino,* qui a conquis les Milanais par une série impressionnante de miracles, et à son ordre : portraits de moines sur

CLAIRVAUX LE CLAIRVOYANT

L'abbaye cistercienne de Chiaravalle fut fondée en 1135 par le religieux français Bernard de Clairvaux (Chiaravalle, en italien) dans l'esprit de la réforme de Cîteaux (1098). Ce brave homme, appelé en Italie en 1133 par le pape Innocent II, eut à cœur de ramener la communauté monastique à une vie de prière et de labeur (on peut parier que les moines lui en sont bien reconnaissants !).

les colonnes, massacre des martyrs cisterciens dans le transept gauche... Dans le transept droit, juste après le grand escalier qui menait autrefois aux dortoirs des moines (tout en haut se trouve un portrait de la *Vierge Marie à l'Enfant*), un impressionnant « arbre généalogique » des principaux abbés recouvre tout un pan du mur. En revenant sur vos pas, n'oubliez pas de pousser la porte qui mène au petit cloître. Là, vous pourrez flâner autour des rosiers et, qui sait, percevoir les chants des quelque 10 moines qui habitent encore à Chiaravalle. La fameuse tour octogonale, haute de 56 m, fut érigée par Francesco Pecorari au XIVe s. Les Milanais l'ont familièrement surnommée « *Ciribiciaccola* » (ça se prononce presque comme ça s'écrit...).

CERTOSA DI PAVIA (CHARTREUSE DE PAVIE)

Arriver – Quitter

➢ *En train :* le plus pratique. Au départ de la gare de Milan-Rogoredo (centre-ville), de nombreux trains à destination de Pavie marquent un arrêt à Certosa di Pavia (20 mn), dont la gare se trouve à 10-15 mn à pied de la fameuse chartreuse.

➢ *En bus :* de/vers la gare routière de Pavie, liaisons régulières quotidiennes avec la compagnie *PMT* (☎ 03-82-46-92-93 ; ● pmtsrl.it ●).

Infos utiles

– **Coordonnées :** *via del Monumento, 4, 27012 Certosa di Pavia.* ☎ *03-82-92-56-13.* ● *comune.pv.it/certosadipavia* ●
– **Horaires :** *chartreuse, tlj sauf lun (ouv lun fériés) 9h-11h30, 14h30-18h (17h30 avr et sept, 17h oct et mars, 16h30 nov-fév). Musée, jeu-dim 9h30-11h30, 14h30-17h.*
– **Entrée gratuite** (tenue décente exigée). La visite libre se limite à la cour, au musée et à l'église abbatiale. La visite guidée se fait accompagnée par un des moines cisterciens vivant sur place ; pour y participer, se poster près de la grille située au fond de l'église, attendre qu'un petit groupe se forme et qu'un moine vienne vous chercher ; si vous ne parlez pas l'italien, la visite guidée (1h) peut s'avérer un peu longue (d'autant qu'il n'est pas rare qu'elle soit entrecoupée de quelques prières !).
– Si possible, éviter les week-ends et jours de fête, car le lieu est très fréquenté.
– **Stationnement :** parking officiel payant *(env 2 €/h).*

Visit

🏛🏛🏛 Le 1er monastère (qui accueillait une douzaine de moines chartreux) a été fondé en 1396 par Gian Galeazzo Maria Visconti, 1er duc de Milan. Il souhaitait faire de l'église le mausolée de sa dynastie (il est aujourd'hui le seul à y reposer pour l'éternité). La chartreuse était d'ailleurs intégrée au château de Pavie dans un gigantesque parc dont il ne reste quasiment plus rien. Mais les travaux n'ont jamais été terminés. C'est une autre famille, les Sforza qui, à partir de 1451, a fait construire l'ensemble que l'on découvre aujourd'hui. Le faste des bâtiments avait fâché Érasme mais ébloui Montaigne qui comparait la chartreuse à « une somptueuse cour princière ». C'est également dans cette chartreuse que François 1er a été retenu quelque temps prisonnier, après la célèbre bataille de Pavie, en 1525.

– Après le portique d'entrée, orné de fresques du XVe s, on accède à la ***cour centrale*** où se dresse, dans le fond, la magnifique ***façade*** aux bas-reliefs finement sculptés dans des marbres provenant de diverses régions italiennes. C'est Giovanni Antonio Amado qui en est l'artisan, relayé vers 1540 par Cristoforo Lombardo, qui termine en 1570 la partie supérieure, plus compacte et bien moins ouvragée, au-dessus d'une rangée de petites alcôves cyclopéennes... En franchissant le seuil, s'arrêter absolument devant les bas-reliefs sublimes entourant la porte. On y voit notamment Gian Galeazzo Maria Visconti posant la pierre de fondation de la chartreuse...

– À l'intérieur, l'***église*** mérite aussi un examen approfondi, d'abord pour les voûtes – bleu étoilé – de la nef centrale, et puis pour les chapelles décorées de fresques. Passé le grillé baroque en bronze, on accède au transept. Sur la gauche, cénotaphe de marbre avec les gisants de Ludovico il Moro et Beatrice d'Este, dominé par la fresque de l'abside représentant le couronnement de la Vierge en présence de Francesco Sforza et Ludovico il Moro. Côté droit du transept, impressionnant monument funéraire de Gian Galeazzo Maria Visconti, taillé dans le marbre, et surplombé par la fresque de l'abside où l'on voit le fondateur et ses fils offrant la chartreuse à la Vierge. Le chœur, bordé de stalles ornées de marqueterie, est couvert de fresques évoquant la vie de Jésus. À gauche, voir celle de l'*Adoration des Rois mages*, où ceux-ci portent des costumes Renaissance avec bottes à éperons ! Remarquable maître-autel en marbre et en lapis-lazuli.

– La visite guidée permet ensuite de découvrir, dans l'ancienne sacristie, le fameux polyptyque en ivoire (début XVe) qui a demandé 40 ans de travail à l'artiste, puis le ***petit cloître***, bordé de frises en terre cuite, et qui offre la meilleure vue sur l'église. On accède ensuite au ***réfectoire*** où, le dimanche, les moines mangeaient en silence pendant qu'un coreligionnaire leur faisait la lecture depuis la tribune. À vous de chercher la paroi en bois qui dissimule un petit escalier pour y accéder ! Enfin, on parvient au ***grand cloître***, impressionnant par sa taille (124 m de long !) et entouré de 123 arcades ornées de médaillons de terre cuite. Sur 3 des côtés se trouvent les 24 cellules-maisonnettes monacales, dont la plus grande est celle de l'abbé, bien sûr ! Chacune est composée de 2 pièces avec un petit jardin à l'arrière, d'une chambre avec loggia en haut, ainsi que d'une petite ouverture à côté de la porte par laquelle on faisait passer les repas.

– ***Le musée de la Chartreuse :*** installé dans l'ancien palais ducal. Au rez-de-chaussée, dessins préparatoires, originaux ou moulages permettent d'apprécier vraiment les sculptures de la façade de l'église. Dans les étages, collection de peintures (portraits de la famille des Visconti, notamment), fresques en trompe l'œil (mais pas la moindre trace d'une explication).

🍽 Boutique de produits monastiques : miel, liqueur, chocolats...

HOMMES, CULTURE, ENVIRONNEMENT

BOISSONS

Vins

Le vignoble lombard représente 3 % de la production nationale. Près de la moitié de ses vins a droit à l'appellation d'origine contrôlée (DOC). Ce sont des vins rouges légers, mais plus souvent des blancs, voire des rosés. Notons l'*oltrepo paveser,* un vin blanc sec ou un rouge léger.

Parmi les vins rouges du Valtellina, puissants et charpentés, citons les appellations DOCG des *valtellina superiore* et *sforzato*. Les *sforzati* ont pour particularité de pouvoir être transformés en un délicieux vin de dessert après un long vieillissement en fût (mais ces bouteilles sont rares… et chères !). La région de Brescia, quant à elle, récolte la plupart des appellations DOC de la Lombardie (*terre di franciacorta, botticino, capriano del colle, cellatica, garda bresciano,* etc.), les vins les plus courus étant ceux de l'appellation *terre di franciacorta,* produits au sud du lac d'Iseo et offrant un blanc sec et fruité, et un rouge sec aux arômes de fruits rouges. Cette même province a l'honneur d'avoir l'une des autres rares appellations DOCG de la région avec le *franciacorta spumante,* un mousseux élaboré selon la méthode traditionnelle. Produite dans la partie méridionale du lac de Garde, entre la Vénétie et la Lombardie, l'appellation *lugana* offre pour sa part un vin blanc sec à boire jeune.

Enfin, la région de Pavia, plus proche de Milan, propose elle 5 DOC : *bonarda* et *buttafuoco dell'oltrepo pavese, casteggio, oltrepo pavese* et, produite également dans la province même de Milan, *san colombano al lambro*.

Alcools

– **La grappa :** c'est le nom italien du marc… donc de l'eau-de-vie obtenue par la distillation du marc de raisin. Sa teneur en alcool avoisine les 45° et elle n'est donc pas à conseiller aux plus inexpérimentés. Elle n'est pas toujours médiocre, contrairement à certaines idées reçues. Que les sceptiques trempent leurs lèvres dans la *grappa di brunello di montalcino* pour réviser leur jugement ! Vous retrouverez la grappa un peu partout en Italie… y compris dans votre café (il s'agira alors d'un *caffè corretto*). De nombreuses distilleries la proposent désormais en version aromatisée.

– **Les vermouths :** la plupart des vermouths (Campari, Cinzano, Martini, Aperol…) sont faits à partir de vins piémontais (notamment d'Asti) ou lombards et d'herbes aromatiques qui peuvent être très diverses : anis, rhizome d'iris, gentiane, origan, cannelle, bois de rose, menthe, absinthe… Les vermouths sont issus d'une très ancienne tradition montagnarde (rappelant un peu le vin chaud savoyard) et ont connu un réel engouement dans la 2de moitié du XIXe s avec l'apparition de grandes marques : *Martini, Cinzano* et *Campari*. Longtemps tombés en désuétude, les vermouths ont aujourd'hui reconquis les comptoirs !

Café

Rares sont ceux qui, au bar, demandent un simple *espresso* : certains le préfèrent *ristretto* (serré), *lungo* (allongé) ou encore *macchiato* (« taché » d'une goutte de lait froid, tiède ou chaud). Le café au lait se dit : *caffè con latte*. À ne pas confondre avec le fameux *cappuccino*, *espresso* coiffé de mousse de lait. Il faut aussi déguster un *espressino*, qui n'est pas un mini-*espresso* mais plutôt un *baby cappuccino*, servi dans un verre, connu aussi sous le nom de *marocchino*, *vetrino* ou *moretto*, et saupoudré de cacao. À moins que vous ne préfériez le *caffè corretto*, c'est-à-dire « corrigé » d'une petite liqueur. Quel que soit le café choisi, mieux vaut le boire debout au comptoir, en 2 gorgées, à l'italienne (souvent moins de 1 €)... N'oubliez pas de payer avant à la caisse... autrement, vous ne serez jamais servi ; c'est comme ça !

Chocolat

La *cioccolata* (et non le *cioccolato*, qui est le chocolat à croquer) est, pour certains, meilleure que le cappuccino qui, dans bien des endroits touristiques, se transforme de plus en plus en un banal café au lait. Ce chocolat chaud réalisé dans les règles de l'art est si onctueux, voire très épais, que l'on dirait de la crème (en fait, on remplace le lait par de la crème fraîche et on peut demander en plus de la crème montée par-dessus – *con panna* –, bonjour le régime...). Un vrai régal à déguster à la petite cuillère, et une foule de calories qu'il faut ensuite dépenser !

Eau

L'eau du robinet est potable, mais elle n'est quasiment jamais servie dans les restaurants, où l'on vous propose systématiquement de l'eau minérale. Précisez *naturale* si vous souhaitez de l'eau plate, *frizzante* ou *minerale* si vous préférez l'eau gazeuse. Si vous y tenez absolument, demandez l'*acqua del rubinetto* (quand même facturée dans certains endroits !) mais c'est plutôt mal vu et ça vous catalogue illico *turista francese*, le radin de service !

CINÉMA

Milan, berceau de cinéastes

La ville a vu naître de nombreuses personnalités du cinéma.
Dino Risi, le maître du film à sketchs, genre très à la mode en Italie dans les années 1960, fut d'abord psychiatre. Pas étonnant quand on considère les cas savoureux qui peuplent ses comédies ! Son humour est noir, son style cocasse, parfois grotesque mais toujours savoureux.

LE CHOC DES PHOTOS

En 1960, Fellini sort son chef-d'œuvre, La Dolce Vita, joué par Marcello Mastroianni et Anita Ekberg. L'histoire du film met en scène un photographe, plutôt sans foi ni loi, qui s'appelle... Paparazzo. Ce qui donne, au pluriel, paparazzi ! Le mot est resté.

Ainsi, citons *Le Veuf, Les Monstres, Une poule, un train et quelques monstres*, et même quelques films plus touchants et moins incisifs, tels que *Il Giovedi, Au nom du peuple italien,* ou *Parfum de femme,* pour lequel Vittorio Gassman obtint le prix d'interprétation à Cannes en 1975. Sans dénigrer son génie, n'oublions pas que Risi doit beaucoup de son succès à ses fidèles acteurs, **Toto, Alberto Sordi, Marcello Mastroianni** ou **Nino Manfredi,** qui interprètent tour à tour des playboys stéréotypés, machos à souhait et obsédés par le sexe, ou de gentils idiots... Sans oublier **Ugo Tognazzi,** originaire de Crémone en Lombardie, qui se fait surtout connaître en France pour l'adaptation cinématographique de *La Cage aux folles*.
Parlons maintenant du grand **Luchino Visconti**. Issu d'une très grande famille de la noblesse milanaise (voir plus loin la rubrique « Histoire »), il passe une jeunesse dorée au milieu des arts et des lettres. D'Italie, il émigre vers Paris, où il devient

l'assistant de Jean Renoir pour *Les Bas-fonds* et *Une partie de campagne*. « On m'a souvent traité de décadent. J'ai de la décadence une opinion très favorable. Je suis imbu de cette décadence », déclara Visconti à propos de son film *Violence et Passion*. L'auteur de *Mort à Venise* revient à Milan dans les années 1960 pour tourner **Rocco et ses frères,** où notre Alain Delon national trouva l'un de ses meilleurs rôles. Scandaleuse à l'époque en raison de scènes particulièrement crues et violentes, cette chronique familiale néoréaliste reçut pourtant le Lion d'argent à la Mostra de Venise. C'est son assistant réalisateur, **Giuseppe de Santis,** qui signera le magistral *Riz amer,* drame social situé également dans la plaine du Pô, qui entremêle histoire d'amour et événements politiques, et annonce la fin du cinéma néoréaliste qu'avait inventé son maître. La boucle est bouclée.

Milan cinégénique

Milan s'impose aussi comme décor de cinéma. Vittorio De Sica obtint le grand prix à Cannes en 1951 pour **Miracle à Milan,** fable allégorique sur les différences de classe, dans la banlieue de la capitale lombarde. Il signa aussi **Hier, aujourd'hui et demain** (oscar du meilleur film étranger en 1965), dont l'une des 3 romances se déroule à Milan : Sophia Loren y hésite entre l'amour et l'argent, respectivement son amant (Mastroianni) et son mari ! Avant d'être réalisateur, n'oublions pas que De Sica fut acteur, notamment dans **Gli uomini, che mascalzoni !,** un classique réalisé par Mario Camerini, tourné à Milan dans les années 1930.

Né en Émilie-Romagne en 1912, le génial et tourmenté Michelangelo Antonioni nous livre, avec *La Nuit,* le cadeau d'un chef-d'œuvre milanais, Ours d'or à la Berlinale de 1961. On y retrouve la muse du réalisateur, Monica Vitti, mais surtout les mythiques Jeanne Moreau et Marcello Mastroianni. Pour échapper à l'ennui qui frappe leur couple, ils se rendent dans la capitale lombarde ; c'est alors le début d'une longue errance solitaire dans une ville désertée et triste. Avant ce film, on pouvait déjà admirer la ville dans **Chronique d'un amour,** un beau portrait de l'Italie bourgeoise des années 1950.

Citons également, dans l'ordre de leur sortie : **Totò, Peppino e... la malafemmina,** une comédie de Mastrocinque, **Hold-up à la milanaise,** de Nanny Loy et avec Vittorio Gassman et Claudia Cardinale, **L'Emploi** d'Ermanno Olmi, **Le Cinque Giornate** de Dario Argento, **La Rançon de la peur** d'Umberto Lenzi, **Bingo Bongo** de Pasquale Festa Campanile et avec Carole Bouquet, etc. Et, plus récemment, **Ce que je veux de plus** de Silvio Soldini, l'histoire d'une adultère milanaise, **Le White,** documentaire de Simona Risi narrant le quotidien des habitants d'un quartier contaminé par l'amiante, ou encore **L'Ange du Mal,** de Michele Placido et avec Kim Rossi Stuart, sur la pègre milanaise dans les années 1970 et le chef de gang Renato Vallanzasca.

Ou encore le remake italien de *Bienvenue chez les Ch'tis...* Réalisé en 2012 par Luca Miniero et rebaptisé **Benvenuti al Nord** (après **Benvenuti al Sud**), ce film retrace sensiblement la même histoire que l'original. Une comédie qui peine à nous faire oublier le grand cinéma italien, perdu sous Berlusconi par ses programmes TV et ses coupes budgétaires de 50 % sur la création cinématographique.

Malgré tout, on n'omettra pas une perle encore récente, **Amore** (2010), grande fresque générationnelle retraçant l'histoire d'une riche famille milanaise, par Luca Guadagnino, autour du personnage central de la toujours géniale (mais pas italienne) Tilda Swinton. La comédie musicale *Nine,* réalisée par Rob Marshall, a été tournée entre autres à Milan.

Plus récemment c'est le film *Call Me By Your Name,* réalisé par **Luca Guadagnino,** qui a mis la campagne lombarde dans la lumière. Le Sicilien réalise le 3e volet de sa trilogie sur le thème de l'amour, le désir et la découverte de la sexualité, dans les décors époustouflants des lacs italiens. Le tournage de *Call Me By Your Name* a eu lieu principalement à Crema, mais le parc régional du Sério, qui se trouve à la fois sur la province de Bergame et celle de Crémone, est également dans le film.

On aperçoit la ville de Bergame lors de l'escapade romantique des 2 protagonistes. Le spectateur est plongé dans une atmosphère de rythme rural et dans la tranquillité des petites villes de Lombardie. *Call Me By Your Name* est trilingue ; les personnages passent sans cesse du français à l'italien, puis à l'anglais et rebelote, avec un naturel déconcertant. Le film est un véritable phénomène à sa sortie : il est nominé aux Oscars et majoritairement encensé par les critiques. Il a aussi fait polémique et a été censuré en Tunisie et au festival cinématographique de Pékin. Bien que l'œuvre soit davantage « internationale » qu'italienne, c'est un véritable renouveau pour le cinéma italien. Luca Guadagnino a annoncé une suite... à voir !

CUISINE

L'Italie, tout le monde le sait, occupe une place prestigieuse dans le hit-parade des meilleures cuisines du monde. Aujourd'hui, la cuisine qui s'exporte le plus à l'étranger est la cuisine italienne, mais qui ne vaut pas, loin s'en faut, celle que vous goûterez sur place !

Caffè ? Trattoria ? Enoteca ? Ristorante ? Comment s'y retrouver ?

Le visiteur risque d'être désorienté les 1ers jours devant la variété des enseignes. Les voici classées de la plus populaire à la plus chic.
– Le **caffè** et la **paninoteca.** Pour le petit déjeuner simple qu'affectionnent les Milanais : *cappuccino* (ou *caffè*) et *cornetto* (un croissant nature, ou fourré de chocolat, de crème ou de confiture) sur un bout de comptoir. On y vend aussi des gâteaux, des *panini* et des *tramezzini* (sandwichs triangulaires au pain de mie). Si vous vous asseyez, les prix grimpent forcément, sans parler des cafés avec terrasse stratégique...
– La **rosticceria,** qui correspond au traiteur français, vend des plats à emporter, mais l'on peut aussi se restaurer sur place.
– La **tavola calda** (une sorte de cantine) est un endroit où l'on sert une restauration rapide, offrant un nombre assez limité de plats déjà cuisinés à un prix très abordable.
– Dans une **pizzeria,** vous pourrez manger... des pizzas, voyons ! Les vraies *pizzerie* possèdent un four à bois (quand bien même cela est de plus en plus réglementé en ville). Au sud du Pô, on ne mange la pizza que le soir, à l'exception des grandes villes. Les restaurants peuvent aussi faire pizzeria, mais leur four n'est généralement allumé que le soir. À noter aussi qu'on peut acheter des parts de pizzas dans certaines boulangeries (*panetterie*).
– La **trattoria** est un restaurant à gestion familiale. Comparable au bistrot du coin français en quelque sorte, proposant une cuisine maison (*casareccia* ou *casalinga*). La carte offre un choix restreint de plats (une poignée d'entrées, 4 plats de pâtes, 3 ou 4 viandes ou poisson), garantissant généralement la fraîcheur de ce que l'on mange.
– Tout comme l'**osteria** qui, à l'origine, était un endroit modeste où l'on allait pour boire et qui proposait 1 ou 2 plats pour accompagner la boisson... L'appellation a été reprise par des restaurateurs (parfois en ajoutant un « h » et un « a » – « *hostaria* » – pour faire plus chic) pour donner un goût d'antan tout en appliquant des tarifs moins modiques...
– Enfin, le **ristorante** correspond théoriquement au resto gastronomique. Mais dans cette catégorie, on trouve tout et n'importe quoi. Attention à ne pas vous laisser appâter par la déco, par la terrasse avec vue plongeante ou par les serveurs rabatteurs !

Enoteca

On y mange et on y boit ! Les œnothèques sont en fait des bars à vins plébiscités par une population locale à laquelle les touristes se mêlent de plus en plus à l'heure sacro-sainte de l'*aperitivo*, dont on vous parle ci-après. Ces établissements s'enorgueillissent de leur riche sélection de vins, servis au verre ou à la bouteille ; leur choix de fromages et de charcuteries est tout aussi rigoureux. Certaines s'avèrent être carrément de véritables restos. Les *enoteche* ayant le vent en poupe, on en trouve désormais partout, à tous les prix, mais toutes ne sont pas recommandables.

Aperitivo

Cette heureuse tradition nous vient du Piémont, inventée par les paysans qui, en rentrant des champs, grignotaient charcuterie et fromage avec un verre de vin en attendant que le repas soit prêt ! Celle-ci s'est ensuite déplacée vers les villes où, vers 18h (et jusqu'à 21h environ), certains établissements ont eu l'idée géniale de proposer une foule de plats typiques (tranches de saucisson ou mortadelle, crudités, olives, anchois marinés, *tramezzi*, *crostini* et fromages, etc.) accessibles – à volonté – dès le 1er verre payé. Peu à peu, tout le monde s'est emparé de la formule et, par endroits, devant le succès rencontré, les buffets se sont faits de plus en plus sophistiqués. Très souvent, le prix du verre a connu lui aussi une augmentation non négligeable, environ 10 €. Et si vous vous demandez quelle est cette boisson orange que tout le monde boit, il s'agit du *spritz Aperol*. Originaire de Vénétie, cet apéro à base de prosecco, d'Aperol (un apéro amer et peu alcoolisé) et d'eau pétillante s'est lui aussi propagé à tout le pays. L'*aperitivo* est aujourd'hui régulièrement appelé *happy hours* pour se la jouer *worldwide* ! Ensuite on peut dîner léger, ou même se passer de dîner...

Marchés alimentaires

Véritable institution, le *mercato* a lieu une à plusieurs fois par semaine. On y trouve les excellents produits du terroir local : charcuterie, fromages, vins, huile d'olive, miel, fruits, légumes, etc., mais aussi des petits traiteurs qui étalent d'alléchants *antipasti*. Idéal pour se constituer un pique-nique à prix juste, ou rapporter chez vous quelques formidables souvenirs gourmands ! Nous indiquons donc les principaux marchés milanais...

Antipasti (hors-d'œuvre)

Beaucoup sont à base de poisson et de fruits de mer (attention, ça chiffre vite), comme les poulpes marinés, les *mazzancolle* (nom local des gambas), les fritures en tout genre, notamment les calamars *alla romana*, les *scampi fritti*, les *fiori di zucca fritti* (fleur de courgette, que l'on fourre d'une tranchette de mozzarella et d'une pointe d'anchois avant de l'enrober d'une pâte à beignet légère et de la faire frire)... Vous

POURQUOI « TOMATE » SE TRADUIT PAR *POMODORO* ?

Les grands navigateurs découvrirent la tomate chez les Aztèques, au Mexique. Elle avait bien la forme d'une pomme et valait le prix de l'or parce qu'elle était particulièrement difficile à conserver. Assez fade, il fallut plus d'un demi-siècle pour savoir l'utiliser en cuisine.

trouverez également un large éventail de légumes marinés, de salades, ou encore des boulettes et croquettes en tout genre, comme les *supplì di riso*, boulettes de riz frites fourrées de *provatura* (variante de la mozzarella) ou les *arancini* siciliens. Toutes sortes de tartines *(bruschette, crostini...)*, d'omelettes *(frittata* ou *torta*, assez proche de la tortilla espagnole), de fromages et de charcuteries viennent compléter la liste.

Primi (1ers plats)

Pasta et basta !

L'Antiquité nous fournit bon nombre de preuves, comme le bas-relief de Cerveteri (célèbre nécropole étrusque au nord de Rome), représentant différents instruments nécessaires à la transformation de la *sfoglia* en tagliatelle, ou bien le livre de cuisine d'Apicius, où nous retrouvons l'ancêtre de la lasagne, la *patina*.
À travers ces témoignages étrusque et romain, les Italiens pourraient revendiquer la paternité de la *pasta,* mais ce serait sans

> **MARCO POLO A BIDONNÉ !**
>
> *Partout, on prétend que Marco Polo a rapporté les pâtes de son voyage en Chine. Des chercheurs, italiens bien sûr, prétendent avoir trouvé des machines à spaghettis dans les ruines de Pompéi. Un médecin de Bergame parle des pâtes dans un récit du XIIIe s, avant le voyage de Marco Polo. En espérant que tant de conjectures ne vous coupent pas l'appétit !*

compter sur les Arabes, qui occupèrent la Sicile du IXe au XIe s, et qui connaissaient eux aussi cette technique, très utile lors de leurs déplacements dans le désert.
Pâtes sèches, pâtes fraîches : la frontière entre le sud et le nord de l'Italie se trouve aussi là. Le Nord étant réputé dans la fabrication de pâtes fraîches aux œufs faites à partir de farine de blé tendre, et le Sud dans la fabrication de pâtes sèches réalisées à partir de semoule de blé dur.

– ***Les tagliatelles ou les pâtes plates :*** très différentes des spaghettis de par leur composition même (œufs, farine de blé tendre), ces pâtes ruban sont des pâtes de riches... que l'on fabrique artisanalement (à Bologne notamment).

– ***Les pâtes courtes :*** il en existe une grande variété, plus de 500 aux dires des experts, surtout depuis l'invention des pâtes sèches industrielles, les machines permettant toutes sortes de fantaisies. Ainsi, les *fusilli* (originaires de Campanie) sont le résultat d'évolutions techniques considérables. Au début, les *fusilli* étaient des cordons de pâte de blé dur enroulés en spirale autour d'une aiguille de fer. L'aiguille était une fois la pâte sèche.
On pourrait également citer les *farfalle* (papillons), ces derniers étant originaires de la région de Bologne. Plus traditionnels : **penne, maccheroni, tortiglioni, giganti, bombardoni** (à noter que les **penne rigate** représentent à elles seules près du quart du marché de la pâte sèche, juste derrière les spaghettis)...
Les pâtes courtes et grosses, comme les *orecchiette* ou les *trofie,* aiment les sauces à base d'huile (par exemple le *pesto*) ou de légumes, tandis que les courtes et creuses comme les *rigatoni* ou les *conchiglie* aiment les sauces plus épaisses à la viande.

– ***Les spaghettis ou les pâtes longues :*** cette pâte se mange depuis belle lurette dans toute l'Italie. Garibaldi et sa fameuse expédition des Mille en 1860 n'y seraient pas pour rien. Remontant du sud vers le nord, ils auraient en effet fortement contribué à la généralisation des pâtes sèches, et des spaghettis en particulier. *L'unità per la pasta !*

– Les larges et plates : comme les *fettucine,* les *tagliatelles*...
À utiliser de préférence avec des sauces au beurre, à la crème, aux coulis de courgettes, de poivrons, de tomates... Plus larges encore : les *parppadelle,* jusqu'aux *lasagnes* (que l'on fait cuire au four).

> **LA *PASTA*... UN PLAT PLEIN D'ÉNERGIE**
>
> *Plutôt relevée, la sauce alla puttanesca, qui accompagne parfois les spaghettis, est composée d'ail, de piment, de câpres, de tomates et d'anchois au sel. On dit que ce plat permettait aux prostituées de le préparer rapidement entre 2 clients...*

– Les longues et fines : comme les **linguine,** les **linguinette,** les **fettuccelle** et bien sûr les **spaghettis...** Elles raffolent des sauces à base d'huile mais sont finalement assez polyvalentes...
– Les ultra-fines : les **vermicelli, capelletti** (dites également **capellini,** c'est-à-dire « fins cheveux »), **capelli d'angelo** (cheveux d'ange), que l'on utilise principalement en soupe et en bouillon.
– Les **bigoli** ou les **bucatini** (très populaires à Rome) sont des pâtes bâtardes, à la fois spaghettis creux et macaronis longs. On les réserve volontiers aux sauces à la viande. Les plus gros sont les **ziti.**

Les primi typiques d'Italie du Nord

– Le **risotto,** ou riz braisé, est plus répandu dans le Nord et le Centre. Il existe des dizaines de noms qui sont autant de types de riz recommandables. Les plus connus sont l'*arborio,* le *vialone* et le *carnaroli.* Les connaisseurs choisiront le type de riz suivant la recette. À l'origine de tout risotto, il y a un bouillon qui se prépare traditionnellement la veille. Il peut être à base de viande, d'abats, de poisson ou de légumes. Le riz *(riso),* un riz rond, est d'abord blanchi, puis cuisiné au choix avec des fruits de mer, des petits légumes, des abats (foies de volaille notamment), des champignons, du fromage, et peut être agrémenté de crème fraîche ou d'une pointe de safran qui rappelle son origine exotique. Le plus connu est le *risotto alla milanese,* à base de riz de type *vialone,* de beurre, de moelle de bœuf, de bouillon de viandes mélangées, d'oignons et de safran.
– Les **minestre** (soupes), souvent réalisées suivant d'anciennes recettes du terroir, sont excellentes. La plus connue est le *minestrone,* à base de légumes.
– La **pasta al forno** (pâtes au four) comprend les *cannelloni* (pâte roulée farcie de viande hachée, tomates et béchamel), les lasagnes, les *crespelle* (crêpes farcies de ricotta et d'épinards).
– La **polenta** est aussi très présente dans le coin, accompagnée de saucisse ou de viande.
– Les **gnocchis** n'ont rien à voir avec ce que l'on connaît en France sous ce nom. Les vrais gnocchis sont une préparation à base de pommes de terre *(gnocchi di patate).* C'est un plat consistant, comme la *pasta.* On adore !

La pizza

Les bonnes pizzas sont préparées par un vrai pizzaiolo, puis cuites au feu de bois. Sachez aussi qu'il existe d'autres modèles que les *pizze* rondes à la tomate. Il y a, par exemple, la *pizza bianca* (pizza blanche), sans sauce tomate et tout aussi succulente, ou la *pizza al taglio* ou *pizza al metro* (pizza à la coupe ou au mètre). Ce sont de grands rectangles de pizza, découpés à la taille souhaitée, avec garniture au choix (miam !). Dans certaines boulangeries, on peut acheter des parts de pizza à emporter.

PIZZA ROYALE !

C'est en l'honneur de la reine Marguerite de Savoie, femme d'Umberto Ier (fin XIXe s), lors d'une réception, que l'on prépara une pizza spéciale. Sans ail évidemment, rapport à l'haleine ! On décida alors de rendre hommage à la nation nouvellement unifiée, en évoquant le drapeau italien : basilic pour le vert, mozzarella pour le blanc et tomate pour le rouge. La margherita était née !

Secondi (2[ds] plats)

Le *vitello* (veau) apparaît sur bien des cartes et dans des préparations très variées : *involtini* (en paupiettes), *scaloppina* (en escalope), *crudo* (tartare) ou *poltiglia* (bouilli).

Le *fegato* (foie), les *trippa* (tripes), les *cotoletta* ou *braciola* (côtes de porc), le *coniglio* (lapin), le *lepre* (lièvre) sont aussi souvent présents sur les cartes.
Le *pesce* (poisson) est un mets de luxe, y compris sur les côtes. Il est généralement vendu au poids.

Contorni (garnitures)

On vous proposera en accompagnement des *secondi*, selon la saison, des pommes de terre, des légumes ou des salades. Mais, très souvent, il s'agit de légumes grillés (poivrons, aubergines, courgettes) et de salades cuites (*verdura cotta* ou *saltata in padella*).

Dolci (desserts)

Les Italiens ne mangent pas beaucoup de sucreries en fin de repas. Ils les préfèrent faites à la maison et les mangent alors dans l'après-midi. Un peu partout, on trouve la *torta della nonna*, le gâteau maison, souvent très bon, le *panettone*, brioche traditionnellement mangée à Noël, la *panna cotta* (crème cuite qui ressemble un peu à un flan à base de crème fraîche), ou encore le typique *tiramisù*, sublimissime gâteau à base de mascarpone (crème épaisse) et de biscuits imbibés de café et de marsala, le tout saupoudré de cacao.
Comment parler des *dolci* sans évoquer les glaces *(gelati)*, si réputées ?! Pour la petite histoire, on sait que la glace existait déjà en Chine et au Moyen-Orient bien avant notre ère : des glaces fruitées étaient servies aux banquets d'Alexandre le Grand. Les califes de Bagdad adoraient déguster des fruits mélangés à de la neige, appelant ce mélange *sharbet* qui signifie « glaçon fruité » en arabe. C'est Marco Polo qui aurait rapporté cette trouvaille en Italie, et sa consommation se serait développée à la cour des Médicis à Florence – sous le nom de *sorbetti* – grâce au bien nommé Bernardo Buontalenti !

Le succès du *Slow Food*

De nombreux restaurants italiens affichent l'autocollant « *Slow Food* », reconnaissable au symbole du petit escargot, ce qui est un gage de qualité. Ce mouvement culinaire, né en Italie en 1986 (son siège se trouve à Bra, dans le Piémont), a décidé il y a plus de 30 ans déjà de défendre les valeurs de la cuisine traditionnelle, et notamment des petites *trattorie* du terroir. Il était grand temps de sauvegarder les vrais bons produits du terroir et les plats de tradition !
Ce retour du bien-manger et la volonté de préserver la biodiversité sont apolitiques. Le *Slow Food* n'est pas un rempart

NOUVELLE CUISINE

Maestro Martino, cuisinier particulier de l'évêque d'Aquilée, écrivit, au début du XVe s, un livre intitulé De l'art culinaire *qui devint un véritable best-seller. Il faut dire qu'en faisant l'éloge des produits simples et d'un certain art de les cuisiner, on sortait à grands pas du Moyen Âge, où les nobles, soucieux de paraître originaux, présentaient tout ce qui se faisait de cher et de rare ; garnissant ainsi leur table d'ours durs comme de la semelle et de rapaces casse-canine, quand ils ne les noyaient pas sous des monceaux d'épices les rendant immangeables !*

contre la modernisation, à condition qu'elle soit exclusivement au service du goût. L'idée, c'est aussi de respecter la nature et d'attendre la saison pour apprécier un légume ou un fruit. La carte est ainsi souvent remplacée par l'ardoise, et surtout, on prend le temps de cuisiner, de manger... et d'apprécier. Enfin, sachez-le, ces restaurants *Slow Food* (on en sélectionne certains) ne

sont pas forcément chers. Pour plus d'informations sur ce mouvement, vous pouvez consulter les sites ● *slowfood.it* ● et ● *slowfoodmilano.it* ●
Et pour vous donner l'eau à la bouche, on vous propose un petit tour de table milanaise. Alors, à vos fourchettes !

Spécialités lombardes

Vos papilles seront bien traitées. Au menu :
– *Le risotto alla milanese :* à base de riz de type *vialone,* de safran, de beurre, de moelle de bœuf, de bouillon de viandes mélangées et d'oignons. Autre risotto à tester tant que vous êtes dans le coin, celui à base de cuisses de grenouilles...
– *L'osso buco :* en français, « l'os troué ». Pas très ragoûtant dit comme ça, mais c'est pourtant excellent. Les os troués, ce sont des rouelles de jarret de veau non désossées, encore garnies de leur moelle, que l'on fait mijoter avec morceaux de tomates, oignons, légumes (généralement, des carottes) et vin blanc (indispensable !). À Milan, il est en principe accompagné du *risotto alla milanese*.
– *Le minestrone :* une soupe épaisse à base de légumes, haricots blancs, petits pois, carottes, pommes de terre, courgettes, tomates, oignons... auxquels on ajoute de petites pâtes. Roboratif !
– *La bresaola :* de la viande de bœuf du Trentin salée et surtout séchée à l'air libre durant 2 à 3 mois jusqu'à ce qu'elle durcisse et prenne une jolie coloration rouge.
– *La cassoeula :* un mets hivernal traditionnel des paysans de la région de Milan. Des morceaux de pied, de couenne et de travers de porc cuisinés avec du chou vert de Savoie.
– *La polenta de maïs ou de sarrasin :* cette recette a vu le jour au retour de Colomb des Amériques. Elle s'accompagne de viande (de l'agneau ou du porc), de fromage et de sauce. Les populations pauvres en mangeaient sans aucun accompagnement, ce qui développa l'épidémie de la pellagre, maladie due à des carences alimentaires, qui fit bien des ravages dans la région.
– *Les cotolette alla milanese :* appelées aussi « oreilles d'éléphant » à cause de leur taille et leur forme, des côtelettes de veau (ou, plus rarement, de porc), panées et cuites dans le beurre, beaucoup de beurre ! Même chose pour la **scaloppina milanese,** mais avec une escalope de veau...
– *Le panettone :* originaire de Milan, c'est la spécialité que l'on trouve sur toutes les tables d'Italie à Noël. C'est une brioche garnie de raisins secs, fruits confits et zestes d'orange et de citron. À Milan, foncez chez *Vergani,* le maître du genre !
– Côté fromages, signalons que le **gorgonzola** est aussi né dans la région...

Petit lexique culinaire

Aglio	Ail
Arrosto	Rôti
Asparagi	Asperges
Carciofi	Artichauts
Casalinga	Comme à la maison, « ménagère »
Fagioli	Haricots blancs
Fagiolini	Haricots verts
Formaggio	Fromage
Funghi	Champignons
Gelato	Glace
Insalata	Salade
Maiale	Porc
Minestra	Soupe
Pane	Pain
Panna	Crème épaisse
Pasticceria	Pâtisserie
Peperone	Poivron vert ou rouge

Pesce	Poisson
Pollo	Poulet
Ragù	Sauce à la viande
Risotto	Riz cuisiné
Sarde	Sardines
Spumone	Glace légère aux blancs d'œufs
Torta	Gâteau, tarte
Tortelli	Raviolis farcis d'herbes et de fromage frais
Uovo	Œuf
Verdure	Légumes
Vitello	Veau
Vongole	Palourdes ou clovisses
Zucchero	Sucre
Zucchine	Courgettes
Zuppa	Soupe

CURIEUX, NON ?

– L'addition est traditionnellement majorée du **pane e coperto,** « du pain et du couvert » (1-3 € par personne).
– Si vous voulez prendre un petit café au comptoir comme de nombreux Italiens, il vous faudra d'abord le payer à la caisse avant de vous accouder au comptoir.
– Vous passerez pour un touriste si vous commandez un *cappuccino* après 11h !
– La bouteille d'eau minérale est généralement apportée d'office sur la table entraînant un supplément de 1 à 3 €.
– Dans les églises, les sacristains sont souvent remplacés par des tirelires électriques (1 à 2 €) pour éclairer les chefs-d'œuvre sans forcer la main.
– La *pasta* fait partie intégrante du repas, qu'on mange en « *primi* », avant le plat principal.
– Les Italiens ont l'habitude le matin de se contenter d'un rapide café-croissant, debout au zinc, au lieu d'un copieux petit déjeuner.
– Les tramways de couleur orange datant de 1928 fonctionnent toujours !
– La ville de Milan a initié un projet de décorations de bouches d'égouts dans sa politique urbaine de *street art*. Il n'est donc pas rare de les voir signés de grands couturiers (*Fendi, Armani, Versace*...), notamment du côté des Navigli et d'Isola.
– Dans tous les hôtels, un cordon – signalé par un discret panneau – pend au long du mur de la douche ou de la baignoire. Un dispositif de sécurité imposé par la loi, en cas de malaise : une traction déclenche une sonnerie à la réception. Mais vu le nombre de clients qui pensent que c'est le cordon de la ventilation, voire une corde à linge, il est plutôt rare que quelqu'un prenne la peine de se déplacer !

DESIGN

Milan demeure le creuset du design italien, et par là-même l'un des *hot spots* mondiaux en la matière. Vous y serez certainement confronté au quotidien... Andrea Branzi, grand nom du design national, en parle d'ailleurs comme « une histoire faite aussi de pensées, de religions, de politique et d'hommes. »

Petite histoire du design italien

C'est un fait : l'Italie a su, à travers le design, esthétiser et sublimer de nombreux objets de l'usage courant. L'année 1912 a marqué la naissance du pionnier turinois *Poltrona Frau,* spécialiste des fauteuils (*poltrone* en italien) en cuir « made in Italy », avec son 1er modèle, le *Chester.* Il faut toutefois attendre les années 1930 pour que le phénomène se généralise, dans le prolongement direct de la révolution industrielle, principalement autour de la figure maîtresse qu'est Gio Ponti et de sa revue-école *Domus* lancée en 1928. En 1933, Alfonso Bialetti dessine la *Moka Express*, cette cafetière italienne conçue à partir d'un métal jusque-là purement industriel : l'aluminium. Tant de fois revisitée, elle n'a jamais été aussi belle que dans sa version originale à la base octogonale. Quelque 3 ans plus tard, naissance d'un autre emblème national, la *Fiat 500*, surnommée « Topolino » (« souris »), renouvelée et modernisée en 1957 par le designer Dante Giacosa.

Mais le design industriel contemporain naît véritablement en Italie dans les années 1950, en plein bouillonnement culturel (à l'instar du cinéma italien). En 1945, *Alessi* invente les cousines de la *Bialetti* : une cafetière et une théière, elles aussi en aluminium, mais aux formes plus arrondies et ondulantes. L'année suivante, c'est au tour du 1er scooter, la « guêpe » vrombissante : la *Vespa,* conçue à Gênes par le constructeur aéronautique *Piaggio*, encore aujourd'hui symbole de l'inventivité italienne et, surtout, de la dolce vita. Des marques et objets toujours très familiers, mais qui, au moment de leur création, ont révolutionné le monde du design ! Dès 1952, Domus parle d'une « ligne italienne » propre, belle, pure et simple. En 1954, le 1er magasin de prêt-à-porter italien (ouvert en 1865), *La Rinascente*, lance un concours récompensant le meilleur designer international : le *Compasso d'Oro* (Compas d'Or).

Ce courant néoclassique laisse place, dans les années 1960 et 1970, à un courant plus populaire, toujours plus innovant. Place aux gadgets en tout genre, au plastique et au carton, au recyclable et au jetable, aux couleurs vives et aux pois. C'est l'Italie qui, la première, a mis au point la technique du plastique moulé par injection, si chère à *Kartell*. Quelques créations notables : la chaise en plastique *Universale 4867* de Colombo (1967), le 1er fauteuil gonflable, *Blow (*1967), encore plus léger, que l'on doit aux génies combinés de 4 Milanais d'adoption, le pouf *Sacco* (1968) – cette poire remplie de billes de polystyrène qui épouse si bien vos formes... En 1972, c'est la consécration : le MoMA new-yorkais dédie une exposition entière – *The New Domestic Landscape* – aux designers du moment comme aux jeunes talents, précurseurs du design à l'échelle domestique.

Quelques années plus tard, en 1981, Ettore Sottsass fonde à Milan le *Groupe de Memphis* : un mouvement en réaction à l'austérité et au fonctionnalisme imposé du design contemporain. Couleurs vives, associations de matières et de formes aussi surprenantes qu'innovantes... La bibliothèque *Carlton,* façon totem indien multicolore, en est un exemple parfait. Vient ensuite, à partir des années 1990, l'ère du Milanais Giulio Cappellini, véritable dénicheur de talents internationaux ultra-créatifs et faiseurs de tendances, rassemblés au sein de son atelier. Il se spécialise dans les séries limitées, la rareté ajoutant une plus-value non négligeable à un design de plus en plus médiatisé. Aujourd'hui, le design italien fascine le monde autant qu'il domine le marché. Et si son succès et son rayonnement perdurent, c'est en grande partie grâce à l'exposition dont il bénéficie lors des diverses manifestations milanaises.

Milan, centre du design italien

Dès 1933, en récupérant la Biennale des arts décoratifs de sa voisine Monza, Milan devient la plaque tournante du design italien. Tous les 3 ans, et ce jusqu'en 1996, la Triennale de Milan a réuni, dans le *palazzo dell'Arte*, des professionnels novateurs du monde artistique, des arts décoratifs et industriels : architecture, arts visuels, design, mode...

Rapidement, la focale s'est déplacée de la peinture vers le design, preuve en est le *Salone internazionale del mobile di Milano,* organisé depuis 1961. Les plus grands – designers, critiques, collectionneurs, etc. – s'y donnent rendez-vous. Du luxueux *Cassina* au spécialiste du plastique *Kartell*, du roi des arts de la table *Alessi* à *Zanussi*, celui de l'électroménager, du géant de la mosaïque *Bisazza* au pionnier *Poltrona Frau,* tous y sont ! Mais ce rendez-vous est avant tout international ; ainsi, au gré des allées, on rencontre le Thaïlandais *Kenkoon*, le Suédois *Bla Station*, le Portugais *Boca do Lobo*, le Japonais *Karimoku*, les *Ateliers Philippe Coudray* français, etc.

À Milan, le design fera partie de votre quotidien. Nombreux sont les hôtels dont l'intérieur a été conçu par de grands noms. C'est le cas du *Boscolo Exedra*, dessiné par le Milanais Italo Rota. Passé les portes rouges, on arrive dans un hall d'un blanc immaculé et on pénètre dans un tout autre univers, un monde féerique : jeux de lumières, de couleurs et de formes, spa tout en rondeur, fauteuils *Meritalia*, mosaïques *Bisazza*, etc. Et il y en a d'autres : l'*Armani Hotel*, dans un style beaucoup moins pop et plus épuré, le *Bulgari Hotel*... Véritable révolution, même les plus petits hôtels, les restos et les bars s'y mettent, sur la note du moment : indus' vintage. Partout, le design est sensible, partout, il est visible !

Quelques grands noms du design milanais

– **Gio Ponti** *(1891-1979) :* fraîchement diplômé de l'École polytechnique (architecture), il est nommé directeur de la Biennale de Monza en 1925. Il participe d'ailleurs à son renouveau en la relogeant à Milan, sous le nom de Triennale d'art et d'architecture moderne. En 1928, Ponti fonde *Domus,* une revue phare de l'architecture et du design internationaux. Figure majeure de l'élaboration d'un design du mobilier moderne, il a collaboré avec *FontanaArte, Venini, La Pavoni* (et sa célèbre machine à *espresso*) et surtout Piero Fornasetti (mobilier néoclassique) et *Cassina* (et sa chaise *Superleggera,* 1,7 kg seulement !). En 1954, il participe à la création du Compas d'or, un prix important sur la scène du design.

– **Franco Albini** *(1905-1977) :* né à Robbiate (Lombardie), cet architecte et designer épouse un parcours similaire au précédent, avec qui il commence sa carrière. Mais son style est différent, plus minimaliste, plus proche de l'artisanat. Une radio en verre, les fauteuils en rotin *Margherita* et *Gala,* le *Fiorenza* aux forts accoudoirs (pour *Artflex*), le *Luisa* et la *Rocking-chaise* (pour *Poggi*)... c'est lui ! *La Rinascente* de Rome, les stations de métro de la ligne 1 de Milan, l'intérieur du magasin de fourrure milanais *Zanini,* c'est lui aussi ! Tout au long de sa carrière, son talent sera récompensé 3 fois par le Compas d'or.

– **Piero Fornasetti** *(1913-1988) :* véritable autodidacte, ce prolifique Milanais s'est illustré dans de nombreux domaines (peinture, graphisme, sculpture, gravure, décoration d'intérieur et design...). N'ayant peur ni de l'excès ni de la couleur, encore moins du baroque et de l'originalité, son credo était : « Ce que je cherche dans chaque objet est la marque de l'homme. » Il se fait connaître en 1933 à la Triennale de Milan avec des foulards imprimés. Mêlant classicisme, humour et modernité surréaliste, il a travaillé sur de nombreux supports : prêt-à-porter, assiettes, paravents, luminaires, meubles... On lui doit – tous genres confondus – pas moins de 11 000 œuvres ! Depuis sa mort, son studio a été repris par son fils, Barnaba.

– **Achille Castiglioni** *(1918-2002) :* récompensé par 9 Compas d'or, exposé dans des musées aussi prestigieux que le MoMa new-yorkais et le *Victoria and Albert Museum* londonien, c'est une pointure du design ! Avec son frère Pier Giacomo, il collabore dans les années 1950 et 1960 avec les industriels *Flos* et *Zanotta.* Pour le 1er, ils ont conçu des lampes minimalistes (l'*Arco,* la *Toio* et la *Luminator*), pour le 2nd, des tabourets purement fonctionnels comme le *Sella* (une selle de vélo posée sur un tube, fixé sur un socle semi-sphérique) et le *Mezzadro* (une simple assise de tracteur agricole). Il est possible de visiter son atelier dans le centre de Milan (voir plus bas)...

– **Joe Colombo** *(1930-1971) :* né à Milan, le designer Colombo y étudia d'abord la peinture, la sculpture et l'architecture. Dès 1950, il se joint au mouvement de peinture nucléaire, un courant artistique avant-gardiste et, en 1953, il réalisa sa 1re œuvre design à Milan : le toit d'un club de jazz. C'est le déclic, il se lance dans des études d'architecture à l'École polytechnique et, en 1962, ouvre son propre studio de design et se lance dans l'expérimentation, usant de nouveaux matériaux : l'ABS (la chaise *Universale* de 1965), le plastique (la chaise *4867* pour *Kartell* en 1967), le PVC (la *Tube-Chair* de 1970 pour *Flexform*), le polyéthylène... Futuriste, voire utopique, il cherche la flexibilité et l'élasticité des formes et des matériaux.

ÉCONOMIE

Une situation délicate

Comme les autres pays européens, l'Italie connaît une crise majeure depuis 2010. Après 4 années de récession, la croissance revient timidement en 2015 (0,8 %). Les réformes économiques, administratives et fiscales menées par le Premier ministre Matteo Renzi ont réussi à gagner la confiance des ménages, mais pas celle des entreprises. En effet, la productivité demeure médiocre, le travail fortement taxé, la main-d'œuvre vieillissante et trop peu qualifiée, la bureaucratie tatillonne... Du coup, les investisseurs ne se bousculent pas au portillon ! La dette publique demeure colossale, bien qu'elle ait perdu 0,5 point en 2017, (132 % du PIB), le taux de chômage élevé (11,5 % en 2018, environ 31,5 % chez les 15-24 ans) et le système bancaire fragilisé par des créances douteuses. Bref, si l'Italie garde pour le moment sa place dans le top 10 des plus puissantes économies mondiales, sa marge de manœuvre se réduit comme peau de chagrin.

Inégalités géographiques

Située à la frontière avec la Suisse, la France, l'Autriche et la Slovénie, l'Italie du Nord est en contact direct avec l'Europe des affaires. Ce qui explique qu'elle soit la région la plus productive d'Italie, avec la moitié de l'industrie concentrée dans le seul triangle Milan-Turin-Gênes. Malgré des efforts gouvernementaux, le Nord concentre toujours les plus grandes multinationales. Capitale de la Lombardie (20 % du PIB national) et, surtout, capitale économique et place boursière du pays (la *Borsa Italiana*), Milan en est un exemple flagrant. Plus de 500 entreprises à participation étrangère y ont leur siège et plus de 320 000 entreprises y sont basées, le textile, la mode (*Versace, Armani, Prada, Valentino, Dolce & Gabbana, Moschino, Missoni*, etc.), l'industrie chimique, l'automobile et l'édition littéraire et musicale étant les secteurs les plus dynamiques. Si l'on se réfère aux chiffres, on peut en effet constater que les grandes entreprises préfèrent le Nord, avec près de 40 nouvelles implantations contre 10 dans le *Mezzogiorno*.

La manne touristique

L'Italie peut compter sur son secteur touristique, en progression d'environ 2,4 % en 2017, et qui représente désormais 11,1 % de son PIB. Une croissance à la hausse générée, entre autres, par quelques temps forts, comme l'Expo universelle de Milan de 2015. Si la clientèle italienne reste fidèle pour ses vacances à son pays, 52 millions de touristes étrangers se donnent toujours rendez-vous chaque année dans la péninsule. Cinquième destination touristique mondiale après la France, les États-Unis, l'Espagne et la Chine, l'Italie a de quoi être fière de son patrimoine culturel et artistique, enrichi par des siècles d'histoire, de l'ère romaine au baroque en passant par la Renaissance.
Hélas, étranglé par le poids de sa dette colossale et l'accumulation de ses plans d'austérité, le pays peine à entretenir son patrimoine et de nombreux monuments se dégradent. En 2011, *La Scala* et le *Piccolo Teatro* de Milan, 2 institutions prestigieuses de niveau international, se sont ainsi retrouvés avec 17 millions d'euros

en moins. Cette situation gravissime risque encore d'empirer vu que l'État italien ne consacre que 0,2 % de son budget à la culture (contre 1 % par exemple en France).

GÉOGRAPHIE

Région frontalière avec la Suisse (au nord), la Lombardie est également la plus industrialisée et la plus peuplée d'Italie avec 9,8 millions d'habitants. Elle est divisée en 12 provinces : Bergame, Brescia, Côme, Crémone, Lecco, Lodi, Mantoue, Monza et Brianza, Pavie, Sondrio, Varèse et Milan, cette dernière étant la plus peuplée et, surtout, la capitale de la région.
Sa géographie est très variée, tout comme l'est le relief : 40 % de montagne, 14 % de collines et 46 % de plaine. Impossible donc d'en faire un ensemble homogène. **Au nord,** les Alpes : lépontiennes et rhétiques à la frontière de la Suisse, l'Adamello au nord-est, et les Préalpes de Bergame plus au sud. Au cours du temps, l'érosion glaciaire a modifié le paysage, faisant place, **au centre,** à de grandes plaines viticoles, collines morainiques et vallées densément peuplées (la Valteline, par exemple), mais aussi à de nombreux lacs allongés (lac Majeur, lac de Côme, lac de Garde, et dans une moindre mesure, lac d'Iseo, lac de Lugano...). Beauté des paysages escarpés, douceur du climat et de l'été, et haute montagne l'hiver garantissent une fréquentation touristique ininterrompue de cette superbe région.
Un peu plus **au sud,** nous arrivons dans la plaine du Pô (ou plaine padane). Plutôt variée, elle est constituée, au nord de Milan, d'une haute plaine, perméable, assez sèche et peu fertile et, par conséquent, plutôt industrielle. Au sud de Milan, place à la basse plaine, à l'opposé de la précédente, imperméable et humide, irriguée par de nombreux affluents du Pô (le Tessin, l'Adda, l'Oglio...), et très fertile. C'est là que se concentrent la majorité des exploitations agricoles de la région.
Quant à la grosse agglomération industrielle qu'est **Milan,** vous l'aurez compris, elle est située au cœur de la plaine padane. Au carrefour de l'Europe industrielle (au nord) et de la Méditerranée (au sud), traversée par de nombreuses voies routières, elle est considérablement avantagée sur les plans économique et commercial.

HISTOIRE

La République romaine

À l'aube du IIIe s av. J.-C., Rome exerçait son autorité de la plaine du Pô à la mer Ionienne. En moins de 40 ans, Rome acquit la Sicile, la Macédoine, l'Asie Mineure, l'Afrique du Nord, l'Espagne et le contrôle total de la péninsule. Le gouvernement républicain reposait sur l'équilibre des pouvoirs : Sénat, magistratures et assemblées populaires. Les magistrats, élus par le peuple, exerçaient le pouvoir exécutif sous la tutelle du Sénat qui représentaient l'autorité permanente.
Fondée par les Étrusques, la bourgade de *Melpum* (le site de la future Milan) est rebaptisée *Mediolanum.* 2 légendes rivalisent quant à l'origine de ce nom. La 1re veut que, vers 600 av. J.-C., Bellovesos, un Insubre, après avoir traversé les Alpes pour atteindre la plaine du Pô, y aurait trouvé, à l'emplacement indiqué lors d'un rêve par une déesse, une laie à la partie antérieure recouverte de longs poils : une laie mi-laineuse, soit medio-lanum ! Selon la 2de, ce seraient les Romains qui, à leur arrivée dans ce village situé au centre de la plaine – medio-planum –, lui auraient donné son nom. Sa position était en effet centrale et stratégique, au cœur de la plaine fertile du Pô, sur la route des Alpes et à quelques encablures des ports de Méditerranée. Les Insubres y habiteront plusieurs siècles, jusqu'à céder face aux Romains en 222 av. J.-C. Mais il fallut attendre 196 av. J.-C pour que la ville passe réellement sous le joug romain, après une courte tentative d'alliance avec Hannibal et ses troupes. En 89 av. J.-C., César la dota du droit latin.

L'hellénisation des arts, de la langue et l'enrichissement des élites creusèrent un fossé avec le peuple, ruiné par les guerres. Rome allait vers une grave crise sociale. Membre du 1er triumvirat, proconsul des Gaules en 59 av. J.-C., César dirigea avec succès la campagne contre les Gaulois. De retour à Rome, il entreprit une série de réformes tendant à rétablir un peu d'ordre et de justice en faveur du petit peuple. Nommé dictateur à vie en 44 av. J.-C., il est assassiné par une conjuration d'aristocrates dont faisait partie son fils adoptif, Brutus.

CHAUVE QUI PEUT !

César était très préoccupé par la perte de ses cheveux. Il fit voter par le Sénat une loi l'autorisant à porter en permanence une couronne de lauriers, pour cacher sa calvitie. Un attribut certes honorifique mais surtout pratique. Il ramenait sur son front les rares cheveux qui lui restaient à l'arrière. Sa copine Cléopâtre, qui était de mèche, lui préparait une décoction à base de graisse d'ours et de souris grillées. Bonjour l'odeur !

L'Empire romain

Après un moment de flottement, Octave, le neveu de César, s'impose. Avec lui, pour la 1re fois, toutes les terres bordant la Méditerranée appartiennent à un même ensemble politique. Octave, *Augustus* depuis 27 av. J.-C., tente d'en faire un État unifié et d'y instaurer un ordre nouveau. La longueur de son règne – 47 ans ! – lui permet d'édifier lentement mais sûrement la nouvelle civilisation impériale. Le « siècle d'Auguste » voit aussi le triomphe de la littérature latine classique et de l'art romain.

L'apogée de l'Empire romain se situe autour du règne de la dynastie des Antonins (Nerva, Trajan, Hadrien, Antonin et Marc Aurèle), de 96 à 192. En 180, le fils de Marc Aurèle, Commode, y mit fin en se tournant vers un régime absolutiste.

À partir des années 230, Alamans, Francs, Goths et Perses ravagent les provinces de l'Empire. En 261, Milan survit à l'assaut des Alamans grâce à la fortification qui l'entoure depuis le IIe s et à l'intervention de l'empereur Gallien.

Pendant la grande crise du IIIe s, les légions ne cessent de se révolter et les généraux se succèdent au pouvoir. L'empire se disloque en 286, selon le système imaginé par les empereurs Dioclétien et Maximien. En 290, ceux-ci font de Milan la capitale de l'Empire romain d'Occident.

LA SCISSION DE L'EMPIRE ROMAIN

L'énormité du territoire romain le rendait ingouvernable. À la fin du IIIe s, Dioclétien le sépara en deux, avec 2 capitales (Rome et Constantinople) et 2 empereurs... concurrents, ce qui permettra sa survie. En effet, l'Empire romain d'Occident disparut en 476, envahi par les Barbares. En revanche, l'Empire romain d'Orient survivra 1 000 ans de plus, jusqu'à la chute de Constantinople en 1453.

Rapidement, la ville devient un centre administratif, économique et militaire majeur.

La fin de la puissance de Rome

Essor du christianisme

En l'an 306, Constantin Ier fut proclamé empereur. Au même moment à Rome, Maxence, porté par sa garde prétorienne, devenait lui aussi empereur ! Le choc final se produisit en 312, à la bataille du Pont-Milvius, durant laquelle Constantin aurait vu une croix dans le ciel avec les mots « Par ce signe tu vaincras ». Il favorisa alors ouvertement la religion chrétienne en promulguant l'édit de Milan en 313. La ville se transforma en pilier de la chrétienté sous l'impulsion de l'évêque saint Ambroise, qui officia de 374 à 397 et devint le saint patron de la ville.

Rome perd sa toute-puissance

En 410, la chute de Rome, prise par les Wisigoths, provoqua un énorme retentissement. 8 ans plus tard, pour la 1re fois, des Barbares (les Wisigoths) s'établissaient sur le sol romain. Puis ce fut au tour des Huns, qui pillèrent Milan en 452, des Vandales et des Ostrogoths, qui occupèrent toute l'Italie, la France méridionale et l'ex-Yougoslavie. Ils atteignirent Milan en 490, menés par le roi Théodoric, avant de la détruire en 539.

Les Lombards, peuple guerrier venu de la Baltique et installé en Pannonie, conquirent le nord de la péninsule (l'actuel Frioul, la Lombardie, la Vénétie...) en 568, descendant jusqu'au sud en créant le duché de Bénévent. En 7 ans, ils étendirent leur domination sur tout le pays, domination qui dura pendant environ 2 siècles. Ce fut une période de guerres intestines, entre les Lombards, les Lombards et les Byzantins, le pape et les Byzantins, les Lombards et le pape...

L'Église : un État dans l'État

En 754, le pape Étienne II rencontra Pépin le Bref, roi des Francs, pour signer le traité qui donnerait à l'Église un État placé sous la souveraineté des papes en échange de la reconnaissance par le pape de la légitimité royale des Carolingiens. Cette alliance permit à l'Église de se dégager de la tutelle politique de Byzance et de renforcer ses liens avec le royaume franc.

L'AURÉOLE DES SAINTS

Partout dans la chrétienté, l'auréole est le symbole des saints. Au départ, on apposait un disque métallique juste pour protéger la tête des statues de la chute de pierre ou de la tombée des eaux qui suintaient des plafonds. Peu à peu, les fidèles ont cru que cette protection était l'attribut de la sainteté...

Charlemagne et son grand empire

L'an 771 vit l'avènement de Charlemagne, qui finit par écraser les Lombards et conquérir la moitié nord de l'Italie. En 800, il fut sacré empereur d'Occident par le pape Léon III. L'Empire carolingien s'étendait alors de la mer du Nord à l'Italie et de l'Atlantique aux Carpates. Miné par les querelles intestines, l'ensemble fut divisé en 843 entre ses 3 petits-fils, avant que 2 pôles majeurs se dégagent : le royaume de France et le Saint Empire.

Plusieurs cités s'organisèrent en mini-républiques indépendantes, gouvernées par une aristocratie « locale », tel fut le cas de Milan. Dotée d'un nouvel archidiocèse, elle devint la capitale religieuse d'une grande principauté s'étendant du nord-ouest de la plaine du Pô au Tessin. Milan se déclara finalement commune autonome en 1045, mettant fin au joug romain.

La Commune : transition milanaise

Amorcé sous les Carolingiens, l'essor milanais continua, s'appuyant sur des industries textiles (déjà la mode milanaise !) et métallurgiques prospères ainsi que sur le commerce local et international. L'année 1081 marqua la naissance de la Commune de Milan, organisation dotée d'un consulat, dont les consuls étaient issus d'une nouvelle classe, celle des hommes d'affaires milanais. La Commune étendait son influence aux campagnes alentour, sur lesquelles elle exerçait un droit d'imposition, levait des troupes et s'approvisionnait en denrées alimentaires. Rapidement, la cité élimina ses principales rivales économiques lombardes, Crémone, Lodi et Côme. La réaction ne se fit pas attendre et, en 1158, Frédéric Ier Barberousse prit la ville, tentant de restaurer l'autorité impériale en y installant un podestat, une charge tenue par des étrangers (à la ville). Il fut renversé au bout d'une année mais rasa Milan en 1162. Les villes nord-italiennes s'organisèrent alors au sein de la Ligue lombarde, une alliance d'assistance militaire en cas d'invasion. En 1168, les Milanais récupérèrent leur ville. En 1183, les communes de la Ligue signèrent avec Barberousse la paix de Constance. Dès lors, l'empereur ne fut plus que symbolique et les communes furent dotées du pouvoir régalien (juridictions, impôts, corvées). Vers 1200, avec 90 000 habitants, Milan était la cité la plus puissante d'Italie du Nord.

La Renaissance

La Renaissance ne fut pas seulement artistique, elle fut aussi politique. L'élection en 1447 du pape Thomas de Sarzana, un humaniste respecté, marqua une période harmonieuse et épanouie dans l'histoire de l'Église, qui aboutit à la reconnaissance de la souveraineté des papes.

Le XIIIe s milanais ne fut que guerres intestines et territoriales. À la tête du parti populaire (une organisation politique et militaire), Torriani s'empara de Milan en 1259. La ville prit la tête d'une principauté territoriale, les Milanais. La nomination d'Ottone Visconti comme archevêque de Milan marqua le début de la Seigneurie. En 1311, après 50 ans de lutte entre les clans Torriani et Visconti, ces derniers finirent par vaincre et régnèrent sur Milan jusqu'en 1447. En 1386, ils lancèrent la construction du Duomo. En 1450, leur dynastie s'éteignit, laissant le pouvoir aux Sforza, qui ordonnèrent la réalisation du *sastello Sforzesco*. Milan, prospère et puissante, comptait alors près de 200 000 habitants. Le traité du Cateau-Cambrésis, en 1559, signa la fin de la domination des Sforza et le début de la régence espagnole.

Pendant 2 siècles, la région s'appauvrit, notamment à cause de l'administration espagnole. En 1630, une épidémie de peste ravagea le Milanais. La population était terrorisée et, parmi la paranoïa et l'ignorance, grandit la croyance des « *untori* » (des « badigeonneurs »), des hommes corrompus qui auraient sciemment propagé la maladie en graissant les murs et les portes publiques. Très connu est le procès de la *Colonna infame* (l'infâme colonne) : au plus fort de l'épidémie, Guglielmo Piazza, commissaire à la santé publique, se promenait en transcrivant sur son carnet les noms des malades à déplacer dans le lazaret et celui des morts (à enterrer). Une femme, en le voyant entrer dans les maisons, le dénonça comme *untore*. Incarcéré, il fut contraint à des aveux : il prononça le nom de son barbier qui vendait des onguents contre la peste. Les 2 hommes furent condamnés à mort, la maison du barbier fut détruite et à sa place s'éleva une colonne infâme.

Milan et le Nord passèrent finalement à l'Autriche sous les Habsbourg, pendant un siècle environ.

L'unification de l'Italie *(il Risorgimento)*

Du rêve à la réalité

Quand Bonaparte se lança dans sa campagne d'Italie en 1796, il ne pouvait se douter qu'il serait si bien accueilli à Milan. L'occupation française dura jusqu'en 1814. De 1806 à 1814, quelques garnisons anglaises se trouvaient également sur place.

Le traité de Paris, en 1814, rendit l'Italie aux Autrichiens, mais le mouvement nationaliste s'intensifia, et Milan devint la capitale de la résistance. En 1831, Mazzini créa le mouvement Jeune Italie ; la conscience de faire partie d'une même nation était désormais dans le cœur de tous les Italiens. En 1848, le roi de Piémont-Sardaigne déclara la guerre à l'Autriche, mais la cause italienne fut rapidement écrasée. La leçon était claire : peu importe la forme que prendrait l'Italie unifiée, l'essentiel était d'expulser les Autrichiens, et ça ne pourrait être sans l'aide extérieure.

Les acteurs de l'unité

Camillo Benso Cavour, devenu le maître de la politique piémontaise, et Garibaldi allaient vite se distinguer dans cette marche vers l'indépendance.
Le 14 janvier 1858, Orsini échoua dans sa tentative d'assassinat de Napoléon III. Avant d'être exécuté, il lui demanda d'intervenir en faveur de l'unité italienne. Impressionné, l'empereur conclut un accord avec Cavour : la France fournirait 200 000 hommes, mais en échange le Piémont céderait la Savoie et le comté de Nice. En 1859, Garibaldi vainquit les Autrichiens avant de s'emparer de la Sicile et de Naples grâce aux Chemises rouges.

Les 1ers pas de l'Italie naissante

Victor-Emmanuel II fut proclamé roi d'Italie en 1861. Son royaume comprenait le Piémont, la Lombardie, l'Émilie-Romagne, Parme, Modène, la Toscane, le royaume des Deux-Siciles, la Marche et l'Ombrie. Le 18 juillet 1870, le XXIe concile œcuménique proclama l'infaillibilité du pape.
Le 16 juillet 1870, Napoléon III déclara la guerre aux Prussiens et, le 3 septembre, la nouvelle de la chute de l'Empire français parvint en Italie. Les troupes pontificales (largement composées de Français) baissèrent les armes et Rome rejoignit la jeune nation.

> **SACRÉ PAPE !**
>
> *Le gouvernement italien proposa, le 15 mai 1871, un acte connu sous le nom de loi des Garanties papales, où l'Italie reconnaissait l'idée d'une Église libre dans un État libre, la personne du pape étant considérée comme sacrée. Il lui fut accordé annuellement une somme de 3 225 000 lires, les propriétés du Vatican et du palais du Latran, ainsi que la villa de Castel Gandolfo. Il put aussi entretenir une petite force pontificale : les fameux gardes suisses.*

De 1870 à nos jours

L'entrée dans le XXe s

Un régime parlementaire fut institué et le système des élections devint habituel. La droite se retrouva en minorité et la gauche arriva au pouvoir. L'Italie connaissait alors de grosses difficultés : le fossé économique et culturel entre le Nord et le Sud continuait de se creuser et 80 % de la population rurale était illettrée.
Avec l'unification, la croissance démographique connut son taux le plus haut. Tout comme l'émigration, surtout vers les Amériques.

La montée du fascisme

Au terme de la Grande Guerre, ne récupérant pas tous les territoires auxquels elle s'attendait, l'Italie eut l'impression d'une « victoire mutilée ». L'après-guerre se vit accompagné de grèves et d'une succession de gouvernements, créant un terrain favorable à la montée du fascisme. Mussolini et ses Chemises noires donnèrent en temps l'illusion d'une prospérité qui profita surtout à la petite bourgeoisie. Le régime fasciste italien rencontra au sein du pays

> **LES LECTURES CACHÉES DE BENITO**
>
> *Mussolini écrivit une quinzaine d'ouvrages. Il créa même un journal. Les Italiens le considéraient comme un intellectuel. Son fils Romano avouera que le Duce avait, en fait, une véritable passion pour... Mickey. Il en dévorait tous les albums et visionnait les films. Il invitera même Walt Disney à Rome, en 1935, alors que l'union sacrée avec l'Allemagne était officielle.*

une résistance ouverte dès 1941-1942. Occupée par les Allemands, l'Italie fut la première des forces de l'Axe à subir l'assaut des Anglais et des Américains. Mussolini fut tué en avril 1945 par les partisans italiens. Après la Seconde Guerre mondiale, l'Italie était dans une situation dramatique.

QUAND MUSSOLINI VOULUT EXCOMMUNIER HITLER

Mussolini avait peur que le Führer envahisse les régions germanophones d'Italie du Nord. En 1938, il demanda au pape d'excommunier Hitler qui était de religion catholique. Et puis les 2 leaders fascistes se rencontrèrent à Rome. Peu après, ils signèrent « le Pacte d'acier » entraînant l'Italie dans la guerre.

Les « années de plomb »

Devenue république en juin 1946, l'Italie connaît une vie politique très agitée. Après l'embellie des années 1960, une vague d'attentats très violents déferle sur toute la péninsule. À l'orée des années 1970, la tension sociale est maximale. Après le mouvement d'extrême droite, ce sont les Brigades rouges qui émergent, un mouvement d'extrême gauche armé et violent, souhaitant renverser le modèle capitaliste en place.

Après l'assassinat d'Aldo Moro en 1978, l'État durcit le ton et adopte une série de mesures afin d'éradiquer le terrorisme. Arrestations et procès se succèdent.

Dans les années 1990, l'État se manifeste enfin fortement : rigueur économique et grand nettoyage de la vie politique. L'Italie se débarrasse de politiciens corrompus, mais de nouveaux visages apparaissent rapidement. La gauche revient au pouvoir en 1996. Le pays semble alors reprendre sa route vers l'Europe sereinement. Mais l'Olivier – la coalition de gauche – est miné par les divisions internes, affaibli par le long exercice du pouvoir et l'accomplissement de la marche forcée vers l'Europe.

L'Italie de Berlusconi

Silvio Berlusconi, ancien chanteur sur des bateaux de croisière, commence une carrière dans l'immobilier, qui se poursuivra avec la construction de l'empire médiatique qui modèlera l'image de l'Italie nouvelle. Début 1994, il s'engage en politique, en créant le parti de centre droit *Forza Italia*. Il gagne les élections en 1994 mais son gouvernement ne tiendra que 8 mois. Ce n'est qu'en 2001 qu'il parvient à nouveau au poste de président du Conseil.

Après s'être éloigné du pouvoir quelque temps, chassez le naturel, il revient au galop ! L'année 2009 sera marquée par ses frasques multiples. Des manifestations géantes sont organisées dans tout le pays. 2011 est marquée par l'exaspération des Italiens vis-à-vis d'un président du Conseil mouillé, entre autres, dans le scandale du *Rubygate* et autres soirées privées *(Bunga bunga)* dans ses villas près de Milan et en Sardaigne.

La vie après Berlusconi

Mario Monti prend alors les commandes de l'État en décembre 2011. Il jouit d'une certaine popularité malgré une politique de réformes et d'austérité pénible mais nécessaire... jusqu'en décembre 2012, où il démissionne.

Renzi « le démolisseur »

Au lendemain des élections législatives des 24 et 25 février 2013, aucune majorité politique ne se dégage ; le président Napolitano nomme en avril Enrico Letta, de centre gauche, à la tête d'un nouveau gouvernement formant une coalition d'unité nationale inédite, réunissant des hommes politiques de gauche comme de droite. En février 2014, un nouveau président du Conseil est désigné : **Matteo Renzi** (parti démocrate), le nouvel « homme pressé » de la gauche. Âgé seulement de 39 ans, il est le plus jeune chef du gouvernement jamais nommé ! Le président a, lui, laissé sa place en février 2015 à Sergio Mattarella, réputé pour son sens de la justice (il combat ardemment la mafia) et ses bonnes relations avec le gouvernement... Plus de 2 ans après sa nomination, Matteo Renzi est engagé – tambour battant – dans un vaste plan pour réformer l'économie et le pays. Surnommé *il rottamatore* (le démolisseur), en référence à sa volonté d'envoyer la vieille classe dirigeante italienne à la casse, Renzi bouscule donc l'Italie mais reste sur les rangs malgré le succès du Mouvement Cinque Stelle lors des élections municipales de juin 2016... Jusqu'à ce que la montée en puissance des partis « eurosceptiques » en Italie s'empresse de bouleverser l'ordre des choses. En décembre 2016, Matteo Renzi se voit obligé de démissionner, suite à l'échec de son référendum sur la réforme constitutionnelle. Renzi souhaitait mettre fin au bicamérisme intégral. Les 59 % de « non » l'obligent à plier bagage. L'année 2017 marque une reprise, pourtant, de sa politique, avec Paolo Gentiloni (du même parti que Renzi) à la tête du conseil des ministres. En attendant, le M5S s'affirme davantage... et à l'âge de 81 ans, Berlusconi veut revenir sur le devant de la scène politique ! Les différends entre une droite dure très opposée à l'Europe et des politiciens plus modérés s'intensifient. Des élections législatives finissent par avoir lieu en mars 2018. À cause de la réforme empêchant une majorité absolue et du déchirement des Italiens, le résultat est pour le moins inhabituel : une coalition entre le Mouvement 5 étoiles et la Ligue du Nord (extrême-droite). Ce gouvernement improbable met plus de 2 mois à trouver un président du Conseil, plongeant l'Italie dans une crise politique grave. C'est finalement Giuseppe Conte, juriste inconnu et sans précédents politiques, qui est annoncé chef du gouvernement en mai. Conte renonce toutefois au pouvoir au bout de quelques jours. La cause : le refus du président de la République, Sergio Mattarella, de placer un eurosceptique confirmé à la tête des finances. L'Italie est prête à revenir au point de départ... Enfin, Conte revient au pouvoir avec une proposition de gouvernement qui semble convenir à Mattarella. La coalition inimaginable entre le M5S et la Ligue a l'air de tenir la route... pour l'instant. L'avenir de l'Italie est quasi impossible à deviner tant la situation est instable. Un peu inquiétant...

Milan aujourd'hui

Ville symbole du « miracle italien » des années 1960, Milan assume pleinement sa fonction de « capitale économique » et donne le tempo au pays. Pourtant, les années 1970 marquent la fin de la grande saga industrielle, il faut trouver un 2nd souffle. Elle s'oriente alors vers le tertiaire (services, ventes, etc.) et s'impose aujourd'hui comme ville phare des médias, de la mode et du design. On y trouve les principales agences de publicité, entreprises de presse écrite (4 quotidiens nationaux fabriqués à Milan), maisons d'édition (dont *Mondadori*, détenue à 50 % par *Fininvest*) et les plus importantes chaînes de télévision privées (dont *Mediaset*, contrôlée par la famille Berlusconi). Autant d'atouts confortés par le marché boursier (la *Borsa Italiana*, l'unique Bourse des valeurs du pays y a son siège), les grandes banques étrangères et les foires commerciales du pays *(Fiera di Milano)*. Sur la scène internationale, Milan est réputée pour l'élégance de sa mode et le savoir-faire de ses couturiers, dont les défilés rivalisent avec ceux de Paris, de Londres et de New York. Enfin, sa position de carrefour mondial du design vient parachever une réputation de ville en perpétuelle recherche de créativité.

Forte d'une population cosmopolite (la ville compte 200 000 résidents étrangers, soit 15 % de sa population), la métropole lombarde doit affronter des problèmes de racisme et d'intégration. Mais elle s'est aujourd'hui forgé une nouvelle image, notamment depuis 2011 et l'élection de Giuliano Pisapia à la mairie de Milan, un avocat pénaliste membre du parti de gauche. Grâce à un slogan rassembleur (« La force gentille pour changer Milan »), il a réussi à vaincre la candidate de Berlusconi.

Milan, c'est une ville postindustrielle, branchée, dynamique, une ville qui a gagné définitivement le titre de *città delle occasioni,* la « ville des possibles »... Chose que la mafia semble avoir bien comprise puisque, comme l'écrivait récemment Roberto Saviano (auteur de *Gomorra*), Milan est devenue la nouvelle capitale économico-financière de la 'Ndrangheta, la mafia calabraise. Fin 2011, le tribunal de Milan a condamné 110 personnes, accusées d'en être membres. Malgré cela, Milan a réussi son pari en 2015 en accueillant 20 millions de visiteurs pour l'Exposition universelle consacrée à l'alimentation dans le monde. Elle avait pourtant mal débuté, marquée par des scandales de corruption et des malversations financières entraînant des retards de construction. Au final, plus de 6 milliards d'euros de recettes touristiques. Pas si mal pour un événement qui était très mal parti. Beaucoup de choses restent en suspens, comme la gestion du site de l'expo (1 million de m^2). Le successeur du maire Giuliano Pisapia, élu en 2016, est Giuseppe Sala, du Parti démocrate. Cet économiste n'est autre que l'ancien commissaire délégué du gouvernement pour l'exposition universelle. En 2018, il tente encore de se dépêtrer des scandales de corruption de 2016, impliquant à la fois Milan et Rome, autour de l'expo universelle. Sala a été accusé de « faux matériel » et de « faux idéologique ». Jouant la carte de la transparence, il s'est fait auto-suspendre. En 2017, toujours maire, Sala se fait remarquer par son souci de préserver les espaces verts. En 2018, à l'heure de l'instabilité politique et de la montée de la Ligue, il assure que Milan doit demeurer « un rempart contre les populismes ». Au Festival du développement durable « SDG's Climate and the future of Europe », il déclare : « Milan se dégonfle comme un soufflé sans la présence du monde dans notre ville ». Au moins, c'est clair.

LITTÉRATURE

Milan et, à plus grande échelle, l'Italie du Nord sont riches en écrivains. **Alessandro Manzoni,** petit-fils de Cesare Beccaria (lui aussi milanais), est considéré comme l'un des auteurs majeurs de la littérature italienne grâce à son roman historique *Les Fiancés (I promessi sposi),* publié au XIXe s. Côté théâtre, **Dario Fo** n'est pas en reste. Ses textes politiques et provocateurs lui valurent les foudres du pape, des États-Unis et de la télévision... Il obtint le prix Nobel de littérature en 1997 pour avoir « fustigé les pouvoirs et restauré la dignité des humiliés ». Très engagé politiquement, il fut conseiller municipal de la ville. Découvert par Italo Calvino, **Andrea De Carlo** se fait connaître en 1981 avec *Treno di Panna,* l'histoire d'un Milanais partant vivre à Los Angeles. Quant à **Vincenzo Consolo,** sicilien de naissance mais milanais d'adoption, c'est *Le Sourire du marin inconnu,* une réflexion allégorique sur le rôle des intellectuels face aux événements historiques qui lui valut une reconnaissance mondiale.

Pour les fanas de romans policiers enfin, ne passez pas à côté de **Giorgio Scerbanenco,** grand auteur de polars considéré par certains comme le père du *giallo* (le roman noir italien). Il obtint le grand prix du roman policier pour *À tous les râteliers.* Un petit coup de jeunesse pour l'Italie quand on pense qu'en 1937 le ministère de la Culture populaire avait décrété que, dans un roman, l'assassin ne pouvait pas être italien et ne devait pas échapper à la justice... Dans cette brèche ouverte, les auteurs modernes italiens ont tenté d'inventer un roman noir qui ne doive rien à Agatha Christie ni aux Américains. **Laura Grimaldi,** éditrice et journaliste à Milan, écrivait des polars crus et dérangeants. Elle a obtenu en 2003 le prix du roman policier européen avec *La Faute.* **Sandrone Dazieri** a carrément créé un personnage qui porte son propre prénom et qui souffre d'un dédoublement de personnalité... **Piero Colaprico,** journaliste à *La Repubblica,* s'inspire de sa 1re vocation pour écrire des polars sur la collusion entre politique et criminalité à Milan, restituant l'ambiance qui y règne de manière très réaliste. Bref, le polar italien a encore de beaux jours devant lui.

MÉDIAS

Votre TV en français : TV5MONDE, la 1re chaîne culturelle francophone mondiale

Avec ses 11 chaînes et ses 14 langues de sous-titrage, TV5MONDE s'adresse à 360 millions de foyers dans plus de 190 pays du monde par câble, satellite et sur IPTV. Vous y retrouverez de l'information, du cinéma, du divertissement, du sport, du documentaire...
Grâce aux services pratiques de son site voyage ● *voyage.tv5monde.com* ●, vous pouvez préparer votre séjour et, une fois sur place, rester connecté avec les applications et le site ● *tv5monde.com* ● Demandez à votre hôtel le canal de diffusion de TV5MONDE et contactez ● *tv5monde.com/contact* ● pour toutes remarques.

Presse et radio

– Pas plus de 2 grands quotidiens nationaux se partagent le gâteau : *Il Corriere della Sera* et *La Repubblica*. La presse spécialisée talonne de près ces journaux généralistes, car le quotidien économique *Il Sole 24 Ore* arrive en 3e position des ventes, talonné par *La Gazzetta dello Sport*... Mais il existe une myriade de journaux locaux, couvrant parfois toute une région ou juste une ville.
– Il existe aussi plus de 1 300 stations de radio, pour la plupart locales, réparties sur tout le territoire. La radio d'État, la *RAI (Radio Audizione Italia),* est toute-puissante, mais on compte des dizaines de radios libres plus originales (même si l'essentiel de la bande FM italienne s'avère très commercial).

Télévision

On aurait pu quasiment glisser ce chapitre au rang de pollution visuelle, vu l'état actuel de la télévision italienne. Difficile d'en parler sans évoquer le groupe Fininvest fondé par « Monsieur Télévision », Silvio Berlusconi, et désormais présidé par sa fille, Maria Elvira. Le monopole d'État ayant été levé en 1975, les chaînes privées ont envahi le petit écran. Pour la petite histoire, l'empire médiatique de Berlusconi lui a valu le surnom de

> **DES RONDEURS ET DES JEUX**
>
> Les veline *sont ces potiches pulpeuses qui ont envahi les plateaux de la télévision italienne grâce à Berlusconi. Avec leur forte poitrine, leur décolleté ouvert jusqu'au nombril et leur jupe courte, elles n'ont généralement pas droit à la parole. Ce sont les reines des jeux débiles. L'une d'entre elles est quand même devenue ministre (de l'Égalité des chances !).*

Sua Emittenza : une combinaison du qualificatif des cardinaux catholiques, *Sua Eminenza,* et du mot italien *emittente,* qui signifie « émetteur ». Quel meilleur nom pour qualifier son influence dans le monde des médias ?

PATRIMOINE CULTUREL

Sur la piste de Léonard de Vinci

En 1483, Léonard de Vinci (1452-1519) quitte Florence pour Milan et offre au duc Ludovic Sforza (dit le More) ses compétences d'ingénieur militaire, d'architecte, de peintre, de sculpteur et d'organisateur de fêtes. Pendant 18 ans, ce citoyen milanais peu ordinaire marque la ville de son génie ; nous vous proposons de partir à sa découverte, à l'occasion d'une balade « léonardesque » : compter une bonne journée !

➢ Départ **piazza della Scala** *(zoom détachable, D-E4)*, où la statue de Leonardo tient tête au fameux opéra, pour mieux rappeler qu'il était aussi un musicien d'exception. Laissons ici le Maestro perdu dans ses pensées pour gagner la **pinacoteca Ambrosiana** *(zoom détachable, D4)* qui renferme son *Portrait d'un musicien*, tableau fascinant, tout comme ses carnets de notes réunis dans le *Codex Atlantico* conservé dans la bibliothèque in situ. Ensuite, au pas de charge, on gagne le **castello Sforzesco** *(zoom détachable, D4)* qui fut le laboratoire d'idées et d'expériences de Léonard de Vinci durant sa période milanaise. Les fresques de la *sala delle Asse* lui sont attribuées, de même que, paraît-il, le système de plomberie ! On jette un œil sur les manuscrits (fac-similés) de son *Codex Trivulzio*, jalousement gardé dans la bibliothèque du château, puis on reprend notre chemin en direction de la **chiesa Santa Maria delle Grazie** *(zoom détachable, C4)*. C'est dans le réfectoire de l'ancien couvent des moines que Léonard a peint son illustre *Cène*... à admirer en détail ! Puis, dans la bonne humeur, on rejoint le **museo d'Arte e Scienza** *(zoom détachable, D4)*, où 2 expos permanentes lui sont consacrées : « Léonard citoyen de Milan » et « Traité de la peinture ». Enfin, on termine par le **museo nazionale Scienza e Tecnica Leonardo Da Vinci** *(zoom détachable, C4)*, où une galerie entière est consacrée à ses inventions, dont certaines donnent des ailes ! Aussi, légers comme l'air, on se rendra enfin sur les quais des **Navigli** *(zoom et plan détachables, B-C6)*, ultimes survivants du réseau de canaux dessiné par Léonard de Vinci.

Liberty

Le Liberty est l'équivalent italien de l'Art nouveau. Mouvement artistique originaire d'Europe et des États-Unis, l'Art nouveau s'étend de 1890 au début du XXe s. S'inspirant de la mouvance anglo-saxonne *Arts & Crafts* (1860) prônant un retour de l'art aux origines de l'artisanat, avec l'Art nouveau c'est la même recette : des matériaux divers (bois, acier, céramique, verre ou ferronnerie), une esthétique moderne basée sur les minéraux et végétaux, où la courbe revêt une importance fondamentale. En France, l'Art nouveau prend les traits de l'architecte Hector Guimard, qui réalise dès 1900 les célèbres bouches du métro parisien. On le retrouve aussi à l'est de l'Hexagone, avec l'École de Nancy et ses artistes précurseurs (Émile Gallé, Louis Majorelle et les frères Daum). Retour chez nos amis transalpins. Le Liberty, style trop souvent méconnu, connaît un franc succès dans les villes du nord de l'Italie, à commencer par le Piémont et la Lombardie, plus réceptifs à la culture européenne que les autres régions : à Turin d'abord, puis à Milan. Le style Liberty ne manquant pas de chic et de raffinement, guère étonnant de le trouver à Milan, « capitale » italienne de la mode. À l'aube du XXe s, les riches propriétaires milanais se font bâtir sur mesure des *palazzi* élégants et raffinés, dans ce style singulier alors très en vogue. Place à l'inventivité de la Belle Époque, voici l'ère de l'esthétisme moderne. Sur les façades, profusion décorative et abondance du détail ! Le tout au service du monde animal (oiseaux, insectes) et végétal (arbres, fleurs). Pour vous en rendre compte, rien de mieux qu'une petite balade architecturale du côté de la porta Venezia.

PERSONNAGES

Mode

– **Giorgio Armani :** né à Piacenza (Émilie-Romagne) en 1934 et issu d'une famille modeste, d'abord étalagiste à *La Rinascente*, Armani l'autodidacte fait ses 1res armes chez son compatriote Nino Cerruti avant de créer sa propre marque à Milan dans les années 1970. Ses costumes pour femmes à la coupe androgyne et ses complets pour hommes sont presque devenus des légendes : à la fois élégants, sobres et sportifs (magnifiquement portés, souvenez-vous, entre autres, par

Richard Gere dans le film *American Gigolo*). Il a ouvert à Milan son propre hôtel, l'*Armani Hotel*, où design épuré et élégance sont au rendez-vous. De même, le vaste *Armani / Silos*, proche des Navigli, présente son univers au public...
– **Dolce & Gabbana :** société de prêt-à-porter italienne basée à Milan et créée par le couple Domenico Dolce et Stefano Gabbana. Tout a commencé en 1985 avec le lancement de leur collection de luxe pour femmes qui rencontra un succès immédiat. Leur égérie, la chanteuse Madonna, est également celle qui les a fait connaître dans le monde entier en leur commandant 1 500 costumes pour sa tournée « The Girlie Show » en 1993. Ils tirent leur inspiration de la religion, de la peinture et du cinéma.
– **Mario Prada :** créée à Milan en 1913, la société commença avec des sacs à main. À sa mort en 1958, sa petite-fille Miuccia Prada prit les rênes de l'entreprise pour en faire un empire mondial et une marque internationalement connue. Parallèlement, elle développa sa marque, *Miu Miu* (son surnom), qui a pour ambition de toucher un public plus jeune. Prada est désormais un groupe extrêmement puissant.

Photo et arts plastiques

– **Federico Patellani** *(1911-1977)* **:** né à Monza, cet aristocrate enrôlé dans la guerre d'Éthiopie avait glissé un *Leica* dans son sac à dos... Dans sa vie, il shoota quelque 700 000 clichés ! Du noir et blanc bien léché, mais aussi de la couleur, car Patellani fut l'un des tout 1ers photographes à l'adopter dans les années 1940. Bien implanté dans le milieu cinématographique, il fit de célèbres clichés de Sophia Loren ou d'Anna Magnani.
– **Oliviero Toscani** *(1942)* **:** quasiment inconnu du grand public et pourtant tellement célèbre. Né à Milan, il a traîné ses guêtres aux côtés de son père, reporter photographe au *Corriere della Sera*, puis dans une grande école d'art en Suisse. Il a ensuite fait ses armes pendant une vingtaine d'années pour *Elle*. Le malade du sida à l'article de la mort, le nouveau-né sanguinolent, le prêtre embrassant une nonne aussi sainte que désirable des affiches de *Benetton*, c'est Toscani ! Pas mou du genou pour un sou, il a enfin fait sortir la pub de sa langue de bois dans les années 1990.

Musique et théâtre

– **Giuseppe Verdi** *(1813-1901)* **:** né à Roncole, dans la région de Parme, le célèbre compositeur de la fameuse *Trilogie populaire* qui regroupe *Rigoletto*, *Il Trovatore* et *La Traviata* ainsi que *Nabucco* (présenté pour la 1re fois à la Scala en 1842), a aussi joué, ne l'oublions pas, un rôle de « héraut de l'aspiration du peuple italien à la liberté ». En 1848, il crée en effet *La Bataille de Legnano*, un opéra qui se veut un véritable hymne à la liberté. Sa musique, chantée à chaque coin de rue, devient le symbole de la révolte et de la lutte contre la domination autrichienne, et son nom se trouve associé au nouvel esprit révolutionnaire. D'ailleurs, il fait l'objet d'un célèbre jeu de mots qui couvre alors les murs d'Italie : « Viva VERDI », que chacun peut déchiffrer comme l'abréviation de « *Viva Vittorio Emanuele Re D'Italia* » (« Vive Victor-Emmanuel roi d'Italie »).
– **Arturo Toscanini** *(1867-1957)* **:** tout d'abord violoncelliste, mais surtout chef d'orchestre génial, rigoureux à l'extrême et passionné (qui a dit tyrannique ?), il se fait tout particulièrement remarquer lors d'une tournée en 1892 en dirigeant *Aïda* (de Verdi) de mémoire. Directeur musical de la Scala de Milan à 2 reprises, directeur artistique du Metropolitan Opera de New York, il dirige aussi l'orchestre philharmonique de New York. Républicain convaincu et ouvertement opposé au fascisme, il n'hésitera pas non plus à refuser de diriger au prestigieux Festival de Bayreuth pour protester contre l'antisémitisme ambiant. Il termina sa carrière aux États-Unis en dirigeant, de 1937 à 1954, un orchestre spécialement recruté pour lui, le *NBC Symphony Orchestra*.

– **Nino Rota** *(1911-1979) :* né à Milan dans une famille de musiciens, le jeune Nino se révèle très rapidement un virtuose (1er oratorio composé à 12 ans !). Suivent des études aux conservatoires de Rome, Philadelphie puis Milan, où il devient chef d'orchestre et, surtout, l'un des compositeurs de musique de films les plus prolifiques et talentueux. Alter ego de Fellini, il lui a écrit de magnifiques bandes originales, dont les plus mémorables restent celles de *La Dolce Vita*, *Casanova* et surtout, *Huit et demi*. On lui doit également les partitions du *Guépard* et de *Rocco et ses frères* (Luchino Visconti), ou encore celles des 2 premiers volets de la trilogie de Coppola, *Le Parrain*. Pour *Le Parrain II*, en 1974, il remporte l'oscar de la meilleure musique de film.

– **Paolo Grassi** *(1919-1981)* **et Giorgio Strehler** *(1921-1997) :* en 1947, ces 2 metteurs en scène fondent le *Piccolo Teatro* de Milan, afin de doter une Italie tout juste sortie du fascisme d'un nouveau théâtre et d'une compagnie stable. Ils le dirigent conjointement pendant plus de 20 ans, puis, à partir de 1969, Grassi est seul à sa tête. En 1972, il passe à la direction d'une autre institution milanaise, la Scala, et Strehler revient donc au *Piccolo Teatro* jusqu'à sa mort, en 1997. Entre-temps, ce dernier est également nommé directeur du théâtre de l'Odéon à Paris par Jack Lang. Un véritable jeu de chaises musicales ! Si Strehler compte parmi les plus grands metteurs en scène de théâtre européens, Grassi est, certes, moins réputé, mais également plus polyvalent : critique dramatique, éditeur de pièces, directeur de collection... Une chose est sûre, les 2 grands hommes consacrèrent leur vie entière au théâtre.

Quelques noms de la peinture et de l'architecture

Donato di Pascuccio d'Antonio, dit Bramante (1444-1514)

Né à Monte Asdruvaldo, dans le duché d'Urbin. Son amitié avec les seigneurs d'Urbin, les Montefeltro, l'amène à Milan où il exerce son métier de peintre *(Le Christ à la colonne)*. Il profite du mécénat de Ludovic Sforza, dit *le More*, qui lance une grande transformation artistique de sa ville, pour devenir l'architecte de la cour de 1480 à 1499. En 1482, il fait la connaissance de Léonard de Vinci ; les 2 hommes se lient d'amitié et travaillent ensemble sur les chantiers du château Sforzesco, de Sainte-Marie-des-Grâces et à Vigevano. Sans relâche, au service de Ludovic le More, il projette de construire la tribune de l'église Sainte-Marie-des-Grâces (1492 environ) et de son cloître à proximité, et s'inquiète du problème du *tiburio* du Duomo de Milan. Au sommet de sa gloire, il part pour Rome, où il décède.

Léonard de Vinci (1452-1519)

En 1482, Léonard de Vinci envoya une lettre à Ludovic le More en écrivant qu'il était « maître et compositeur d'instruments belliqueux ». Il fut alors appelé à Milan, d'où il ne partit qu'en 1499 lorsque la ville fut envahie par les Français. Il fut chargé de la décoration du château Sforzesco, avec Bramante. De la période milanaise, il reste les peintures de *La Dame à l'hermine*, représentant Cecilia Gallerani, maîtresse du duc, *La Vierge aux rochers* (aujourd'hui au musée du Louvre) et la composition de *La Cène* destinée au mur du réfectoire de l'église

> **ICI VINCI**
>
> *La biblioteca de la pinacoteca Ambrosiana à Milan conserve les 402 volumes du célèbre* Codex Atlantico, *précieux manuscrits de Léonard de Vinci. Lors de très rares expositions publiques, on admire les tracés précis de la main du Maestro en pleine inspiration créatrice : très émouvant ! Rien d'étonnant si vous peinez à déchiffrer l'écriture de Léonard... il avait l'habitude d'écrire tout à l'envers !*

Sainte-Marie-des-Grâces. Il revint dans la ville en 1506, jouissant de la protection de Charles d'Amboise et de Louis XII, puis partit pour la France en 1513.

Giuseppe Arcimboldo (1527-1593)

Né à Milan, il débute en 1549 avec son père, par le dessin des vitraux au Duomo de Milan. Son nom est encore un mystère car il signe de plusieurs variantes ses tableaux : Arcimboldo, Arcimboldi, Josepho... En 1562, Ferdinand Ier l'invite à la cour de Bohême à Prague, en tant que portraitiste de cour. De son séjour, il produira *Les Quatre Saisons,* ses 1res œuvres originales. Peintre de scènes allégoriques, il construit le visage humain avec toutes sortes de fruits et de légumes, selon les saisons. Son jeu du dessin donne à ses œuvres une dimension irréelle où le spectateur est forcé de reconnaître le caractère humain du portrait. En 1587, il peut rentrer à Milan, tout en continuant à travailler pour Rodolphe II. Il l'imagine dans le Vertumne et lui prête une ressemblance avec le dieu de l'Abondance : son visage est composé de fruits, de fleurs et de légumes, disposés en respectant le cycle naturel. En effet, Rodolphe aimait beaucoup le jardinage. L'œuvre d'Arcimboldo est un mélange de jeu, de symboles et d'ironie. Oublié par ses successeurs, il fut repris par les surréalistes qui virent en lui un lointain précurseur de leur mouvement.

Michelangelo Merisi, dit le Caravage (1571-1610)

Né à Milan, il est formé à l'atelier du peintre maniériste Simone Peterzano, où il découvre le réalisme lombard et le style renaissant vénitien. À l'âge de 20 ans, il part pour Rome. Après des débuts difficiles et une vie dissolue, il trouve en la personne du cardinal Francesco Maria del Monte, un mécène et collectionneur d'art italien influent, la clé de son succès naissant. Très réaliste et cru – voire érotique, ce qui lui vaut de nombreuses critiques –, il traite aussi bien les thèmes profanes que religieux. De 1599 à 1602, il réalise sa 1re grande œuvre et commande papale, les toiles de la chapelle Contarelli de l'église Saint-Louis-des-Français de Rome. C'est alors qu'il se tourne vers un esthétisme bien à lui : une utilisation de la lumière et du clair-obscur unique, un réalisme extrême proche du naturalisme et un érotisme subversif. C'est en cela qu'il révolutionna le monde artistique de son temps.

Francesco Hayez (1791-1882)

Né à Venise, ce peintre italien est l'un des acolytes du romantisme milanais. Arrivé à Milan en 1820, il se fait d'abord connaître avec *Pietro Rossi,* puis *Roméo et Juliette,* des œuvres d'inspiration médiévale et troubadour. Très populaire en Italie, il devient en 1850 professeur puis directeur de l'Académie artistique de Brera. Peintre historique, dans un contexte d'indépendance italienne, il devient celui de l'Italie réunie. Son plus célèbre tableau, *Le Baiser* (1859), doit son succès à l'allégorie politique qu'il propose : le baiser qu'échangent ces 2 amants évoque en réalité la séparation connue par les volontaires pour l'armée de Garibaldi.

Carlo Carrà (1881-1966)

Né à Quargnento (Piémont), ce peintre commence sa carrière à Milan en tant que décorateur mural, avant de se diriger vers Paris (où il décore les pavillons de l'Exposition universelle de 1900) et Londres. En 1906, à son retour en Italie, il intègre l'Académie de Brera à Milan, où il suit les cours de Cesare Tallone. En 1910, il signe avec Balla, Boccioni et Russolo le *Manifeste de la peinture futuriste.* Après une phase divisionniste, Carrà se met au cubisme (*Galerie de Milan,* 1912), puis au collage et la décomposition des formes. Il fut d'ailleurs assez proche d'Apollinaire et de Picasso. En 1917, il crée le mouvement de la peinture métaphysique qui cherche à représenter ce qui se trouve au-delà de l'apparence – le physique – et au-delà de l'expérience des sens – le sensible –, mais tout cela en restant figuratif. Comme beaucoup de futuristes, il se fascina pour Mussolini... Cherchez l'erreur !

Sports

– **Paolo Maldini :** né en 1968 et considéré comme l'un des meilleurs défenseurs de tous les temps, ce joueur de football a passé ses 25 ans de carrière au sein d'un seul club, celui de sa ville natale, le *Milan AC*. Lors de son dernier match (en 2009), les supporters de l'*Inter de Milan* ont brandi une bannière avec écrit « Maldini, pendant 20 ans notre rival, mais dans la vie toujours loyal ».

SITES INSCRITS AU PATRIMOINE MONDIAL DE L'UNESCO

Pour figurer sur la liste du Patrimoine mondial, les sites doivent avoir une valeur universelle exceptionnelle et satisfaire à au moins un des 10 critères de sélection. La protection, la gestion, l'authenticité et l'intégrité des biens sont également des considérations importantes.

Le patrimoine est l'héritage du passé dont nous profitons aujourd'hui et que nous transmettons aux générations à venir. Nos patrimoines culturel et naturel sont 2 sources irremplaçables de vie et d'inspiration. Ces sites appartiennent à tous les peuples du monde, sans tenir compte du territoire sur lequel ils sont situés. Infos : ● *whc.unesco.org* ●

L'ITALIE, CHAMPIONNE DU MONDE

Sur près de 1 000 sites répertoriés par l'Unesco au Patrimoine mondial de l'humanité, l'Italie remporte la 1re place avec une cinquantaine de monuments ou lieux. La France n'est pas si mal placée, avec 38 sites au compteur.

– **Chiesa e convento domenicano Santa Maria delle Grazie** avec **La Cène** de Léonard de Vinci à Milan : classées en 1980. Magnifique église-couvent du XVe s avec le chef-d'œuvre de Léonard de Vinci mondialement connu, *La Cène,* peinte sur un mur du réfectoire de 1495 à 1497.

– **Crespi d'Adda :** village ouvrier du XIXe s, construit comme une ville idéale par des industriels soucieux du bien-être de leurs employés, et inscrit en 1995.

NOTES PERSONNELLES

NOTES PERSONNELLES

NOTES PERSONNELLES

NOTES PERSONNELLES

NOTES PERSONNELLES

NOTES PERSONNELLES

NOTES PERSONNELLES

NOTES PERSONNELLES

les ROUTARDS sur la FRANCE 2019-2020

(dates de parution sur • *routard.com* •)

Découpage de la FRANCE par le ROUTARD

Autres guides sur la France

- Hébergements insolites en France
- Canal des 2 mers à vélo
- La Loire à Vélo
- Paris Île-de-France à vélo
- La Vélodyssée (Roscoff-Hendaye)
- Nos meilleurs campings en France
- Nos meilleures chambres d'hôtes en France
- Nos meilleurs restos en France
- Les visites d'entreprises en France

Autres guides sur Paris

- Paris
- Paris balades
- Paris exotique
- Restos et bistrots de Paris
- Le Routard des amoureux à Paris
- Week-ends autour de Paris

les ROUTARDS sur l'ÉTRANGER 2019-2020

(dates de parution sur • *routard.com* •)

Découpage de l'ESPAGNE par le ROUTARD

Découpage de l'ITALIE par le ROUTARD

Autres pays européens

- Allemagne
- Angleterre, Pays de Galles
- Autriche
- Belgique
- Bulgarie
- Crète
- Croatie
- Danemark, Suède
- Écosse
- Finlande
- Grèce continentale
- Hongrie
- Îles grecques et Athènes
- Irlande
- Islande
- Madère
- Malte
- Norvège
- Pays baltes : Tallinn, Riga, Vilnius
- Pologne
- Portugal
- République tchèque, Slovaquie
- Roumanie
- Suisse

Villes européennes

- Amsterdam et ses environs
- Berlin
- Bruxelles
- Budapest
- Copenhague
- Dublin
- Lisbonne
- Londres
- Moscou
- Naples
- Porto
- Prague
- Saint-Pétersbourg
- Stockholm
- Vienne

les ROUTARDS sur l'ÉTRANGER 2019-2020

(dates de parution sur • *routard.com* •)

Découpage des ÉTATS-UNIS par le ROUTARD

Autres pays d'Amérique

- Argentine
- Brésil
- Canada Ouest
- Chili et île de Pâques
- Colombie
- Costa Rica
- Équateur et les îles Galápagos
- Guatemala, Belize
- Mexique
- Montréal
- Pérou, Bolivie
- Québec et Ontario

Asie et Océanie

- Australie côte est + Red Centre
- Bali, Lombok
- Bangkok
- Birmanie (Myanmar)
- Cambodge, Laos
- Chine
- Hong-Kong, Macao, Canton
- Inde du Nord
- Inde du Sud
- Israël et Palestine
- Istanbul
- Jordanie
- Malaisie, Singapour
- Népal
- Shanghai
- Sri Lanka (Ceylan)
- Thaïlande
- Tokyo, Kyoto et environs
- Turquie
- Vietnam

Afrique

- Afrique du Sud
- Égypte
- Kenya, Tanzanie et Zanzibar
- Maroc
- Marrakech
- Sénégal
- Tunisie

Îles Caraïbes et océan Indien

- Cuba
- Guadeloupe, Saint-Martin, Saint-Barth
- Île Maurice, Rodrigues
- Madagascar
- Martinique
- République dominicaine (Saint-Domingue)
- Réunion

Guides de conversation

- Allemand
- Anglais
- Arabe du Maghreb
- Arabe du Proche-Orient
- Chinois
- Croate
- Espagnol
- Grec
- Italien
- Japonais
- Portugais
- Russe
- G'palémo (conversation par l'image)

Livres-photos Livres-cadeaux

- L'éphéméride du Routard (septembre 2018)
- Voyages
- Voyages : Italie (octobre 2018)
- Road Trips (40 itinéraires sur les plus belles routes du monde ; octobre 2018)
- Nos 120 coins secrets en Europe
- Les 50 voyages à faire dans sa vie
- 1 200 coups de cœur dans le monde
- 1 200 coups de cœur en France
- Nos 52 week-ends dans les plus belles villes d'Europe
- Nos 52 week-ends coups de cœur en France (octobre 2018)
- Cahier de vacances du Routard (nouveauté)

Avant le grand départ, assurez-vous de ne rien oublier.

Un problème sur place ?
Un retour express ?

Avec Routard Assurance, partez l'esprit tranquille.

Profitez d'une assurance voyage complète qui vous offre toutes les prestations d'assistance indispensables à l'étranger. Pour un voyage de moins de 8 semaines ou de plus de 2 mois, découvrez toutes les garanties Routard Assurance.

www.avi-international.com

Routard Assurance

**adaptée à tout vos voyages,
seul, à deux ou en famille,
de quelques jours à une année entière !**

* **Une application mobile.**
* **Pas d'avance de frais.**
* **Un vaste réseau médical.**
* **À vos côtés 24h/24.**
* **Dès 29 €/mois.**
* **Reconnues pour tous les visas.**

RÉSUMÉ DES GARANTIES*	MONTANT
FRAIS MÉDICAUX (pharmacie, médecin, hôpital)	*100 000 € U.E.* *300 000 € Monde*
RAPATRIEMENT MÉDICAL	*Frais illimités*
VISITE D'UN PARENT en cas d'hospitalisation de l'assuré de plus de 5 jours	*2 000 €*
RETOUR ANTICIPÉ en cas de décès accidentel ou risque de décès d'un parent proche	*Billet de retour*
ASSURANCE RESPONSABILITÉ CIVILE VIE PRIVÉE	*750 000 € U.E.* *450 000 € Monde*
ASSURANCE BAGAGES en cas de vol ou de perte par le transporteur	*2 000 €*
AVANCE D'ARGENT en cas de vol de vos moyens de paiement	*1 000 €*
CAUTION PÉNALE	*7 500 €*

* Les garanties indiquées sont valables à la date d'édition du Routard. Par conséquent, nous vous invitons à prendre connaissance préalablement de l'intégralité des Conditions générales à jour sur www.avi-international.com.

Souscrivez dès à présent sur
www.avi-international.com
ou par téléphone au **01 44 63 51 00**

AVI International (Groupe SPB) - S.A.S. de courtage d'assurances au capital de 100 000 euros - Siège social : 40-44, rue Washington (entrée principale au 42-44), 75008 Paris - RCS Paris 323 234 575 - N° ORIAS 07 000 002 (www.orias.fr). Les Assurances Routard Courte Durée et Longue Durée ont été souscrites auprès d'un assureur dont vous trouverez les coordonnées complètes sur le site www.avi-international.com.

Nous tenons à remercier tout particulièrement Loup-Maëlle Besançon, Thierry Bessou, Gérard Bouchu, François Chauvin, Grégory Dalex, Fabrice Doumergue, Cédric Fischer, Carole Fouque, Guillaume Garnier, Nicolas George, Michelle Georget, David Giason, Claude Hervé-Bazin, Emmanuel Juste, Dimitri Lefèvre, Fabrice de Lestang, Romain Meynier, Éric Milet, Pierre Mitrano, Jean-Sébastien Petitdemange et Thomas Rivallain pour leur collaboration régulière.

Jean-Jacques Bordier-Chêne
Laura Charlier
Agnès Debiage
Coralie Delvigne
Jérôme Denoix
Tovi et Ahmet Diler
Clélie Dudon
Sophie Duval
Alain Fisch
Bérénice Glanger
Adrien et Clément Gloaguen
Bernard Hilaire et Pepy Frenchy Kupang

Sébastien Jauffret
Alexia Kaffès
Jacques Lemoine
Caroline Ollion
Martine Partrat
Odile Paugam et Didier Jehanno
Céline Ruaux
Prakit Saiporn
Jean-Luc et Antigone Schilling
Jean Tiffon
Caroline Vallano

Direction: Nathalie Bloch-Pujo
Contrôle de gestion: Jérôme Boulingre et Adeline Cazabat Barrere
Secrétariat: Catherine Maîtrepierre
Direction éditoriale: Hélène Firquet
Édition: Matthieu Devaux, Olga Krokhina, Gia-Quy Tran, Julie Dupré, Emmanuelle Michon, Pauline Janssens, Amélie Ramond, Margaux Lefebvre, Laura Belli-Riz, Amélie Gattepaille, Aurore Grandière, Lisa Pujol, Camille Lenglet, Esther Batilde et Elvire Tandjaoui
Ont également collaboré: Aurélie Joiris-Blanchard, Magali Vidal, Bertrand Lauzanne et Joëlle Devaux
Cartographie: Frédéric Clémençon et Aurélie Huot
Fabrication: Nathalie Lautout et Audrey Detournay
Relations presse France: COM'PROD, Fred Papet. ☎ 01-70-69-04-69.
● info@comprod.fr ●
Direction marketing: Adrien de Bizemont, Clémence de Boisfleury et Charlotte Brou
Informatique éditoriale: Lionel Barth
Couverture: Clément Gloaguen et Seenk
Maquette intérieure: le-bureau-des-affaires-graphiques.com, Thibault Reumaux et npeg.fr
Relations presse: Martine Levens (Belgique) et Maureen Browne (Suisse)
Contact Partenariats et régie publicitaire: Florence Brunel-Jars
● fbrunel@hachette-livre.fr ●

> Pour que votre pub voyage autant que nos lecteurs,
> contactez nos régies publicitaires:
> ● fbrunel@hachette-livre.fr ●
> ● veronique@routard.com ●

INDEX GÉNÉRAL

10 Corso Como 97
10 Corso Como Café 96

ABC de Milan 43
A Casa 124
Achats 48
ACHILLE CASTIGLIONI
  (fondazione) 113
ACQUARIO CIVICO 113
Agricola (L') 140
Alcatraz 96
Alessandro Manzoni (via) 75
Alessi 76
AMBROSIANA
  (pinacoteca) 81
Angela Caputi 104
Antica Locanda Leonardo ... 115
Antica Trattoria
  della Pesa 95
Argent, banques, change 46
ARMANI / SILOS 130
Art Hotel Navigli 123
ARTE E SCIENZA
  (museo d') 112
ARTE MODERNA
  (galerie d') 89
ATELLANI (casa degli –
  la Vigna di Leonardo) 118
AUTODROMO NAZIONALE –
  MONZA ENI CIRCUIT 137
Avant le départ 43

Bab 101
Babila Hostel 132
BAGATTI VALSECCHI
  (museo) 88
BALADE EN BATEAU
  SUR LES CANAUX 130
Balade Liberty 90
Banque (Le) 75
Bar Basso 95
Bar Brera 103
Bar Luce 135
Bar Magenta 117
Bar Martini 87
Bar Quadronno 133
BASILICA DI
  SANT'AMBROGIO 121

BASILICA DI SAN LORENZO
  MAGGIORE 128
BASILICA
  SAN SIMPLICIANO 105
BASILICA DI
  SANT'EUSTORGIO 128
BB Hotels – Aparthotel
  Bocconi 132
B & B Hotel Milano 115
Betto 124
Bettola di Piero (La) 133
BhangraBar 110
Bianchi
  Café & Cycles 74
Biciclette (Le) 127
Bio City Hotel 93
Bio.it 93
Bobino Club 127
Boccondivino 116
Boissons 144
BOSCO VERTICALE 100
Boscolo Exedra 71
Brellin (El) 125
BRERA
  (pinacoteca di) 104
BRERA (quartier de) 101
Budget 49
Bullona (La) 110
Burbee 87

CAFÉ GORILLE 96
Café Trussardi 74
Caffè de Santis 72
Caffetteria Leonardo 116
Camparino in Galleria 74
Camping Autodromo
  Nazonale Monza 136
Camping Città di Milano ... 108
Cantina della Vetra 125
Cantina Piemontese 73
Cantine Isola 109
CAPPELLA PORTINARI
  (MUSEO DELLA
  BASILICA DI
  SANT'EUSTORGIO) 129
Casa (A) 124
CASA DEGLI ATELLANI –
  LA VIGNA DI LEONARDO ..118

INDEX GÉNÉRAL

CASA DEGLI OMENONI 84
CASA DEL MANZONI 84
CASA-MUSEO BOSCHI
  DI STEFANO 97
CASA PANIGAROLA 82
Cassina 76
CASTELLO (quartier de) 107
CASTELLO
  SFORZESCO 110
Cavalli e Nastri 104
CERTOSA DI PAVIA 142
CHIARAVALLE
  (monastero di) 141
Chic & Go 87
CHIESA DI SAN MAURIZIO
  AL MONASTERO
  MAGGIORE 119
CHIESA SAN MARCO 106
CHIESA SAN SATIRO 81
CHIESA SANTA MARIA
  DEI MIRACOLI PRESSO
  SAN CELSO 130
CHIESA SANTA MARIA
  DELLE GRAZIE 117
Chocolat 116
CIMITERO
  MONUMENTALE 98
Cinéma 145
Cirmolo (Il) 104
Climat 52
Cocoon B & B 123
Coups de cœur (Nos) 12
CRESPI D'ADDA 140
Cuisine 147
Curieux, non ? 153

DA VINCI (museo nazionale
  Scienza e Tecnologia
  Leonardo) 120
Dangers
  et enquiquinements 52
Darsena (La) 126
Da Zero 116
Design 153
Deus Café 96
Dmag 88
Dreams Hotel – Residenza
  Corso Magenta 115
Drogheria Milanese 125
Dry, Cocktails & Pizzas ... 103
DUOMO 76
DUOMO (museo del) 77
DUOMO (quartier du) 70
Duomo dal 1952 110

Eat's 75
Eataly Milano
  Smeraldo 93, 97
Echo Hotel 93
Économie 156
Emporio Isola 110
Enoteca Il Cavallante 134
ENVIRONS DE MILAN 136
Erba Brusca 125
Eurohotel 86

Fabriano Boutique 104
Faccio Cose Vedo Gente ... 108
Fêtes et jours fériés 52
Fifty Five 109
Fioraio Bianchi Caffè 102
Fondazione Achille
  Castiglioni 113
Fonderie Milanesi 126
Fondazione Prada 135
Foresta Wood Bar 127
Fornasetti 88

GALERIE D'ARTE
  MODERNA 89
GALLERIE D'ITALIA 84
GALLERIA VITTORIO
  EMANUELE II 82
GARES (quartier des) 92
GARIBALDI (quartier) 92
Gattopardo Café (Il) 109
Gelateria Artigianale n°22 134
Gelateria Ciacco 74
Gelateria Le Colonne 126
Gelateria Toldo 103
Gelato Fatto con Amore 116
Géographie 157
Geox 76
Giacomo Caffè 74
Giannasi 1967 133
GIARDINI PUBBLICI 90
GIUSEPPE MEAZZA STADIO
  (San Siro) 114
Gusto 17 126
Guyot 94

H Club Diana 87
Hébergement 54
High Tech 97
Histoire 157
Hollywood Rythmotheque 96
Hotel 38 107
Hotel Ariston 70

INDEX GÉNÉRAL | 189

Hotel Arno 🏠	92
Hotel Aurora 🏠	86
Hotel Bianca Maria 🏠	132
Hotel Brasil 🏠	86
Hotel Eva 🏠	93
Hotel Fenice 🏠	87
Hotel Five 🏠	132
Hotel Gran Duca di York 🏠	71
Hotel Losanna 🏠	107
Hotel Milano Navigli 🏠	123
Hotel Paola 🏠	92
Hotel Viu Milan 🏠	107
Hotel XXII Marzo 🏠	132
Hotel 38 🏠	107

ISOLA (quartier) 92, 99
ITALIA (gallerie d') 84
Itinéraires conseillés 28

Jazz Caffè 110
Joe Cipolla 125

Kiosko (Il) 124

Labitino Easy Chic 117
LABORATORI SCALA
ANSALDO 131
Lancaster Hotel 🏠 107
Langue 56
Lato G 103
Latteria (La) 102
Libera (La) 103
Littérature 164
Livres de route 57
LOGGIA DEGLI OSII 82
L.O.V.E. 81
Lovster & Co 94
Lu sur routard.com 33
Luini 71

Mag Café 126
MAGENTA (quartier) 115
Magazzini 10
Corso Como 97
Magazzini Firme Outlet 76
Maison Borella 🏠 123
MANZONI (casa del) 84
MANZONIANO (museo) 84
Mario Luca Giusti 104
Massimo del Gelato (Il) 109
Médias 165
MERCANTI (piazza dei) 82
MILAN MÉDIÉVAL 82
Milano Amore Mio 134

Mimmo Milano	87
Mint Garden Café	95
Mom Café	134

MONASTERO
DI CHIARAVALLE 141
Mono 95
MONTE NAPOLEONE
(quartier) 86
Monte Napoleone (via) 75
MONZA 136
MORONE (via) 84
MUDEC 131
MUSEO BAGATTI
VALSECCHI 88
MUSEO CIVICO
ARCHEOLOGICO 119
MUSEO D'ARTE E
SCIENZA 112
MUSEO DELLA BASILICA
DI SANT'EUSTORGIO
(CAPPELLA
PORTINARI) 129
MUSEO DEL DUOMO 77
MUSEO
DEL NOVECENTO 78
MUSEO DI STORIA
NATURALE 90
MUSEO DIOCESANO 129
MUSEO MANZONIANO 84
MUSEO NAZIONALE
SCIENZA E TECNOLOGIA
LEONARDO DA
VINCI 120
MUSEO POLDI PEZZOLI 84
MUSEO STORICO
ALFA ROMEO 137
MUSEO TEATRALE
ALLA SCALA 83

NAPOLEONE
(quartier Monte) 86
NAVIGLI (quartier des) 130
NAVIGLI 129
NECCHI-CAMPIGLIO
(villa) 89
Nine Hotel – Ristorante-
pizzeria del Centro 🏠 136
Noberasco 75
NOVECENTO
(museo del) 78

Obicà 72
Old Fashion Club 110
OMENONI (casa degli) 84

INDEX GÉNÉRAL

OSII (loggia degli) 82
Ostello Bello 70
Ostello Bello Grande 92
Osteria del Treno 94
Osteria dell'Aquabella 133
OttimoMassimo 72
Outlet 10 Corso Como 97

PALAZZO DELLA
RAGIONE 82
PALAZZO MORANDO 90
Panettone Vergani 95
Panificio Davide
Longoni 133
PANIGAROLA (casa) 82
Panini Durini 116
PAOLO SARPI (via) 113
Parma & Co 102
Pasticceria Cova 87
Pasticceria di Lillo 116
Pasticceria
Gattullo 125, 127
Pasticerria Marchesi 73
Pasticceria Martesana 109
Pasticceria Viscontea 126
Patrimoine culturel............... 165
Pavè 95
Pavè Break 134
Pavè Gelati & Granite 134
PAVIA (certosa di) 142
Peck 75
Penelope – Mercatino
dell'Usato 134
Personnages......................... 166
Personnes handicapées...... 59
Pescheria Spadari 72
PIAZZA DEI MERCANTI 82
PICCOLO TEATRO 83
PINACOTECA
AMBROSIANA 81
PINACOTECA
DI BRERA 104
Pisacco 102
Pizzeria del Ticinese 124
Pizzeria Fabbrica 94
Pizzeria Snuppi 133
Pizzeria Spontini 71
Pizzium 108
Plastic 134
POLDI PEZZOLI
(museo) 84
Porselli 76
PORTA ROMANA (quartier) 132
PORTA TICINESE (quartier) ... 123
PORTA TICINESE
MEDIEVALE 129
PORTA VENEZIA (quartier) ... 86
PORTINARI (capella) 129
Poste 59
PRADA (fondazione) 135
Princi 71
Princi Café 94

QC Terme Milano 135
Questions qu'on se pose
avant le départ (Les)........ 34

RAGIONE
(palazzo della) 82
Ratanà 94
Ravioleria Sarpi (La) 108
REPUBBLICA (quartier) 92
Rinascente
(7e étage du centre
commercial La) 74
Ristorante Convivium 102
Ristorante Giacomo
Arengario 73
Rita 126
Rocket Club 127
Ronchi 78 73

Salsamentaria
di Parma 102
Salvagente Fashion
Outlet (Il) 134
Salvatore + Marie 127
SAN BERNARDINO ALLE
OSSA (santuario di) 84
SAN LORENZO MAGGIORE
(basilica di) 128
SAN MARCO (chiesa) 106
SAN MAURIZIO AL
MONASTERO MAGGIORE
(chiesa di) 119
SAN NAZARO
MAGGIORE 85
SAN SATIRO (chiesa) 81
SAN SIMPLICIANO
(basilica) 105
SAN SIRO (Giuseppe
Meazza Stadio) 114
Sant'Ambroeus 73
SANT'AMBROGIO
(basilica di) 121
Sant'Andrea (via) 75
SANT'EUSTORGIO
(basilica di) 128

INDEX GÉNÉRAL / LISTE DES CARTES ET PLANS

SANTA MARIA DEI
MIRACOLI PRESSO
SAN CELSO (chiesa) 130
SANTA MARIA DELLE
GRAZIE (chiesa) ... 117
Santo Bevitore (Il) 109
Santé 59
SANTUARIO DI SAN BER-
NARDINO ALLE OSSA 84
SCALA
(museo teatrale alla) 83
SCALA (teatro alla) 83
Sciatt à Porter 93
SCIENZA E TECNOLOGIA
LEONARDO
DA VINCI (museo
nazionale) 120
Segno del Tempo (Il) 104
SEMPIONE
(quartier du corso) 107
Sempione (bars du corso) ... 110
Sette Cucina Urbana [COU] 101
SFORZESCO
(castello) 110
Sites inscrits au Patrimoine
mondial de l'Unesco 170
Sites internet 45
Slow Sud 102
Sorbillo 72
Spazio 73
Spiga (via della) 75
Stadio Giuseppe Maezza,
dit San Siro 114
STATALE (università) 84
STORIA NATURALE
(museo di) 90
Straf 71

Tabac 60
Take Away Bistrot 101
TEATRO ALLA SCALA 83
Téléphone et Internet 60
Terrazza 12 74

TICINESE
(quartier de la porta) 123
TICINESE MEDIEVALE
(porta) 129
Tombon de San Marc (El) 103
Tongs 127
Torrefazione Hodeidah ... 109
Touch & Go Temporary
Outlet 76
Transports 61
Trattoria da Pino 72
Trattoria della Gloria 124
Trattoria Madonnina 124
Trattoria Trippa 133
Triennale Design Café 113
TRIENNALE DESIGN
MUSEUM 112
Tunnel 96

UNIVERSITÀ STATALE 84
Urban Brera 101
Urgences 65

Vecchia Latteria (La) 72
Vecchia Lira (La) 103
VENEZIA (quartier de la porta) 86
VIA MORONE 84
VIA PAOLO SARPI 113
VILLA NECCHI-
CAMPIGLIO 89
VINCI (museo nazionale
Scienza e Tecnologia
Leonardo Da) 120
Vineria (La) 126
Vitali 127
VITTORIO EMANUELE II
(galleria) 75, 82

WOW SPAZIO
FUMETTO 135

Yguana Café 127
Zibo 115

LISTE DES CARTES ET PLANS

- Coups de cœur (nos) 12
- Environs de Milan (les) .. 138-139
- Itinéraires conseillés 28, 30
- Métro de Milan – *plan détachable* .... verso
- Milan 8-9
- Milan – *plan détachable* ..... recto
- Milan – *zoom détachable* .. verso
- Milan par quartiers 2

Remarque importante aux hôteliers et restaurateurs
Les enquêteurs du Routard travaillent dans le plus strict anonymat. Aucune réduction, aucun avantage quelconque, aucune rétribution n'est jamais demandé en contrepartie. Face aux aigrefins, la loi autorise les hôteliers et restaurateurs à porter plainte.

Avis aux lecteurs
Le Routard, ce n'est pas comme le bon vin, il vieillit mal. On ne veut pas pousser à la consommation, mais évitez de partir avec une édition ancienne. Les modifications sont souvent importantes.
Les réductions accordées à nos lecteurs ne sont jamais demandées par nos rédacteurs afin de préserver leur indépendance. Les hôteliers et restaurateurs sont sollicités par une société de mailing, totalement indépendante de la rédaction, qui reste donc libre de ses choix. De même pour les autocollants et plaques émaillées.

Avec routard.com, choisissez, organisez, réservez et partagez vos voyages !
✓ Rejoignez la plus grande communauté francophone de voyageurs : **plusieurs millions d'internautes**.

✓ Échangez avec les routarnautes : forums, photos, avis d'hôtels.

✓ Retrouvez aussi toutes les informations actualisées pour choisir et préparer vos voyages : plus de 300 guides destinations, une centaine de dossiers pratiques et un magazine en ligne pour découvrir tous les secrets de votre destination.

✓ Enfin, comparez les offres pour organiser et réserver votre voyage au meilleur prix.

Les **Routards** *parlent aux* **Routards**

Faites-nous part de vos expériences, de vos découvertes, de vos tuyaux et de vos coups de coeur. Aidez-nous à remettre l'ouvrage à jour. Indiquez-nous les renseignements périmés. Faites profiter les autres de vos adresses nouvelles, combines géniales... On adresse un exemplaire gratuit de la prochaine édition à ceux qui nous envoient les meilleurs courriers, pour la qualité et la pertinence des informations. Quelques conseils cependant :
– Envoyez-nous votre courrier le plus tôt possible afin que l'on puisse insérer vos tuyaux sur la prochaine édition.
– N'oubliez pas de préciser l'ouvrage que vous désirez recevoir, ainsi que votre adresse postale.
– Vérifiez que vos remarques concernent l'édition en cours et notez les pages du guide concernées par vos observations.
– Quand vous indiquez des hôtels ou des restaurants, pensez à signaler leur adresse précise et, pour les grandes villes, les moyens de transport pour y aller. Si vous le pouvez, joignez la carte de visite de l'hôtel ou du resto décrit.
En tout état de cause, merci pour vos nombreux mails.

122, rue du Moulin-des-Prés, 75013 Paris
● *guide@routard.com* ● *routard.com* ●

Routard Assurance *2019*

Enrichie année après année par les retours des lecteurs, *Routard Assurance* est devenue une assurance voyage incontournable. Tout est compris : frais médicaux, assistance rapatriement, bagages, responsabilité civile... Vous avez besoin d'un médecin, d'un conseil médical ou d'une prise en charge dans un hôpital ? Appelez simplement le plateau *AVI Assistance* disponible 24h/24, leur réseau est l'un des plus complets actuellement. Vous avez eu des frais de santé en voyage ? Envoyez les factures à votre retour, *AVI* vous rembourse sous une semaine. Avant votre départ, n'hésitez pas à les appeler pour des conseils personnalisés. Et téléchargez l'appli mobile pour garder le contact avec l'assistance 24h/24 et disposer de l'un des meilleurs réseaux médicaux à travers le monde. *40, rue Washington, 75008 Paris.* ☎ *01-44-63-51-00.* ● *avi-international.com* ● Ⓜ *George-V.*

Édité par Hachette Livre (58, rue Jean-Bleuzen, CS 70007, 92178 Vanves Cedex, France)
Photocomposé par Jouve (rue de Monbary, 45140 Ormes, France)
Imprimé par Lego SPA Plant Lavis (via Galileo Galilei, 11, 38015 Lavis, Italie)
Achevé d'imprimer le 5 novembre 2018
Collection n° 13 - Édition n° 01
20/9455/8
I.S.B.N. 978-2-01-626742-4
Dépôt légal : novembre 2018

PAPIER À BASE DE FIBRES CERTIFIÉES